Carl-Auer-Systeme

Unseren Eltern,
Sándor und Marieam Varga von Kibéd,
Fritz und Lieselotte Sparrer
gewidmet

Ganz im Gegenteil

Matthias Varga von Kibéd und Insa Sparrer

Tetralemmaarbeit und andere Grundformen Systemischer Strukturaufstellungen – für Querdenker und solche, die es werden wollen

Mit Illustrationen von

2000

Über alle Rechte der deutschen Ausgabe verfügt Carl-Auer-Systeme
Verlag und Verlagsbuchhandlung GmbH; Heidelberg
Fotomechanische Wiedergabe nur mit Genehmigung des Verlages
Satz u. Grafik: Drißner-Design u. DTP, Meßstetten
Umschlaggestaltung: WSP Design, Heidelberg
Printed in Germany 2000
Druck und Bindung: Druckerei Kösel, Kempten

Erste Auflage, 2000

Die Deutsche Bibliothek - CIP-Einheitsaufnahme

Ein Titeldatensatz für diese Publikation ist bei
Der Deutschen Bibliothek erhältlich.

Eine frühere, wesentlich kürzere Version dieses Textes erschien 1995 als Publikation von Matthias Varga von Kibéd unter dem Titel *Ganz im Gegenteil … Querdenken als Quelle der Veränderung* in der Reihe Edition (Nr. 9) der Unternehmensgruppe GC Graphic-Consult GmbH, München.

I. Inhalt

Teil III: Über den kreativen Umgang mit Gegensätzen: Die Tetralemmaaufstellung

III.1 Schubkastendenken, Querdenken und das Tetralemma

Schubkastendenken ist die gängige Form der Auseinandersetzung mit Aufgaben und Problemen, die uns seit langem bekannt sind. Wir vergleichen es hier mit dem Querdenken. Das **Querdenken** beruht ja gerade im Ausscheren aus einem erwarteten oder gewohnten Denk- und Verhaltensmuster, während das **Schubkastendenken** darin besteht, daß wir bei Fragen und Aufgaben, die sich uns stellen, nahezu automatisch in eine bestimmte Lade greifen, in der wir eine Standardreaktion parat haben.

Die Reaktionsweise des Schubkastendenkens ist an sich häufig sehr sinnvoll. Es handelt sich um eine Form der Komplexitätsreduktion, die uns für Alltagszwecke handlungsfähiger macht. Es geht also nicht darum, das Schubkastendenken an sich zu disqualifizieren. Sowohl die Bezeichnung „Querdenken" als auch die Bezeichnung „Schubkastendenken" hat häufig einen negativen Beigeschmack. Wir wollen hier beide Begriffe systemisch würzen, so daß sie schmackhafter und bekömmlicher werden und deutlicher wird, wie beide, systemisch gesehen, jeweils an ihrem Platz wertvolle Ressourcen darstellen. Anschließend werden wir uns mit dem Tetralemma als einem Schema zur Veränderung von Denkhaltungen befassen.

III.1.1 Schubkastendenken und Querdenken

Betrachten wir also Schubkastendenken und Querdenken als Ressourcen für unterschiedliche Anwendungsfälle. Wir können diese beiden Haltungen dann etwa so auf neue Weise verstehen und besser wertschätzen:

Schubkastendenken ist die Fähigkeit, sich in komplexen und in sich wiederholenden Situationen erhöhte Handlungsfähigkeit zu verschaffen, indem die relevanten Züge einer Situation mit dazu analogen Zügen vertrauter und gut bewältigter anderer Situationen verglichen werden und aufgrund einer schematischen Ähnlichkeit der Erfordernisse die Lösungen von einem Bereich auf den anderen übertragen werden.

Querdenken ist die Fähigkeit, in neuen und ungewohnten Situationen nicht einfach schematisch nach alten Mustern zu reagieren, sondern die spezifischen Züge und Chancen der neuen Situation zu erfassen und in origineller Weise zu nutzen, ohne sich vom Erwartungsdruck der Umgebung in alte Reaktionsweisen zurückzwingen zu lassen.

Erfolgreiches Querdenken führt also zu neuen schematischen Einsichten, zu neuen Formen des Schubkastendenkens.

Dagegen benötigt das Schubkastendenken normalerweise eine Krise, um den Wert des Querdenkens wiederentdecken zu können.

III.1.2 Eine querdenkerische Lobrede auf das Schubkastendenken – letzte Gelegenheit, eh' Sie es im folgenden vielleicht partiell verlernen

Ein guter Querdenker schätzt das Schubkastendenken als die künftige Möglichkeit, die neuen Werte, Einsichten und Handlungsoptionen, die durch erfolgreiches kreatives Querdenken erschlossen werden, zu bewahren, und als das Mittel, durch das er Zugang zu den Mustern erfolgreicher vergangener Problemlösungen hat, auch wenn er viele dieser Muster in der gegenwärtigen Situation für unanwendbar hält.

Der Querdenker weiß, daß die alten Formen, sowie er neue Formen erfolgreich eingeführt hat, nicht mehr zu den erwarteten Mustern gehören müssen und daher die Optionen künftiger Querdenker darstellen werden. So können ja auch in der Generationenfolge in einer Generation Kinder sich von ihren Eltern durch ungepflegtes Äußeres zu unterscheiden bemühen, um dann von ihren eigenen Kindern vielleicht durch besonders gepflegte Kleidungswahl schockiert zu werden.

Querdenker schätzen also das **schematische Denken**, wie eine freundlichere Bezeichnung des Schubkastendenkens lauten könnte, als wichtigen Bestandteil komplexerer Prozesse. Schubkastendenker haben es dagegen schwerer, den Wert des Querdenkens in Erinnerung zu behalten, obwohl die Schemata, mit denen sie vorgehen – sozusagen der Bauplan ihrer Schubkästen – aus den Bemühungen früherer Querdenker hervorgegangen sind. Das schematische Denken erweist sich sowieso immer wieder für viele Situationen als nützlich, lebensnotwendig und unvermeidlich. Wir betonen daher in diesem Text den Wert des Querdenkens deutlicher, da unsere inneren und äußeren Querdenker einer solchen vermehrten Wertschätzung dringender bedürfen.

III.1.3 Das Tetralemma und seine Negation

Das **Tetralemma** (Sanskrit: *čatuškoṭi*; „vier Ecken" im Sinne von vier Positionen oder Standpunkten) ist eine Struktur aus der traditionellen indischen Logik zur Kategorisierung von Haltungen und Standpunkten. Sie wurde im Rechtswesen verwendet zur Kategorisierung der möglichen Standpunkte, die ein Richter zu einem Streitfall zwischen zwei Parteien einnehmen kann. Er kann der einen Partei recht geben oder der anderen Partei oder beiden (jeder hat recht), oder keiner von beiden. Diese vier Positionen wurden von den buddhistischen Logikern, ausgehend vom Madhyamika-Buddhismus des Nagarjuna, um die Negation des Tetralemmas (die sogenannte **vierfache Negation**) erweitert. Keine Sorge – Sie werden jetzt nicht mit den Details einer fremdartigen, alten Logikform überschüttet. Wir werden Ihnen vielmehr die Grundprinzipien in einer Form darlegen, in der Sie dieses Schema unmittelbar für Ihre Problemlösungsprozesse einzusetzen lernen.

Das Tetralemma ist ein außerordentlich kraftvolles allgemeines Schema zur Überwindung jeder Erstarrung im schematischen Denken. Es stellt also eine Synthese von schematischem und querem Denken auf höherer Ebene dar. Bekommen Sie etwas mehr Appetit darauf? Dann lassen Sie sich eine Kostprobe davon servieren!

Nehmen Sie an, Sie hätten eine klare Vorstellung davon, was bei einer schwierigen Frage, um die es für Sie ging, eigentlich die richtige Handlung gewesen wäre, und sind überzeugt, daß Sie damals einen Fehler gemacht haben. Nennen Sie nun die Haltung, den Wert, den Sie für das Richtige halten, **das Eine**, und den Gegenpol, den Sie als einen Fehler sehen, **das Andere**. Sie haben damit die beiden ersten Ecken eines Tetralemmas aufgestellt. Häufig beschränken wir unsere Betrachtungen auf einen derartigen Gegensatz. Das Tetralemma als Querdenkerprinzip erinnert uns daran, daß wir dabei dazu tendieren, mehrere andere mögliche Positionen zu übersehen. Um welche Positionen handelt es sich dabei?

Betrachten Sie dazu auf der folgenden Seite die schematische Darstellung des Tetralemmas und seiner Negation (in der Deutung, die wir hier dieser alten Form gegeben haben), auf die Sie auch im folgenden Teil noch mehrfach zurückgreifen sollten. (Nach der Überwindung des ersten Schocks bei der Betrachtung lesen Sie bitte hier weiter!)

Betrachten Sie nun die dritte Position des Tetralemmas, die wir **Beides** nennen. Wie sieht der Gegensatz der beiden ersten Positionen, **des Einen** und **des Anderen,** von hier aus gesehen aus?

Wenn es Ihnen gelingt, diese Position einzunehmen, werden Sie beispielsweise entdecken, daß die Handlungsweise, die Sie jetzt als Fehler ansehen, zu einer Fülle von wichtigen Einsichten, Lernprozessen und Erfahrungen durch Konfrontation mit Schwierigkeiten, die aus dem Fehler entstanden, geführt hat. Es kann auch sein, daß Sie die Loyalitäten entdecken, die unbewußte Treue zu Personen oder Bedingungen, denen Sie viel verdanken. Beides weist hin auf die bislang übersehenen Vereinbarkeiten der Positionen **des Einen** und **des Anderen**.

Wird also der Fehler *bloß* als Fehler gesehen, werden all diese positiven Aspekte **des Anderen** übersehen: Wäre das nicht ein großer künftiger Verlust? Die Querdenkerübung, die in der Einnahme der dritten Position **Beides** des Tetralemmas besteht, schützt uns vor diesem Verlust. Sie werden im folgenden zehn verschiedene Untertypen dieser dritten Position kennenlernen: **1. Kompromisse; 2. Iterationen; 3. Scheingegensätze; 4. Thesenverschiebungen; 5. paradoxe Verbindungen; 6. Prämissenverschiebungen (bzw. Präsuppositionenverschiebungen; bzw. Haltungsänderungen) 7. Absorptionen; 8. „die Kraft des Nichtgewählten in das Gewählte einfließen lassen"; 9. die „klassischen" übersummativen Verbindungen** und schließlich **10. Mehrdeutigkeit**. Diese Untertypen der dritten Position schließen sich gegenseitig nicht aus; ein Beispiel für

Das Tetralemma und seine Negation

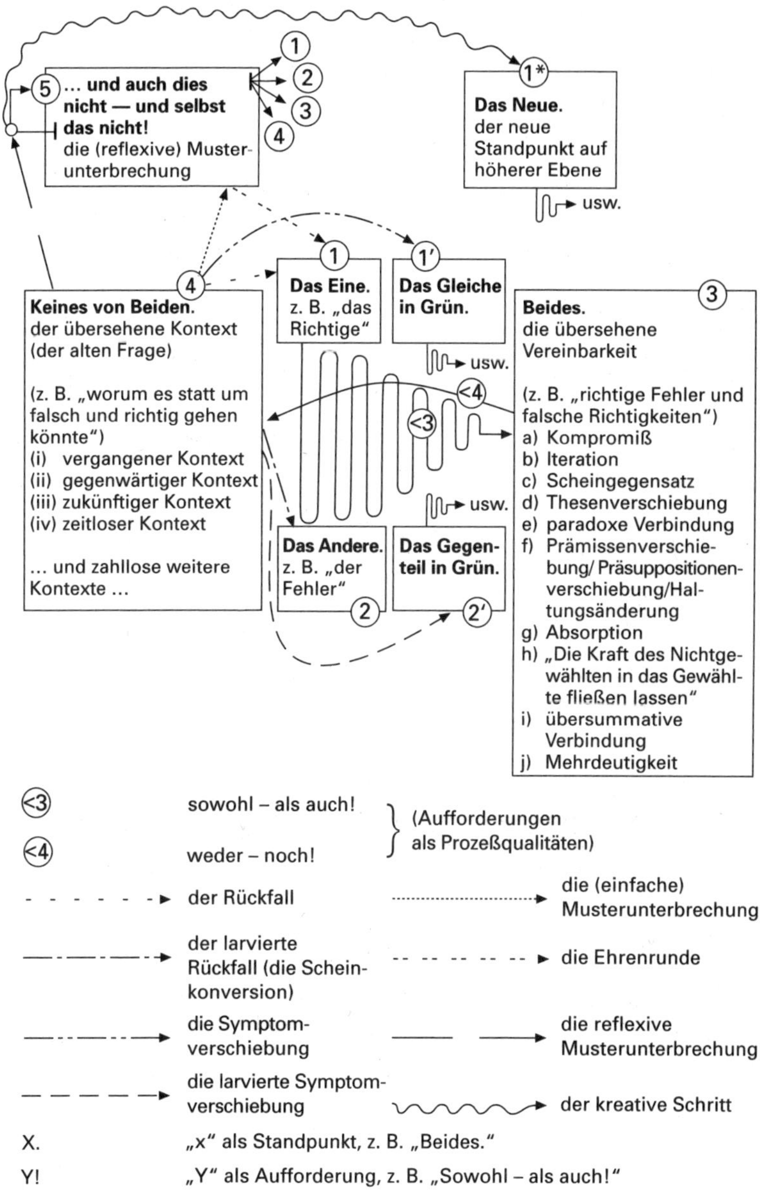

Beides gehört häufig zu mehreren Untertypen zugleich. Betrachten wir kurz, was diese Möglichkeiten etwa für den Richtig-falsch-Gegensatz bedeuten, den Sie gerade untersuchen.

Die Entdeckung eines **Kompromisses** bedeutet, daß Sie etwa eine Idee bekommen, wie Sie in einer künftigen ähnlichen Situation die Loyalitäten oder andere achtenswerte Motive, die in dem „Fehler" zum Ausdruck kamen, mit den Vorzügen der richtigen Handlung verbinden könnten, indem beiden nebeneinander, gleichzeitig oder abwechselnd,[1] ein gewisser Raum gegeben wird. Bei der Abwägung der Verteilung von Zeit für Beruf und Familie werden dritte Positionen dieser Art stets erforderlich sein.

Während bei einem Kompromiß **das Eine** und **das Andere** räumlich und/oder zur gleichen Zeit miteinander verbunden werden, ist die **Iteration** eine sequentielle, zeitlich abwechselnde, oft kontextabhängige Verbindung von **dem Einen** und **dem Anderen**. So könnte eine in einem Kontext sich als falsch erweisende Handlung in einem anderen Kontext sich als die richtige erweisen. Ebenso könnte eine dazu gegensätzliche Handlung sich im ersten Kontext als richtig und im zweiten Kontext als falsch (im Sinne von ungünstig) erweisen. Solche Kontexte könnten Beruf und Familie sein, in denen sich abwechselnd die eine und die andere Handlung als richtige Wahl zeigen.

Es könnte aber gerade in dem zuletzt genannten Beispiel auch die dritte Position als **Scheingegensatz** geben. Genauer: Die dritte Position kann manchmal durch eine **Rekonstruktion** des alten Dilemmas (zwischen den beiden ersten Positionen) **als Scheingegensatz** erreicht werden. Dies würde bedeuten, daß Sie Möglichkeiten entdecken, z. B. Ihre Partnerin oder Ihren Partner in einer für alle Beteiligten erfreulichen Weise an Ihren beruflichen Interessen und Fragen Anteil nehmen zu lassen. Bezüglich des Gegensatzes von richtiger und falscher Handlung könnte das bedeuten, daß Sie zu den Begriffen eines **richtigen Fehlers** und einer **falschen Richtigkeit** gelangen.

Diese beiden wichtigen Grundbegriffe aus dem Handbuch für tetralemmatische Querdenker erlauben Ihnen ressourcenorientierte

1 Beim Kompromiß steht die Verteilung des „Raums", den die beiden Seiten beanspruchen, im Vordergrund, der zeitliche Aspekt ist im Verhältnis dazu sekundär (im Gegensatz zur Iteration).

Neubewertungen Ihrer vergangenen Verhaltensweisen. Gelingt es, einen Fehler als **richtigen Fehler** zu sehen, so hören wir keineswegs auf, ihn wirklich als Fehler zu sehen; aber wir hadern nicht mehr länger mit unserem vergangenen Verhalten, sondern nutzen die Optionen, die sich uns gerade durch den Fehler, und vielleicht nur durch ihn, erschlossen haben. Ein wichtiger Querdenkergrundsatz dazu ist:

Die Vergangenheit steht nicht fest. Was sie für uns bedeutet, hängt davon ab, wie wir mit den Bewertungen vergangenen Verhaltens umgehen.

Falsche Richtigkeiten sind für uns dann diejenigen Handlungen, die zwar übereinstimmten mit unseren Prinzipien und Werten und erfolgreich waren, aber Lernprozesse behinderten, indem wir allzu starr an alten Mustern festhielten.

Wenn wir aufgrund der Einsicht, daß unser Verhalten auch von richtigen Fehlern und von falschen Richtigkeiten geprägt ist, weiterdenken, gelangen wir zu einem neuen Verständnis der Begriffe *falsch* und *richtig*. Wir sehen dann vielleicht, daß die Haltung der ständigen Bewertung und Beurteilung unserer Handlungen selbst schon wieder ein Hindernis höherer Art geworden sein kann.

Eine derartige veränderte Haltung zur Beurteilung von Handlungen kann als eine Form der **paradoxen Verbindung** der Pole des alten Gegensatzes angesehen werden, also als die fünfte[2] der im Schema aufgeführten Arten, die Position **Beides** aufzufassen.

Häufig verändern wir auch unsere Ursprungshypothese beim Übergang vom **Einen** zum **Anderen**, etwa beim Übergang von der These „Bewährtes muß bewahrt werden, nichts darf verändert werden" zu der These „Nur wenn wir die Firma den neuen Bedingungen anpassen und sie laufend verändern, können wir Bewährtes bewahren" (**Thesenverschiebung**). Das in der Vergangenheit richtige kann nur beibehalten werden, wenn es ständig den neuen Bedingungen angepaßt wird. Bei dieser Form von **Beides** (der vierten des Schemas) werden also die ursprünglichen Formulierungen und Inhalte der beiden ersten Positionen modifiziert.

In vielen Fällen erhalten wir bei **Beides** auch so etwas wie eine **übersummative Verbindung** aus den Polen das **Eine** und das **Ande-**

2 Die vierte Art von **Beides** wird gleich nachgeholt!

re. Aus der obengenannten neuen These kann sich eine ganz neue Qualität entwickeln, die weder im „Bewahren des Bewährten" noch im „Ständig-nur-Verändern" enthalten ist, sondern aus der Interaktion beider Pole entsteht. Denken Sie auch an Handlungen, die Sie zuvor als richtig oder falsch eingestuft haben und die zusammen genommen ein neues Muster bilden mit neuen Möglichkeiten, die in den ursprünglichen Handlungen nicht zu finden waren. Auf diese Weise können Sie gedanklich eine Form von **Beides** bilden, die über die Alternativen zuvor hinausgeht. Diese neunte Form von **Beides**, die **übersummative Verbindung**, ist die gängigste Vorstellung von der **Synthese** als Ganzem, das mehr als seine Teile ist, wie etwa eine Gestalt nicht eine einfache Summe von Vordergrund und Hintergrund ist, ein echter Dialog keine Summe kürzerer Monologe – und ein Kind nicht einfach die Summe seiner Eltern.

Nicht selten sind es die Prämissen, die wir verändern müssen, um zu einer Form von **Beides** zu gelangen (**Prämissenverschiebung**). Dies ist etwa dann der Fall, wenn wir die Art und Weise, wie wir etwas machen, verändern. Die zuvor als richtig eingestufte Alternative kann mit einer neuen Haltung versehen werden, in der Anteile von dem zuvor als falsch Eingestuften enthalten sind. Denken Sie z. B. an eine „familiäre" Haltung (im Sinne einer vertrauensvollen, persönlichen und emotionaleren Haltung) im Beruf, wenn Beruf und Familie zuvor einen Gegensatz bildeten. Zu manchen Zeiten kann dies angemessen sein, etwa wenn es darum geht, die zwischenmenschlichen Beziehungen in einem Betrieb zu verbessern. Bei dieser Form (der sechsten des Schemas) von **Beides** werden entweder die Voraussetzungen dafür, daß die Thesen der ersten beiden Positionen wahr sind, also deren **Prämissen**, geändert (**Prämissenverschiebung**), oder wir nehmen eine andere Ausgangshaltung zu bestimmten Aspekten der beiden Pole des Ausgangsdilemmas ein (**Haltungsänderung**), oder wir ändern unsere **Präsuppositionen**: jene stillschweigenden Annahmen, die erfüllt sein müssen, damit die alte Formulierung des Dilemmas sinnvoll ist. So weist im *Dialogus de deo abscondito* des Nicolaus Cusanus (1964) der Christ die Anwendung des Begriffs „Existenz" auf Gott als inadäquat zurück,[3] da wir nur nach der Existenz von etwas Geeinzeltem fragen können. Das Dilemma, wer von zwei Beteiligten schuld ist, kann also manchmal im Sinne einer **Präsuppositionenverschie-**

3 Wie wenn wir fragen würden, ob die Zahl 27 rot sei oder nicht rot sei – Farben sind eben einer Zahl weder sinnvoll zu- noch absprechbar!

bung lösbar sein, wenn wir sehen können, daß in der spezifischen gegebenen Situation die Frage nach Schuld und Unschuld nicht sinnvoll gestellt werden kann (und es um eine ganz andere Frage geht, was zur vierten Position, **Keines von Beiden**, führen würde.)

Unter **Absorption** (als siebter Art von **Beides** im Schema) verstehen wir Situationen, in denen die eine Seite des Dilemmas als Teilwirklichkeit der anderen Seite erkannt wird. Manchmal kann dann die umfassendere Kraft von etwas Richtigem in die Auswirkungen eines Fehlers hineinfließen und so unseren Fehler in einen für uns **richtigen Fehler** verwandeln. Es kann uns umgekehrt auch gelingen, daß wir bestimmte schwierige Situationen unseres Lebens als Teil dessen wahrzunehmen lernen, an dem wir gewachsen sind. Gelingt dieser Sichtwechsel, so kann die Energie des zuvor abgelehnten Teils in den anderen, umfassenderen Teil fließen und so umgewandelt werden.

In diesem Ablauf nähert sich die **Absorption** der achten Form unseres Schemas, die wir mit einer kraftvollen Wendung von Hellinger bezeichnen als: **„die Kraft des Nichtgewählten in das Gewählte einfließen lassen"**. Zu dieser Form von **Beides** gehört die vermehrte Kraft, die eine Entscheidung für eine Seite erhält, wenn der Abschied von der anderen Seite auf gute und stimmige Weise vollzogen wurde – gerade im Vergleich zu dem fortgesetzten Energieverlust durch eine verbitterte oder unklare Form der Trennung. Wir finden Gelingen und Mißlingen dieser Form in vielen und aus unserem Alltag bekannten Beispielen: ob etwa jemand ständig noch nach langer Zeit der früheren Partnerin, dem früheren Partner nachtrauert und so der gegenwärtigen Beziehung die Kraft und Gegenwart nimmt (vielleicht ein **Sowohl-als-auch** sucht, und einem schlimmen **Weder-noch** lebt) – oder ob der Schmerz der Trennung kommen und gehen durfte, so daß das Gute, das war, etwas bleiben darf, das gut war, und gesagt werden kann: *Und das übrige lasse ich jetzt.*

Ähnliches gilt beim Wechsel des Wohnorts oder des Landes, bei der Entscheidung für Beruf oder für Familie (wo dies zu einer Entscheidung wird), beim Wechsel des Arbeitsplatzes oder des Berufes und für vieles andere.

Mehrdeutigkeit schließlich, als (zehnte und letzte) Form von **Beides**, kann etwa dann für Organisationen von Vorteil sein, wenn ein Ziel durch seine Eindeutigkeit zu sehr abgegrenzt ist, während das Changieren zwischen zwei Zielen bzw. Visionen mehr Flexibilität, Offenheit und Adaptionsmöglichkeiten bezüglich veränderter Umweltbedingungen zuläßt. Später im Text werden wir die Idee der systematisch ambigen Systemischen Strukturaufstellungsarbeit einführen, bei der etwa die **Mehrdeutigkeit** eines Aufstellungsbildes zwischen familiärer, innerpersönlicher und beruflicher Deutungsebene für die Darstellung z. B. bei Problemen der Nachfolge in Familienunternehmen genutzt wird. Bei den zur Zeit so beliebten dreidimensional wirkenden versteckten Bildern (*magic eye*) müssen wir den Versuch, das Bild visuell scharf zu erfassen, los- und ein unscharfes Bild zulassen, ehe das neue Bild auftaucht; die unscharfe Übergangsphase kann als Zustimmung zur **Mehrdeutigkeit** zwischen unterschiedlichen Fixationspunkten aufgefaßt werden. Das Zulassen mehrerer Beschreibungen der Wirklichkeit einer Familie, etwa bei der Frage, wie sogar Zwillingsgeschwister die Beziehungsqualitäten in ihrer Familie höchst unterschiedlich bewerten können, entspricht der **Mehrdeutigkeit** als Form von **Beides**, wenn etwa ein Therapeut allparteilich mit beiden Geschwistern arbeitet und daher auf die Frage, welche Beschreibung „richtiger" sei, verzichtet.[4]

Wir haben damit die zehn im Schema genannten Formen der dritten Position **Beides** des Tetralemmas mit einigen Beispielen betrachtet; lebendig werden sie, indem Sie eigene Beispiele finden. Je mehr Sie derartige Querdenkprozesse für Dilemmasituationen einladen, desto leichter wird die **interne Kontexterweiterung**, als die der Übergang zur dritten Position auch beschrieben werden kann. In all diesen Fällen wandelt sich auch der Begriff von *richtig* und *falsch*. Es geht uns dann vielleicht um Erfahrungsorientierung und Flexibilität, und die Frage, was im einzelnen richtig und falsch ist, wird etwas peripherer.

Wir gelangen dadurch schließlich zur vierten Position des Tetralemmas: der Position **Keines von Beiden**. In dieser Position können wir unseren alten Konflikt sozusagen in ruhiger Distanz von außen

4 Dieser Verzicht hat im allgemeinen Grenzen bei den reinen Strukturinformationen; wenn etwa, wie bei uns vorgekommen, ein Geschwister sagt: „Wir waren drei" (Geschwister), und ein anderes: „Wir waren sieben", so fragen wir sehr wohl nach (und erfuhren z. B. in diesem Fall, daß es vier Halbgeschwister gab, die der eine mitzählte, der andere nicht). Doch dabei werden die Klientenäußerungen nicht bewertet.

sehen. Wir sind nicht mehr verwickelt. Wir betrachten diese Position daher auch als **externe Kontexterweiterung**. Während die zehn Formen von **Beides**[5] auf verschiedene Arten von zuvor nicht gesehener Vereinbarkeit hinweisen, deutet **Keines von Beiden** den Kontext an, in dem die Frage, also in unserem Beispielsfalle der Gegensatz von *richtig* und *falsch*, entstand bzw. einen Sinn ergibt.

In bezug auf Ihr gewähltes Beispiel von richtig und falsch lassen Sie sich jetzt folgende Fragen stellen:

*In welcher Zeit entstand der Gegensatz von **richtig** und **falsch**?*

Wodurch wurde diese Frage für Sie zu einer wichtigen Frage?

*An wen oder was erinnern Sie die Positionen **richtig** und **falsch**?*

Sie erhalten durch die Beantwortung dieser Fragen den bislang ausgeblendeten **vergangenen Kontext** Ihrer Frage.

Keines von Beiden kann auch auf den blinden Fleck in der gegenwärtigen Situation hinweisen, den **gegenwärtigen Kontext**. Wie der Name bereits sagt, haben wir vom blinden Fleck normalerweise keine Kenntnis. Trotzdem können Ihnen folgende Fragen behilflich sein, eine Idee dazu zu bekommen.

*Welche Assoziationen fallen Ihnen zu Ihren Positionen **richtig** und **falsch** ein?*

In welchen Situationen taucht dieser Gegensatz für Sie auf, und in welchen Situationen spielt er für Sie keine Rolle?

Eine dritte Möglichkeit ist, daß Sie an der Position **Keines von Beiden** etwas darüber erfahren, was die zukünftige Aufgabe ist (**zukünftiger Kontext**). Stellen Sie sich dazu die Frage:

*Was ist nach der Lösung des Dilemmas von **richtig** und **falsch** dran?*

5 Diese zehn Formen sind nicht disjunkt, sondern überschneiden sich teilweise. Jede Form hat eine andere Betonung bezüglich der Art und Weise, wie die Vereinbarkeit gewonnen wird.

Mit den Fragen:

*In welchem Kontext macht für mich der Gegensatz **richtig/falsch** einen Sinn?*

Was wurde sinnvoll durch das Dilemma (und wie könnte ich künftig anders damit umgehen, wenn das Dilemma gelöst ist)?

finden Sie den **zeitlosen Kontext**.

Wir hoffen, Sie haben sich durch all diese Fragen nicht zu sehr verwirren lassen, aber doch gerade genug, um den Kontext des Dilemmas zu öffnen. Da es aber wohl keine abgeschlossene Theorie der Öffnung geben dürfte, sind dies nur vier von im Prinzip zahllosen Arten der externen Kontexterweiterung und damit der vierten Position **Keines** gewesen.

Auf jeden Fall haben Sie nun den ersten Durchgang durch die vier Positionen des Tetralemmas geschafft.[6] Und vielleicht sind für Ihr Dilemma interessante neue Perspektiven aufgetaucht? Notieren Sie sich hier Ihre gewonnenen Einsichten:

....

....

....

Das Tetralemma ist ein **Prozeßschema**; d. h., wir haben die vier Positionen nicht von vornherein, sondern lernen sie erst beim Durchgehen des Tetralemmas kennen. Strenggenommen bilden sie sich erst ganz aus, während wir und durch die Art, wie wir das Schema durchlaufen. Das Tetralemma ist also eine Landschaft, die sich ändert, während wir sie durchwandern, und dadurch, daß wir das tun.

Zunächst haben Sie die Position **das Eine**, im betrachteten Beispielsfall *das Richtige*. Sie leben in einer Welt, in der Sie Ihr Handeln als richtig einstufen, bis ein Zweifel auftaucht. Jetzt kommen Sie in Kontakt mit der Position **das Andere**. Es entsteht für Sie ein Dilemma zwischen *richtig* und *falsch*. Ein derartiger Gegensatz ist die Ausgangsposition des Tetralemmas. In der Problemaufstellung ha-

6 Die Negation des Tetralemmas wartet noch auf Sie – ein bißchen später!

ben wir eine eindeutige Ausrichtung vom **Einen** zum **Anderen** (Ziel). Hier beim Tetralemma geht es gleichermaßen um beide Positionen, und es entsteht ein Dilemma, ein Hin- und Herpendeln zwischen beiden Situationen. Je mehr wir in der Bewegung bleiben, um so mehr erhalten wir ein „**Sowohl-als-auch**", bis sich schließlich beide Pole in der Position **Beides** verbinden:

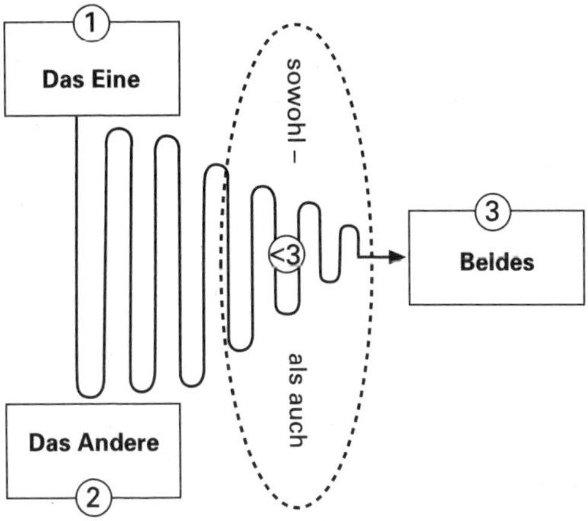

Von **Beides** gelangen wir zur vierten Position. Davor befinden wir uns nicht mehr im alten Kontext des Dilemmas und haben auch **Beides** verlassen, ohne indessen schon zu neuem Boden gefunden zu haben. (Manchmal fallen wir auch eine Zeitlang zurück in ein Hin und Her zwischen **das Eine, das Andere** und **Beides**.) Diese prozeßhafte Vorstufe zu **Keines von Beiden** nennen wir „**Weder-noch**".

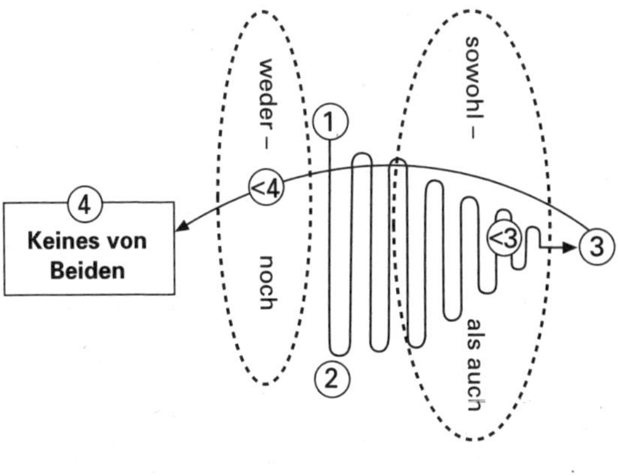

In der vierten Position, bei **Keines von Beiden**, sehen wir, wie es zu dem ursprünglichen Gegensatz kam, bei dem wir etwa in unserem Beispiel so großen Wert auf die Beurteilung von Handlungen als richtig und falsch legten. Wir sehen, weshalb uns die alten Werte so wichtig waren, und können so neue Optionen in der Wertehierarchie finden. Wir können jedoch auch nochmals in die erste Position zurückfallen und das gleiche Rad nochmals durchlaufen (**Rückfall**).

In anderen Fällen sehen wir zwar etwas länger als beim Rückfall den alten Kontext von außen, ohne aber die Bedingungen der Musterunterbrechung erfaßt zu haben. Der Versuch, auf dieser Basis zu etwas Neuem zu gelangen, führt meist nur zum **Gleichen in Grün**, einer Wiederholung des alten Musters in verkleideter Form. Wir halten nun zwar etwas Neues für richtig, bemerken aber nicht, daß unser Neues eigentlich nur **das Gleiche in Grün** ist. (Dafür merken es dann die anderen, die, die uns kennen!) Mit einer solchen (nicht wirklich) neuen These können wir die vier Positionen nochmals durchlaufen. Diesen Vorgang, und dabei vor allem den Schritt von **Keines** zu **das Gleiche in Grün**, nennen wir **Symptomverschiebung**. Der ganze zweite Durchlauf ist dann gewissermaßen das Gleiche in Grün wie der erste.

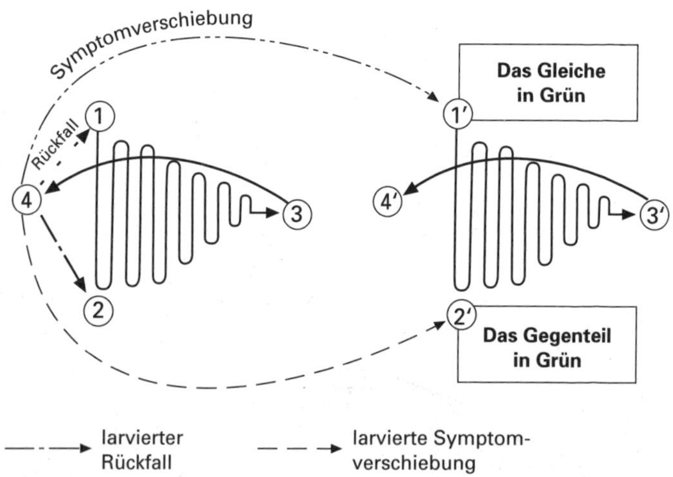

Hier haben wir die etwas verdeckter auftretenden „älteren" Geschwister von Rückfall und Symptomverschiebung, die von der vierten in die zweite bzw. die modifizierte zweite Position (**das**

Gegenteil in Grün) führen, eingefügt. Sie lösen bis auf eine Anfangssequenz die gleichen Prozesse aus wie ihre jüngeren Geschwister. Wir nennen diese etwas fortgeschritteneren Methoden der Nichtveränderung durch scheinbare Veränderung den **larvierten Rückfall** bzw. die **larvierte Symptomverschiebung**. (Meistens täuschen wir allerdings damit eher uns als andere!)

Manchmal gelangen wir jedoch auch, nach kurzem Berühren der fünften „Position" **All dies nicht — und selbst das nicht**, auf eine neue Weise in den alten Kreislauf von der alten ersten bis zur vierten Position, gewissermaßen um zu prüfen, ob wir uns bereits vom Alten, Gewohnten verabschieden wollen. Wir tun dabei das Gleiche wie zuvor, doch in einer etwas anderen Haltung: Die Berührung der fünften (Nicht-)Position, der Musterunterbrechung, gibt uns eine erhöhte Bewußtheit von dem, was wir tun. Solche **Ehrenrunden**[7] sind manchmal wichtig, um sich nicht zu schnell zu verändern, denn für eine Veränderung ist auch der richtige Zeitpunkt wichtig.[8]

Sie sehen: **Rückfall**, **Symptomverschiebung** oder **Ehrenrunde** sind nicht an sich besser oder schlechter, sondern müssen im jeweiligen Kontext gesehen werden; dieser entscheidet dann, welcher Schritt als nächster nützlich ist.

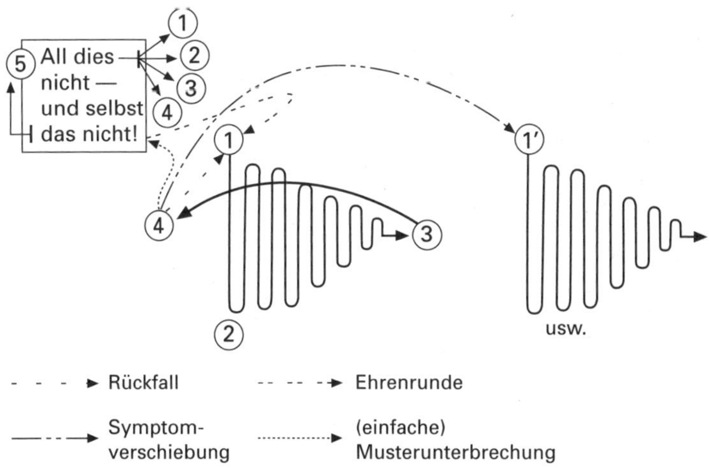

7 Wie G. Schmidt solche Prozesse so liebevoll hypnotherapeutisch umdeutete.
8 Auch hier bezeichnen wir zunächst den Schritt von **Keines von Beiden** über die Berührung der fünften „Position" auf das **Eine** im engeren Sinne als **die Ehrenrunde**, im weiteren aber auch den sich daraus ergebenden Prozeß des zweiten Durchlaufs.

Die neue These kann aber auch ein neuer Standpunkt auf höherer Ebene sein. Diese erreichen wir über die Negation des Tetralemmas, die fünfte „Position". Diese „Position" nennen wir **All dies nicht — und selbst das nicht!** Da sie den Aufforderungscharakter hat, Muster immer wieder zu unterbrechen, schreiben wir sie mit „!", und da sie sich auch selbst in diese paradoxe Aufforderung einbezieht, lassen wir eine deutliche Sprechpause bei „—" eintreten, vor dem selbstbezüglichen zweiten Teil. Das Wort **„dies"** in **„All dies nicht"** bezieht sich dabei auf die ersten vier Positionen und auf die Einsicht, daß keine dieser Positionen einen alle Aspekte des Problems umfassenden Standpunkt darstellte. Mit **und selbst das nicht** erinnert uns die fünfte „Position" daran, daß auch sie kein endgültiger Standpunkt ist. Sie hebt daher sich selbst auf (und wurde von den Buddhisten als ein Nichtstandpunkt bezeichnet), und wir nennen sie auch „die fünfte ‚Position'" oder „die fünfte (Nicht-)Position".

Die Selbstkritik der fünften Position, das **und selbst das nicht**, bewirkt, daß wir nicht einfach in Untätigkeit verharren, wenn wir sehen, wie wir nie zu einem endgültigen letzten Standpunkt gelangen. Vielmehr: Gerade weil wir uns erinnern, daß alle Standpunkte unvollständig sind, können wir wieder Stellung beziehen und uns kritisierbar machen.

Das heißt, wir nehmen wieder einen neuen Standpunkt ein, nach einem Sprung auf eine höhere Ebene, und das auch gegenüber der Art und Weise, in der wir uns zum Standpunktwechsel auffordern. Zur Abwechslung kann daher Nichtänderung das sein, was gerade ganz anders ist. Daher soll die Fünfte auch **das ganz Andere** oder **die Nichtposition der Nichtposition** heißen, und wir sprechen sie auch an mit **... und auch dies nicht — und selbst das nicht!** oder mit **All dies nicht — und nicht einmal das Selbst!**

Die erste Hälfte der Fünften, das **All dies nicht**, entspricht eher einer sich von allem kritisch distanzierenden Skepsis; wir nennen es auch die **schwache fünfte Position**[9] oder die einfache Musterunterbrechung. Ihren durch — **und selbst das nicht** verstärkten Bruder nennen wir auch die **starke** oder **reflexive fünfte „Position"** und sprechen von der **reflexiven Musterunterbrechung**. (Dazu gehören

9 Da der selbstbezügliche Teil fehlt, kann hier noch von einer Position ohne Anführungszeichen gesprochen werden!

Humor und Mitgefühl und andere unbenennbare, da nicht dauerhaft wirksam benennbare spirituelle Aspekte.)

Die starke Fünfte führt also zu etwas wesentlich Neuem durch einen **kreativen Schritt** oder **Sprung**. Wir gelangen zu **dem Neuen** als einem wirklich neuen Standpunkt, der das alte **Eine** samt dem Kontext des alten Dilemmas ablöst. Wir halten nicht etwa nur etwas anderes für richtig als zuvor; die neue These, **das Neue,** ist vielmehr auch auf eine neue Weise, eine andere Weise als zuvor, richtig (bzw. beansprucht so seine Richtigkeit).

Wir können uns **das Neue** als auf einer Ebene *über* dem bisherigen Schema gelegen vorstellen, während die Fünfte zugleich in und über allen Ebenen liegt (und wenn Sie es sich gerade nicht vorstellen können – das macht gar nichts, denn die Übungen führen Sie mit der Zeit sowieso in diese Gegenden!).

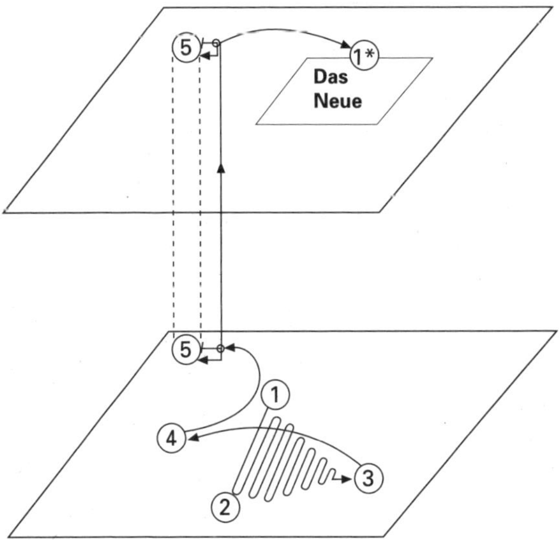

Diesen Sprung auf **das Neue,** die Position 1*, nennen wir also den **kreativen Schritt** (oder **Sprung**). Und von hier aus geht es weiter in die Positionen 2*, 3* und 4*, vom **neuen Einen** zum **neuen Anderen**, **neuen Beides** und **neuen Keines.**[10]

10 Die fünfte verneint von vornherein auch diese neuen Positionen, unterbricht also bei Bedarf auch hier die Muster. (Humor kann sich eben auf alles Neue beziehen, sogar auf Humorlosigkeit.)

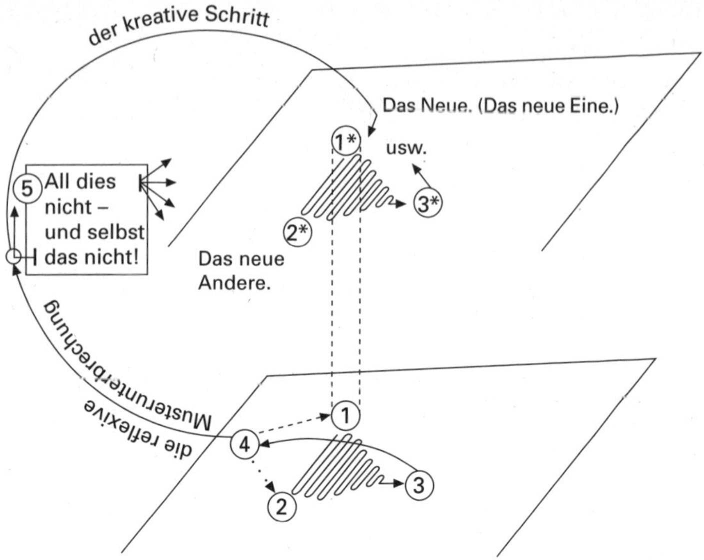

Wir können uns das Tetralemma als eine Art Spirale vorstellen, die nie aufhört und die den Entwicklungsprozeß symbolisiert.

Wenn wir hier vom Tetralemma sprechen, ist meistens das negierte Tetralemma gemeint. Auch die Tetralemmaaufstellung ist eigentlich eine Aufstellung des negierten Tetralemmas; da dies aber komplizierter klingt, haben wir uns entschieden, hier kurz vom Tetralemma zu sprechen, auch wenn wir damit häufig eigentlich das negierte Tetralemma meinen.

Wer die fünfte „Position" des Tetralemmas berührt hat, sucht nicht mehr nach dem letzten oder besten Schema, dem Schubkasten aller Schubkästen. Wo es um Werte wie falsch und richtig, gut und böse geht, weiß der bis hierher vorgedrungene Querdenker, daß es um lebendige Qualitäten geht, die vorgelebt werden müssen[11] – und daß solche Qualitäten durch Worte höchstens zeitweilig in Erinnerung gerufen werden können, aber niemals durch Worte erfaßt und garantiert werden.

Erinnern wir uns nun daran, daß keine Einsicht oder Position, die wir bisher eingenommen haben, sich als die letzte Weisheit oder

11 Dies gilt auch für Unternehmen und ist hier von besonderer Wichtigkeit!

Einsicht herausstellte. Und selbst da, wo wir etwas wirklich Tiefes berührt haben: Wir müssen es immer wieder neu erwerben und können es in keiner Schublade je aufbewahren. Kurz:

Den Strom des Lebens trägt keiner in der Tasche.

III.1.4 Anwendung des Tetralemmas zur Überwindung verfestigter Denkmuster

Wenn Sie das Tetralemma als eine Landkarte für Veränderungsmöglichkeiten und für einen veränderten Umgang mit Gegensätzen nutzen wollen, finden Sie im Rest dieses Teils und in Teil IV einige Hinweise für geeignete Wanderwege. Sich auf das Tetralemma einzulassen heißt, sich in die verschiedenen Positionen so hineinzuversetzen, daß man fühlt und sieht und erkennt, was es jeweils für uns bedeuten würde, aus dieser Position heraus das Problem zu betrachten, und wie lösungsorientiertes Handeln dabei jeweils aussähe.

Es gibt dabei keine an sich richtige oder falsche Position. Jede dieser Positionen hat ihren eigenen Wert und ihre eigenen Gefahren. Davon ausgenommen ist höchstens der selbstkritische fünfte „Standpunkt“ – eben weil er eigentlich kein Standpunkt ist, sondern eher eine Erinnerung an die menschliche Fähigkeit … immer noch neue Verhaltensweisen zu entdecken.

Wann sollten Sie in Erwägung ziehen, das Tetralemma zu verwenden?

Wenn es bei einem Problem um einen Konflikt von Werten oder Standpunkten geht und Sie den Eindruck haben, Ihre Haltung sei vielleicht zu sehr verfestigt, dann ist das ein guter Zeitpunkt für eine Tetralemmawanderung. Es folgen einige Hinweise für den Weg, zu dem wir Ihnen viel Vergnügen, Neugier und vielleicht etwas Ausdauer wünschen!

III.2 Querdenkertraining: Zwei Tetralemmaexperimente zur Modulation von Denkgewohnheiten

III.2.1 Ein schriftliches Tetralemmaexperiment

1. Wählen Sie zwei Standpunkte oder Werte in einem Konflikt, der Ihnen wichtig ist.

2. Den Standpunkt, zu dem Sie eher tendieren oder der Ihre Haltung wiedergibt, nennen Sie **das Eine**. Notieren Sie einige Stichpunkte dazu.

Das Eine

....

....

....

3. Charakterisieren Sie nun ebenso die abgelehnte oder nicht gewählte Alternative mit einigen Worten, und nennen Sie sie **das Andere**.

Das Andere

....

....

....

4. Wenn Ihnen einige Stichpunkte einfallen, die einem Kompromiß, einer Iteration, einem Scheingegensatz, einer paradoxen Verbindung **des Einen** und **des Anderen,** einer Thesenverschiebung, einer übersummativen Verbindung, einer Prämissenverschiebung, einer zu bewahrenden Mehrdeutigkeit oder einer Absorption des Teils durch das Ganze entsprechen, oder dazu, wie die Kraft des Nichtgewählten in das Gewählte fließen könnte, so notieren Sie diese Ideen zu der neuen Position **Beide**s. Auch wenn Ihnen dazu keine Einfälle kommen, können Sie mit der Übung fortfahren.

Ideen zu diesem Punkt entstehen häufig durch ein wichtiges Querdenkermittel: die Annahme nämlich, hinter jedem äußerlich vertretenen Standpunkt stecke ein verborgener Wert und die These:

Die verborgenen Werte hinter äußerlich unvereinbaren Standpunkten sind auf höherer Ebene vereinbar.

Hier geht es um ein Erreichen eines **höheren Plateaus** im Denken, einer Ebene, auf der zuvor scheinbar Unmögliches sich als möglich erweist. Der Wechsel vom Gedanken der **Maximierung** zum Prinzip der **Optimierung** ist ein für die Wirtschaft relevantes Beispiel eines derartigen Übergangs zu einem höheren Denkplateau, auf das Luhmann wiederholt hingewiesen hat.

Die Position **Beides** wirklich einzunehmen erfordert ein selbstbewußteres Vorgehen als das von Pu dem Bären, als er gefragt wird, ob er Butter oder Honig auf sein Brot möchte:

„Butter und Honig!" antwortete Pu und fügte hinzu, da er sich unbescheiden vorkam: „Aber um das Brot brauchst du dich nicht zu bemühen!"

Also verzichten Sie bitte nicht auf das Brot, wenn Sie sich in die Gefilde von **Beides** vorwagen!

Einige Ideen zu **Beides**:

....

....

....

5. Charakterisieren Sie nun einen Standpunkt, in dem es weder um das **Eine** noch um das **Andere** geht. Diese Position von **Keines von Beiden** erschließt sich Ihnen durch die Frage nach den Bedingungen, unter denen der Gegensatz **des Einen** und **des Anderen** für Sie überhaupt relevant werden konnte.

Einige Ideen zu **Keines von Beiden**:

....

....

....

6. Die fünfte „Position" in der abgeschwächten Form **All dies nicht** ergibt sich, wenn Sie die Einsicht gewinnen, daß alle diese vier ersten Positionen noch nicht das Ganze Ihrer möglichen lebendigen Erfahrung erfassen. Die vertiefte Form des — **und selbst das nicht** erhalten Sie, wenn Sie die Bedingungen entdecken, durch die Sie immer wieder zu neuen Standpunkten und zur Handlung zurückfinden. Hier geht es um die tiefsten Formen der Musterunterbrechung (dazu gehören Humor und spirituelle Grundlagen).

Ideen zu **All dies nicht — und selbst das nicht:**

....

....

....

7. Betrachten Sie nun das letzte graphische Schema zum Tetralemma. Versetzen Sie sich zunächst in die Position von **das Eine**.

Notieren Sie Ihre Gedanken, Empfindungen, Ideen, Ihr Körpergefühl und Ihre Handlungsimpulse. Gehen Sie dann in die Position von **das Andere**, und notieren Sie auch hier Ihre Gedanken usw.

Eindrücke bei **das Eine/das Andere:**

....

....

....

....

8. Nehmen Sie nun möglichst freundlichen Kontakt mit dem **Einen** aus der Position des **Anderen** auf, als ob Ihnen das Gegenüber wie eine Person sichtbar gegenüberstünde. Wechseln Sie die Seite, und bemühen Sie sich auch diesmal um freundlichen Kontakt. Was hat sich danach an den Empfindungen in den beiden Positionen geändert? Sie üben gerade eine zunächst wahrscheinlich noch recht ungewohnte Form des Querdenkens, die Ihnen schon bald als neue Ressource lieb geworden sein wird.

Änderungen nach Kontaktaufnahme:

....

....

....

9. Wenn Sie noch weitere Einsichten finden wollen, können Sie nun Ausflüge zu der dritten und vierten Position unternehmen und dabei jeweils auf den Kontakt mit den vorhergehenden Positionen achten. Es ist günstig, den früheren Positionen wiederholte Höflichkeitsbesuche abzustatten. Wenn Sie auch mit der fünften Position in Kontakt treten, achten Sie darauf, sich von dieser Position inspirieren zu lassen und keinen Besitzanspruch auf sie zu erheben. Erinnern Sie sich daran:

Den Strom des Lebens trägt keiner in der Tasche.

Eindrücke von der Reise zu den Positionen drei, vier und fünf:

....

....

....

....

....

Die Wanderung ist zunächst beendet – und sie kann jederzeit an jeder Stelle, meist allerdings am leichtesten von vorne, begonnen werden. Diese Form des Querdenkens wird Ihnen viele bisher unvertraute Haltungen erschließen und dadurch neue Handlungsoptionen öffnen. Wenn Sie diese Erfahrung noch etwas weiter vertiefen wollen, empfehlen wir Ihnen:

III.2.2 Ein Tetralemmaexperiment mit Bewegung

Zu diesem Experiment, das im Prinzip aus denselben Schritten besteht wie das vorhergehende, stellen Sie sich die fünf Positionen in der Anordnung des graphischen Tetralemmaschemas im Raum auf dem Fußboden aufgezeichnet vor. Sie begeben sich dann jeweils wirklich im Raum an die Stelle, über deren Empfindungen Sie gerade befragt werden.

Die räumliche Unterscheidung der Orte, an denen Sie sich in die verschiedenen Haltungen begeben, wird als ein Dissoziationsprozeß bezeichnet. Dieser Prozeß erlaubt es, innere Haltungen, die sonst oft nur in unklarer Form zugänglich sind, deutlicher zu identifizieren und zu erkunden.

Sie haben gerade die Grundzüge einer **Tetralemmaaufstellung** kennengelernt; es handelt sich dabei um eine weitere Form des von den Autoren entwickelten Verfahrens der **Systemischen Strukturaufstellungen,** und zwar insbesondere als Mittel zur Klärung von Konfliktsituationen.

Wir wünschen Ihnen viel Vergnügen und fruchtbare, überraschende Ausblicke bei Ihren tetralemmatischen Exkursionen!

III.3 Exkurs: Was sind Systemische Strukturaufstellungen?

Nun stellen Sie schon eine Zeitlang auf – Grund genug, sich die Frage, was eigentlich Aufstellungen sind, nochmals genauer zu stellen! Für die Systemischen Strukturaufstellungen geht es, wie bei allen systemischen Aufstellungsverfahren, um die räumliche Anordnung von Repräsentanten zur Darstellung von Beziehungsstrukturen des Systems, zu dessen Verständnis und Modifikation die Aufstellung durchgeführt wird. In der Regel arbeitet man dabei mit Personen als Repräsentanten und befragt diese nach der Änderung ihrer Körperempfindungen und Gefühle beim Prozeß des Umstellens.

Bei dem unmittelbar vorangehenden Tetralemmaexperiment haben Sie die Erfahrung einer Aufstellung machen können, indem Sie selbst an die verschiedenen Positionen des Tetralemmas gegangen sind. In einer normalen Tetralemmaaufstellung hätte an jeder dieser Stellen eine fremde Person als Repräsentant der Alternativen gestanden. Dabei beobachten wir das überraschende Phänomen der **systemischen Resonanz**, d. h. den Umstand, daß sich diese fremden Personen als Repräsentanten an den geeigneten Stellen in der Aufstellung „resonant" zu den Beziehungsstrukturen des dargestellten Systems verhalten. Die Einbeziehung fremder Personen[12] als Repräsentanten führt sogar zu reicheren und tiefer gehenden stimmigen Einsichten in bezug auf das dargestellte System.

Bei einer Tetralemmaaufstellung werden diese fremden Personen als Repräsentanten also an die Plätze für **das Eine, das Andere, Beides** und **Keines von Beiden** gestellt.

das Eine

Keines von Beiden **Beides**

das Andere

Wie Sie in dem Tetralemmaexperiment selbst erlebt haben, ändern sich die Körperempfindungen, sobald man in einer Position steht. Wir nennen diesen Vorgang (und die ihm zugrundeliegende menschliche Fähigkeit) **repräsentierende Wahrnehmung.** Diese besteht darin, daß sich bei einer systemischen Aufstellung die Körperempfindungen der Repräsentanten in Übereinstimmung mit den Beziehungsstrukturen des dargestellten Systems ändern. Aus unserer Sicht kann das veränderte Muster der Gesamtheit der Körperempfindungen daher als Wahrnehmungsphänomen gedeutet werden.

12 Mit dem Begriff „fremde Person" wird hier und anderenorts im Text betont, daß die RepräsentantInnen über das dargestellte System nichts wissen *müssen* und insbesondere nicht zu diesem System zu gehören brauchen; es *können* jedoch durchaus auch gelegentlich Personen von Systemen, zu denen die RepräsentantInnen gehören, von diesen repräsentiert werden.

Etwas vereinfacht kann man für das Tetralemma sagen, daß fremde Personen, die als Repräsentantinnen an die genannten vier Plätze des Tetralemmas gestellt werden, über ihre Körperempfindungen zentrale Aspekte der Entscheidungsalternativen der Klientin, für die das Tetralemma aufgestellt wurde, wahrnehmen. Dabei werden die fremden Personen nur aufgestellt, d. h. von der Klientin in bestimmten Entfernungen und Winkeln einander zugeordnet. Die Klientin sollte dabei ihren spontanen Körperempfindungen folgen und Gedanken und Deutungen eher kommen und gehen lassen. Den Repräsentantinnen muß dabei keine nähere Information über die Entscheidungsalternativen, für die sie stehen, gegeben werden; ihnen werden auch weder Sätze noch Gesten vorgegeben.

Diese karge Form des Aufstellens, die nur wenige Veränderungsparameter verwendet (Abstand, Winkel, Blickrichtung, Blickkontakt, Berührung), wurde für die familientherapeutische Arbeit von Bert Hellinger als das Verfahren der *systemischen Familienaufstellungen* (auch: das *Familienstellen*) eingeführt. Ähnliche Formen wurden schon zuvor in anderen familientherapeutischen Schulrichtungen verwendet; diese Formen beinhalteten jedoch ausführlichere Information über die Systemmitglieder, Hinweise zur Gestik und explizite Mitteilungen über typische Formulierungen der dargestellten Systemmitglieder. Zu diesen Formen gehören z. B. die *Familienskulptur* und die *Familienrekonstruktion* von Virginia Satir, das *Psychodrama* von Jakob Levy Moreno und verschiedene Formen szenischer Darstellungen in anderen Schulen (vgl. S. 205).

Kennzeichnend für die Systemischen Strukturaufstellungen ist die Möglichkeit des **Strukturebenenwechsels.** Wir verstehen darunter den Umstand, daß innerhalb der Aufstellung von einer Aufstellungsform in eine andere Aufstellungsform gewechselt werden kann. Die einzelnen Aufstellungsarten können wie verschiedene Ebenen aufgefaßt werden, zwischen denen man wechseln kann, etwa von der Ebene der Entscheidungsalternativen (Tetralemmaaufstellung) auf die Ebene der Familie und der Loyalitäten, die in den Handlungsalternativen zum Ausdruck kommen. Häufig steht z. B. **das Eine** und **das Andere** für Loyalitäten zum väterlichen und mütterlichen System.

Wir können uns die Teile der einzelnen Strukturaufstellungen wie Achsen eines Koordinatensystems vorstellen, das das jeweilige System aufspannt. Auf diesen Koordinatenachsen wird das Anliegen des Klienten dargestellt. Bei der Wahl der Strukturebene gibt es kein richtig und falsch, sondern eher ein angemessen und unangemessen in bezug auf die Frage, auf die eine Antwort gesucht wird. Jede Strukturebene legt gewissermaßen die Perspektive fest, unter der ich mir etwas ansehe.

Wenn mit einer Systemischen Strukturaufstellung gearbeitet wird, können implizit weitere Strukturebenen auftauchen, wie etwa bei der Tetralemmaarbeit die Ebenen von Familie oder Beruf. Wir benennen diese auftauchenden anderen Strukturebenen meist nicht explizit, sondern bleiben auf der gewählten Strukturebene und lassen die andere Ebene mitschwingen. Solche Aufstellungen nennen wir **systematisch ambige Aufstellungen**, da wir gleichzeitig auf verschiedenen Ebenen arbeiten, aber nur eine explizit benennen. Der Vorteil einer solchen Arbeitsweise besteht darin, daß vieles verdeckt bleiben darf; insbesondere da, wo explizite Deutungen nicht erwünscht sind. Verdecktes Arbeiten ist gerade in Organisationen von Vorteil, da dort kein Auftrag besteht, Persönliches aufzudecken. Auch bietet verdecktes Arbeiten Schutz vor den Reaktionen anderer, wo ein Kontext von Konkurrenz gegeben ist.

Strukturebenenwechsel und **systematische Ambiguität** sind kennzeichnend für die Systemischen Strukturaufstellungen, während aus unserer Sicht **systemische Resonanz** und **repräsentierende Wahrnehmung** allen systemischen Aufstellungsformen gemeinsam sind.

III.4 Exkurs: Über die Kategorien der bei Aufstellungen auftretenden Körperempfindungen und Wahrnehmungen

Die **Wahrnehmungen** und **Körperempfindungen**[13] der RepräsentantInnen bei einer systemischen Aufstellung können in erster Linie als auf das fremde System bezogen aufgefaßt werden. Dennoch lassen sich bei diesen Körperempfindungen verschiedene Formen unterscheiden. Diese Unterscheidung ist hilfreich, um die Aspekte des Eigenen und des Fremden bei den Wahrnehmungen und Körperempfindungen der Repräsentanten bei Aufstellungen besser differenzieren zu können.

13 Wir fassen Körperempfindungen und Wahrnehmungen im folgenden in der Auflistung mit „(Körper-)Empfindungen" zusammen.

Die Idee der **Überlagerung einer Empfindungsebene durch eine andere** läßt das Konzept der Empfindungsebenen aus unserer Sicht zu einem nützlichen Hilfsmittel zum besseren Verständnis der repräsentierenden Wahrnehmung werden. Zur Charakterisierung der unterschiedlichen Ebenen der Wahrnehmung und des Körperempfindens haben wir folgende **Kategorien** gebildet.

1. Topologische Körperempfindungen

Hier geht es um die Empfindung von „innerhalb" und „außerhalb". Topologische Körperempfindungen beziehen sich auf die Unterscheidung, ob jemand zu einem System dazugehört oder nicht, ob er sich als innerhalb eines Raums, Rahmens oder Kontextes befindlich wahrnimmt oder als außerhalb, ausgeschlossen, nicht zugehörig oder als bloßer Beobachter. Als topologisch bezeichnen wir eine Empfindung dann, wenn ihr Auftreten schon allein daraus verständlich ist, daß die oder der Betreffende sich innerhalb einer Grenze, eines Raumes, einer Gruppe von Personen o. ä. befindet, unter Vernachlässigung aller übrigen Faktoren.

Bei Aufstellungen spielen topologische Empfindungen insbesondere als die Empfindung der Zugehörigkeit zum aufgestellten System oder zu bestimmten Subsystemen des aufgestellten Systems eine Rolle, aber noch unter Absehung von allen zeitlichen Reihenfolgen, Rangordnungen und hierarchischen Unterschieden. Darüber hinaus spielen für die topologischen Empfindungen Abstände und Winkel eine untergeordnete (im Prinzip irrelevante) Rolle: Ich bin nicht „mehr als zuvor" in einem Raum dadurch, daß ich in dem Raum den Platz wechsle; spielt ein solcher Wechsel eine Rolle, haben wir es schon mindestens mit geometrischen Körperempfindungen (vgl. unten 2.) zu tun. Topologische Empfindungen geben also Auskunft darüber, ob wir uns als Element eines Systems erleben oder nicht.

2. Geometrische Körperempfindungen

Meist finden Aufstellungen in Räumen statt; deren spezifische Gegebenheiten, wie z. B. Fensterfronten, geschlossene Mauerstücke, Türen oder Säulen in der Mitte des Raumes bekommen an manchen Stellen Einfluß auf die Aufstellung. Die Körperempfindungen von Repräsentanten können sich nun auch genau auf solche Eigenschaften beziehen. So deutet die Aussage „Mein Blick geht hinaus in die

Landschaft" einfach darauf hin, daß sich im Raum ein Fenster mit eben diesem Ausblick befindet. Diese Aussage hat darüber hinaus oft auch einen symbolischen Wert für das dargestellte System; aber die Aussage selbst ist einfach aus der Blickrichtung der Person und den Gegebenheiten des Raumes schon erklärlich und muß nicht mit spezifischeren Wahrnehmungsformen zu tun haben.

Wenn etwa ein Repräsentant sagt, er fühle sich sehr beengt, so kann das darauf hindeuten, daß er dicht vor der Raumwand steht. Wir sprechen hier von geometrischen Körperempfindungen, da diese die Geometrie des Raumes betreffen und allein aus Anordnung, Entfernung und Winkeln der Repräsentanten zueinander und zu den Begrenzungen des Raumes nachvollziehbar sind.

Fühlt sich also ein Repräsentant, der mit dem Blick auf eine Mauer kurz vor dieser aufgestellt wurde, etwas eingeengt, so ist das eine typische geometrische Empfindung und nicht weiter überraschend. Würde er aber in derselben Situation mitteilen, er habe ein weites Feld vor sich,[14] so würden wir sagen, daß hier offenbar die geometrische Wahrnehmung und Empfindung von einer anderen Ebene von Empfindungen überlagert wird. In der Regel wird hier eine spezifische fremde Empfindung vorliegen (vgl. unten 4. und 7.).

Bei geometrischen Empfindungen genügt zum Verständnis ihres Auftretens also nicht allein das Wissen, innerhalb von welchen Grenzen oder Räumen sich jemand befindet; es müssen über die topologischen Beziehungen hinaus typische geometrische Aspekte (wie Abstände und Winkel) einbezogen werden. Wir sprechen aber nur dann von geometrischen Empfindungen, wenn die Beachtung dieser Aspekte für das Verständnis des Auftretens der Empfindung ausreicht und nicht z. B. prototypische Rollenbilder mit einbezogen werden müssen (vgl. dazu den nächsten Typus).

3. Prototypische Körperempfindungen

Darunter verstehen wir solche Körperempfindungen, die auf ein prototypisches Rollenbild hinweisen. Wenn also z. B. eine Repräsentantin allgemeine Äußerungen zur Rolle des Chefs oder eines Mitar-

14 Weniger Aufstellungserfahrenen sei versichert, daß derartiges keineswegs ein ungewöhnliches Beispiel darstellt, sondern in wirklichen Aufstellungen relativ häufig vorkommt.

beiters, eines ältesten Geschwisters oder einer Nebenbeziehung macht, die eher einem solchen prototypischen Rollenverständnis entsprechen und bei der keine spezifischen Empfindungen des Chefs, des Mitarbeiters, des Geschwisters oder der Nebenbeziehung genannt werden, die sich deutlich auf das spezielle, konkrete dargestellte System beziehen, sprechen wir von prototypischen Körperempfindungen.

Das Empfinden, eine Leitfigur oder ein Underdog zu sein, wenn wir deutlich oberhalb bzw. unterhalb einer anderen Person in einem Raum stehen oder sitzen, kann allein aus einem derartigen prototypischen Rollenverständnis in bezug auf die räumliche Anordnung verstanden werden; zum Verständnis dieser Empfindungen muß daher nicht auf die „Fremdwahrnehmungen“, d. h. die Repräsentation fremder Beziehungsmuster, Bezug genommen werden.

Diese Empfindungen waren Beispiele für **prototypische soziale Empfindungen**; **prototypische familiäre Empfindungen** sind z. B. die Empfindung, die älteste Schwester von vielen Geschwistern oder eine Außenbeziehung bei einem Paar zu sein, wenn man in einer solchen Position aufgestellt ist. (Die Unterscheidung **sozialer** und **familiärer Empfindungen** spielt bei der Unterscheidung der Empfindungsebenen auch eine gewisse Rolle; die familiären Empfindungen sind meistens schon etwas spezifischer und konkreter gefärbt. Dennoch gehen wir hier auf diesen Unterschied nicht näher ein.)

4. Spezifische Körperempfindungen

Als spezifische Körperempfindungen bezeichnen wir diejenigen Empfindungen von Repräsentanten, die sich auf reale Personen oder Systemteile eines spezifischen dargestellten Systems beziehen. Die repräsentierende Wahrnehmung ist bei der praktischen Aufstellungsarbeit in der Regel eine Form von spezifischen fremden Körperempfindungen, häufig begleitet von eigenresonanten Empfindungen.

5. Abstrakte Körperempfindungen

Manche Systemischen Strukturaufstellungen enthalten abstrakte Teile, wie z. B. Hindernis, Ressource, **das Eine**, **das Andere** oder die metaphysischen Qualitäten von Erkenntnis, Ordnung und Liebe (bei der Glaubenspolaritätenaufstellung, vgl. Teil V). Die Empfindungen, die diese abstrakten Teile betreffen, nennen wir abstrakte Körperempfindungen, im Gegensatz zu den konkreten Empfindungen einer konkreten Person oder eines konkreten Teils, etwa der Geduld einer bestimmten Person als spezifischer Ressource.

6. Konkrete Körperempfindungen

Als Beispiel einer konkreten geometrischen Empfindung stellen Sie sich vor, wie es sich für Sie anfühlt, zwischen zwei größeren Personen zu stehen, oder wahrzunehmen, daß jemand ganz in Ihrer Nähe steht. Sich in einem bestimmten Raum als wirklich innerhalb dieses Raums befindlich zu fühlen, wäre eine konkrete topologische Empfindung, während die Empfindung, „im Freien zu sein", eine abstrakte topologische Empfindung darstellt.

7. Fremde Körperempfindungen

Hierunter verstehen wir solche Empfindungen, die zum repräsentierten System gehören und nicht zum System der Person, die repräsentiert. Als **spezifische fremde familiäre Empfindungen** bezeichnen wir Empfindungen von Repräsentanten, die dem spezifischen Familiensystem, das in der Aufstellung repräsentiert wird, zuzuschreiben sind, also Empfindungen, die spezifisch zu den Mitgliedern einer fremden Familie passen. Dies sind die zentralen Arten von Empfindungen, die die repräsentierende Wahrnehmung beim Familienstellen bestimmen. Als **spezifische fremde soziale Empfindungen** bezeichnen wir etwa bei einer Teamaufstellung die Wahrnehmung des Repräsentanten des Leiters, wie es wäre, Leiter dieses Teams zu sein. Hier geht es also um die Fähigkeit der Repräsentanten, auch außerfamiliäre Beziehungsstrukturen körperlich wahrzunehmen. Diese Art der Empfindungen ist für die repräsentierende Wahrnehmung bei Organisationsaufstellungen entscheidend.

8. Eigene Körperempfindungen

Hiermit sind die Körperempfindungen gemeint, die zum eigenen System gehören. Bei diesen Empfindungen können wir noch unterscheiden zwischen **eigenresonanten** und **eigenen invarianten** Empfindungen.

8.a Eigenresonante Körperempfindungen

Eigenresonant sind die Empfindungen, die beim Repräsentieren einer Person auftauchen und mit eigenen Empfindungen in Resonanz treten. Wir sind nicht so unterschiedlich, so daß häufig fremde Empfindungen mit eigenen in Resonanz treten. Dies ist auch der Grund dafür, daß beim Repräsentieren in fremden Rollen viel für die eigene Situation gelernt werden kann. Zunächst gehören die auftretenden Empfindungen, während jemand eine Rolle repräsentiert, immer zu diesem fremden System. Wenn die Empfindungen an eigene Erfahrungen erinnern, so treten sie in Resonanz mit dem eigenen System und gehören damit gleichzeitig zum fremden und zum eigenen System.

8.b Eigene invariante Körperempfindungen

Eigen invariant sind Empfindungen dann, wenn sie vor und während der Repräsentation einer fremden Person auftreten. Also wenn z. B. jemand vor einer Aufstellung bereits Rückenschmerzen hat und diese dann in der Aufstellung nicht verschwinden (was mitunter passieren kann), so sprechen wir von zum eigenen System gehörenden Empfindungen, die gegenüber einer Aufstellung invariant sind, sich also nicht verändern.

9. Aufstellungsvariante eigene Empfindungen

Natürlich gibt es durchaus neben diesen **(aufstellungs)invarianten** eigenen, also von der Aufstellung nicht beeinflußten Empfindungen, auch **(aufstellungs)variante eigene Empfindungen**, also Empfindungen, die während der Aufstellung verschwunden sind, aber danach wieder auftauchen. Dies entspricht z. B. dem aus dem Alltag bekannten Phänomen der Ablenkung von einer Empfindung oder der hypnotherapeutischen Fokusmodifikation etwa beim Umgang mit Schmerz. So kann ein vor der Aufstellung beim Repräsentanten vorhandener Kopfschmerz während der Aufstellung „vergessen" werden, taucht aber oft nach der Aufstellung wieder auf.

Wir differenzieren also zwischen folgenden

Grundkategorien zur Unterscheidung der bei der systemischen Aufstellungsarbeit auftretenden Empfindungen:

a) **prototypisch vs. spezifisch**
b) **abstrakt vs. konkret**
c) **topologisch/geometrisch/sozial/familiär**
d) **resonant/invariant/variant**
e) **eigen/fremd**

Die Anwendung dieser Grundkategorien wird durch ihre Kombinationen verdeutlicht; einen schematischen Überblick und Beispiele für die Kombination dieser Charakteristika finden Sie im Anhang unter der Überschrift „Strukturebenebenen der Empfindungen und Wahrnehmungen bei Systemischen Strukturaufstellungen" (vgl. VIII.8.1.1 und VIII.8.1.2).

Im Anhang haben wir darüber hinaus die für Aufstellungen relevanten Wahrnehmungsformen, die den LeiterInnen vertraut und von ihnen geübt sein sollen, in einem eigenen Abschnitt (VIII.82) eingeführt.

Der Querdenker stellt sich bei auftretenden Körperempfindungen also zusätzlich die Frage, ob diese Empfindungen zu seinem System gehören oder zu einem anderen System. Er zweifelt damit die allgemein angenommene Prämisse an, daß Empfindungen zu einem selbst gehören. Dabei ist es doch merkwürdig, daß wir davon ausgehen, daß etwas so Flüchtiges, wie es Empfindungen und Emotionen sind, zu uns als Person gehört. Sind wir denn eine andere Person, wenn die Emotionen sich ändern? Können Emotionen unsere Person überhaupt ausmachen? Wir gehen eher von der Annahme aus, daß Emotionen und Empfindungen nicht zur Person gehören, sondern nur flüchtige Gäste sind, die einen freundlichen Umgang wünschen und, so sie gewürdigt werden, sich auch wieder verabschieden können. Was eine Person ausmacht, ist damit natürlich noch nicht gesagt und bleibt weiter ein Geheimnis.

III.5 Exkurs: Kategorien der Symbole bei Aufstellungen

Wir erörtern die Symbolkategorien am Beispiel einer festen Tetralemmaaufstellung mit einer Personengruppe, da dabei die aus unserer Sicht wichtigsten kategorialen Unterscheidungen auftreten. Die Positionen **das Eine**, **das Andere**, **Beides** und **Keines von Beiden** nennen wir **Orte**, da die aufgestellten Personen an dem ihnen im Anfangsbild jeweils zugewiesenen Platz während der ganzen Aufstellung (weitgehend) fest stehenbleiben.

Nun brauchen wir noch wie zuvor bei der Problemaufstellung einen Fokus, nämlich den Träger des Anliegens. Auch er wird durch eine fremde Person repräsentiert und vom Fragesteller an den Platz geführt, an dem es sich für diesen stimmig anfühlt. Häufig ist dies ein Platz zwischen dem **Einen** und dem **Anderen** oder nahe bei dem **Einen**. Dieser **Repräsentant** bleibt so lange an seinem Platz stehen, bis ihn die Leiterin an einen neuen Platz führt.

Außer Orten und Repräsentanten verwenden wir in der Tetralemmaaufstellung auch noch ein **freies Element**. Dieses zeichnet sich dadurch aus, daß es sich selbständig bewegen, den Ort verändern und tun kann, was es gerade möchte. Es erhält sogar den paradoxen Auftrag „ausdrücklich nur genau das zu tun, was es selbst möchte". Die fünfte „Position" wird durch ein freies Element dargestellt, denn über die fünfte „Position" können wir letztlich nicht verfügen. Auch für die fünfte „Position" wird eine fremde Person ausgewählt und an einen für den Aufstellenden stimmigen Ort geführt, danach darf sie sich frei bewegen.

In Systemischen Strukturaufstellungen werden also im Gegensatz zur Familienaufstellung drei verschiedene Arten von Symbolen verwendet: **Orte, Repräsentanten** und **freie Elemente**.[15] (Dieses Kategoriensystem wird im Anhang VIII.7 erheblich verfeinert, u. a. durch nichtpersonale Symbole.)

Für das Aufstellen einer Person verwenden wir meist eine kurze Tranceinduktion, damit bei dem Prozeß des Aufstellens weniger gedacht wird und mehr der Intuition gemäß aufgestellt wird. Für die Induktion können Sie z. B. folgende Worte verwenden:

Berühren Sie die Person (die aufgestellt wird) leicht am Rücken mit Ihren Händen. Lenken Sie Ihre Aufmerksamkeit auf Ihren Atem, spüren Sie, wie Ihre Fußsohlen den Boden berühren, und machen Sie einen Schritt vorwärts. Lassen Sie sich überraschen, wo Ihre Hände Sie hinführen.

15 Repräsentanten nennen wir auch „Repräsentanten im engeren Sinne", wenn wir im selben Kontext auf Orte, freie Elemente und Repräsentanten gemeinsam als „Repräsentanten im weiteren Sinne" Bezug nehmen.

In einem geschützten Rahmen und mit einem in verwandten Verfahren erfahrenen Leiter können Sie nun beginnen, auch mit einer Gruppe von Personen erste Versuche zu machen, Ihr eigenes Anliegen als Tetralemma aufzustellen. Vergessen Sie nicht: Es ist nicht das Ziel, alle Positionen zu durchlaufen, sondern nur, den nächsten Schritt zu finden!

Teil IV: Fünf Arten der grundlegenden Veränderung – und was Querdenken dazu beitragen kann

IV.1 Sensibler radikaler Wandel

Wenn wir Probleme lösen wollen und unsere gewohnten Strategien und Methoden in einer neuen Situation nicht mehr den gewünschten Erfolg zeigen, ist eine Veränderung unserer Haltung erforderlich. In dieser Lage scheinen Querdenker, denen wir begegnen, zunächst wie ein zusätzlicher Stolperstein, den wir nur zu gerne entbehren würden. Doch dadurch wird das kreative Potential nicht genutzt, das wir als Ressource für neue (und für uns selbst zuerst noch überraschende) Veränderungen dringend benötigen. Und all das gilt auch für unseren inneren Querdenker: Erst wenn wir ihn ebenso wie äußere Querdenker freundlich zur Mitarbeit einladen und uns seinen manchmal etwas beunruhigenden Stil zumuten – erst dann haben wir begonnen, von dieser schlummernden Ressource Gebrauch zu machen.

Zu den scheinbaren Gegensätzen, die unsere Veränderungsmöglichkeiten unnötig einschränken, gehört der Gegensatz von *radikal* und *sensibel*. Damit ist oft der Glaube verbunden, grundlegende Veränderungen seien nur durch harte Schnitte und Vernachlässigung der Interessen vieler Beteiligter zu erreichen. Diese Sicht verdeckt einige der wirkungsvollsten Veränderungsmöglichkeiten.

Grundlegende Veränderung, radikaler Wandel als Wandel von Grund auf, Wandel von der Wurzel (radix) her: Diesem Thema galt ein Unternehmersymposium[1]*, bei dem Gerhard Nagel die Idee des sensiblen radikalen*

1 Das zweite Führungsymposium der GC Graphic-Consult München in Tutzing 1995.

Wandels (vgl. Nagel 1995) einführte. Radikal muß keineswegs immer unsensibel bedeuten: Eine sensible Veränderung geht mit den Menschen und Ressourcen achtsam und mutig zugleich um. Die so erzielte Veränderung wird nachhaltiger und grundsätzlicher und so auch radikaler sein können, da die typischen Rückfallbedingungen besser einbezogen worden sind. Es geht also um *sensiblen radikalen Wandel.* Nach einer solchen Veränderung der Art, wie wir uns bisher verändert haben, suchen wir hier.

Wir betrachten dazu eine kleine Speisekarte möglicher Arten des sensiblen radikalen Wandels; wahrscheinlich stellen Sie bei der Lektüre dann fest, daß Sie die eine oder andere Art der Veränderung bei einem Anliegen oder Problem, das Ihnen zur Zeit wichtig ist, noch nicht ausprobiert haben. Wir laden Sie herzlich ein, einige erste Schritte in eine solche neue Richtung einfach einmal innerlich durchzuspielen und zu prüfen, ob dabei ressourcenreichere innere Haltungen und äußere Handlungsmöglichkeiten vor Ihrem inneren Auge aufzutauchen beginnen.

IV.2 Lösungsorientierte Fragen

Die Speisekarte der Möglichkeiten grundlegender Veränderung können wir durchzublättern beginnen, indem wir die Wurzeln für die bisherige Nichtveränderung betrachten. Wie kam es dazu, daß eine erfolgreiche Veränderung nicht schon eingetreten ist? Was hat uns in dem bisherigen Problemmuster gefangengehalten? Wo hat die bisherige Beschreibung des Problems wie eine hypnotische Trance uns von Teilen unserer wahren Möglichkeiten abgeschnitten? Verstehen wir, was es war, das bisher zustandsverfestigend oder problemstabilisierend gewirkt hat, kann uns dies nun helfen, den Kontext möglicher Veränderungen zu bestimmen.

Nicht immer finden wir durch direkte Fragen nach den Hindernissen eine fruchtbare neue Beschreibung der anstehenden Aufgabe. Aber eine geeignete neue Perspektive könnte uns hier als Vorspeise zum Handeln dienen. Manchmal hilft hier schon ein typisches querdenkerisches Vorgehen. Lassen wir dazu unseren inneren Querdenker einige paradoxe Fragen stellen, wie etwa die folgenden:

Wodurch könnten wir besonders zuverlässig erreichen, daß das Problem nicht gelöst wird?

Welche Ressourcen zur Verhinderung einer Lösung haben wir bis unzureichend berücksichtigt?

Wer könnte uns bei der Sicherung der Nichterreichung des Ziels noch unterstützen, auf dessen Hilfe wir in dieser Hinsicht bislang verzichtet haben?

Wie könnten wir ihn oder sie besser dazu motivieren, die Problemlösung wirkungsvoll verhindern zu helfen?

Wo haben wir leichtfertig spontane Lösungsmöglichkeiten zu unterminieren versäumt?

Wenn es uns bislang erfolgreich gelungen ist, ein Ziel zu vermeiden, wodurch könnten wir die Sicherheit dieser erfolgreichen Zielvermeidung noch erhöhen?

Eine solche indirekte und querdenkerische Frageweise wirkt oft wie ein neu eingestellter Scheibenwischer. Wir sehen dabei nicht nur viel deutlicher, wie bisher die Lösung für uns verhindert wurde, sondern werden auf eine Vielzahl von möglichen Verschlechterungen aufmerksam, die wir erfolgreich vermieden haben, oft ohne in der Vermeidung der Verschlimmerung eine besondere Fähigkeit erkannt zu haben.

Auf diese Weise haben wir einen Zugang zu einer anderen Art von Fragen gefunden, die beim Blättern in der Veränderungsspeisekarte hilfreich sind. Es handelt sich um Fragen wie:

Was ist gut? Was soll so bleiben?

Und:

Wenn wir wirklich an der gegenwärtigen Situation etwas ändern sollten, was sollte dann unbedingt so bleiben, wie es ist?

Wenn diese Fragen nicht vor der Veränderung beachtet werden, dann wird die Veränderung vielleicht einen radikalen, aber kaum einen sensiblen Wandel darstellen. Eine solche Vorgehensweise bei der Veränderung wäre eine prächtige Vorbereitung, um einen Rückfall in die Problemsituation anzustreben.

Sie haben es vielleicht schon bemerkt: Wir behandeln gerade ganz nebenbei die Frage:

Wie führt man ein lösungsorientiertes Querdenk-Interview mit sich selbst?

Weitere Fragen der gerade begonnenen Art wären:

Welche Ressourcen kommen in dem zum Ausdruck, was bisher schon gut und erfolgreich bewältigt ist und was auch bei den anstehenden Veränderungen so bleiben soll? Und wodurch könnten diese Ressourcen noch mehr gewürdigt werden?

Zu solchen Ressourcen gehören Mitarbeiter, die bisher vielleicht in ihrem Beitrag für das Ganze noch unzureichend beachtet und wertgeschätzt worden sind, und Fähigkeiten, auch unsere eigenen Fähigkeiten, die wir bisher, solange die Situation von uns noch nicht die anstehenden Änderungen verlangte, als selbstverständlich vorausgesetzt haben.

Woran könnten Sie erkennen, daß die wesentlichen Teile des bisher Erreichten, die bei der Änderung erhalten bleiben sollten, nach der Änderung wirklich noch da sind?

Und wer würde es sonst noch merken?

Und woran?

Bei diesen Fragen ist es wichtig, wenn Sie ein guter lösungsorientierter Interviewer für sich selbst sein wollen, negativ formulierte Antworten sofort zu hinterfragen. Haben Sie also als Befragter eine Antwort wie

Dann wäre das (XYZ) *nicht mehr da!*

gegeben, so fragen Sie lösungsorientiert sogleich weiter:

Und was wäre statt dessen da?

Was täten Sie dann, das Sie jetzt nicht tun?

und achten in dem Gespräch darauf, möglichst klare, positiv formulierte, konkrete und handlungsbezogene Antworten herbeizuführen.

Wenn nun deutlicher geworden ist, was sich nicht geändert haben sollte, wenn wir bei der Problemlösung Erfolg gehabt haben werden, können wir uns nun den Faktoren zuwenden, die das Problem bisher gegen Lösungen stabilisiert haben. Lösungsorientierter Umgang mit solchen Faktoren heißt, sie als Bestandteile des Systems anzusehen, die sich bei einer veränderten Perspektive oft schon nach kurzem als schützend oder hilfreich erweisen.

Für jedes Problem gibt es drei grundsätzlich verschiedene Arten stabilisierender Faktoren:

1. *Hindernisse* für die Erreichung eines Ziels
2. *verdeckte Gewinne*, d. h. Gewinne daraus, daß das Ziel bisher nicht erreicht wurde
3. *Prioritätsirrtümer* bei Zielsetzungen.

Hindernisse

Ein wichtiger lösungsorientierter querdenkerischer Grundsatz für den Umgang mit Hindernissen ist dabei:

Etwas bloß als Hindernis zu betrachten ist selbst schon ein Hindernis.

Dieses Prinzip ist Ihnen längst vertraut; Sie können dabei jede erfolgreich bewältigte vergangene Krise betrachten. Bei der Bewältigung dieser Krise mußten Sie Fähigkeiten entwickeln und Ressourcen entdecken, die sonst vielleicht noch lange geschlummert hätten. Ein wichtiges Querdenkerprinzip lautet hier:

Hartnäckiges Vermeiden von Hindernissen verhindert, daß wir die im Hindernis verborgene oder durch es in uns angesprochene Ressource schneller entwickeln.

Auch eigene Fehler erweisen sich so manchmal als nützlich; bei manchen Fehlern wäre es geradezu jammerschade, sie nie gemacht zu haben. Sie waren sozusagen die für uns *richtigen Fehler*, durch die wir unvergleichlich wirksamer gelernt haben. Versuchen wir allzu krampfhaft, Fehler zu vermeiden, so hilft uns selbst der Erfolg dabei oft nicht viel: Wir leben dann mit einer *falschen Richtigkeit*, die uns sichtig und unkreativ werden lassen kann. Der Querdenker daher:

einen richtigen Fehler als eine falsche Richtigkeit!

Daß Querdenker eine besondere Fähigkeit haben, mit Hindernissen kreativ umzugehen, liegt natürlich auch daran, daß sie selbst von anderen häufig für Hindernisse gehalten werden. Das gilt auch für unseren inneren Querdenker. Sein Potential wird uns erst verfügbar und bewußt, wenn wir aufhören, seine Interventionen als Störgedanken abzutun. Aber natürlich ist nicht jedes Querulieren schon ein Querdenken. Hier helfen uns Fragen wie folgende zur Klärung:

Womit müßte ich fertig werden, wenn diese Einwände nicht mehr vorgebracht würden?

Was würde ich tun, was ich jetzt nicht tue, wenn diese Störung entfiele? Wer würde darauf wie reagieren? Und wie einverstanden wäre ich dann mit diesen Reaktionen?

Verdeckte Gewinne

Verdeckte Gewinne: Das sind Gewinne, die wir dem Umstand verdanken, daß wir das Ziel noch nicht erreicht haben. Sie fallen uns oft erst durch eigentümliche Fragen auf wie etwa:

Wofür war es gut, noch nicht am Ziel zu sein?

Womit müßten Sie fertig werden, wenn Sie Ihr Ziel schon erreicht hätten?

Mit wem bekämen Sie Schwierigkeiten, wenn Sie dabei schon Erfolg gehabt hätten?

Wollen Sie sich wirklich jetzt schon den Erfolg erlauben, oder wäre es nicht vielleicht angemessener, erst noch eine Ehrenrunde einzulegen, um den Wert des alten Verhaltens noch etwas genauer wahrzunehmen?

Wenn wir herausfinden, worin der verdeckte Gewinn bestand, und die in ihm enthaltene Kraft auf andere Weise zu würdigen und nutzen lernen, hört der Gewinn auf, ein potentieller Anlaß zur Destabilisierung unserer Problemlösungen zu sein.

Wenn etwa die kurzfristige Verschiebung eines Klärungsgesprächs den möglichen Zerfall einer Projektgruppe verhindert, bis ein wichtiges Teilprojekt erfolgreich abgeschlossen wurde, so kann diese Verschiebung zunächst als ein sinnvolles Hilfsmittel für die Ziele der Gruppe gesehen werden. Wird nun auch nach dem erreichten Zwischenziel das Klärungsgespräch weiter vermieden, so kann dies die künftige Arbeit der Gruppe völlig ineffizient werden lassen. Der verdeckte Gewinn besteht weiter darin, daß die bei einem erfolglos verlaufenden Klärungsgespräch mögliche Auflösung der Gruppe durch die Aufschiebung vermieden wurde. Die Aufschiebung der Klärung dient also dem verdeckten Gewinn des Zusammenhalts der Gruppe. Dieses Ziel kann aber auf viele andere Arten gefördert werden. Wird die bisherige Verschiebung in ihrem konstruktiven Beitrag für das Ganze gewürdigt, kann sie oft viel leichter zugunsten einer effektiveren Lösung aufgegeben werden.

Prioritätsirrtümer

Prioritätsirrtümer bei Zielsetzungen liegen vor, wenn jemand versucht, den übernächsten Schritt vor dem nächsten zu tun. Dafür gibt es viele Varianten. Wenn etwa relativ große Veränderungen möglich sind, wächst manchmal die Versuchung, drei Schritte in eine Planungsphase zusammenzufassen und sich dabei restlos zu überfordern, während die zwei nächsten Schritte durchaus schon beide angegangen werden könnten *(leapfrogging)*. Eine andere häufige Version von Prioritätsirrtümern besteht, wenn wir uns die Kraft für erforderliche Sofortmaßnahmen nehmen, indem wir unablässig auf der Beachtung eines bestimmten (oft durchaus angemessenen, wichtigen) umfassenderen Kontexts bestehen.

Querdenkerische Interviewfragen, durch die wir auf Prioritätsirrtümer aufmerksam werden könnten, sind:

Was wäre dran, wenn Sie jetzt schon Erfolg gehabt hätten? Wäre es nicht vielleicht besser, das, was dann dran wäre, erst deutlich später zu beginnen?

Wenn Sie dieses Ziel zurückstellen würden, was wäre dann das nächste Ziel? Was könnten Sie jetzt schon dafür tun? Und wenn Sie dann Erfolg gehabt hätten, wäre das ursprüngliche Ziel dann leichter erreichbar?

Wenn Sie sich erlauben, mit verschiedenen möglichen Anordnungen Ihrer näheren und weiteren Zielvorstellungen zu experimentieren, führen Sie eine höchst wertvolle, wenn auch schwierigere Grundform fortgeschritteneren Querdenkens durch.

Wenn Sie sich in bezug auf eigene Anliegen derartige lösungsorientierte Fragen angewöhnt haben, werden die Problemverfestigungen dieser drei Arten, die zuvor zu den wirksamsten, da indirekten Barrieren für Problemlösungen zählten, ihre Wirkung nicht mehr ungestört entfalten können – lassen Sie sich überraschen! (Daß aus den Antworten auf diese Fragen Handlungen folgen müssen, brauche ich Ihnen gewiß nicht zu verraten.)

IV.3 Das Tetralemma des radikalen Wandels

Wir können nun fünf grundlegend verschiedene Formen des radikalen Wandels auf unserer Speisekarte der Veränderungen unterscheiden. Wir folgen dabei dem Muster des Tetralemmas, das wir im vorhergehenden Teil eingeführt hatten.[2] Der Verzehr des Speisenangebots beginnt, sowie Sie die vorgeschlagene Unterscheidung auf eigene Anliegen zu übertragen beginnen.

Die Speisekarte der Veränderungsarten

1. Beziehen Sie Stellung!
2. Lassen Sie die Kraft des Nichtgewählten dem Gewählten zugute kommen!
3. Wechseln Sie die Perspektive, indem Sie scheinbar Unvereinbares in tieferem Sinne für vereinbar halten!
4. Nehmen Sie den Rahmen wahr, in dem es überhaupt zu der bisherigen Fragestellung kommen konnte!
5. Ändern Sie Ihren bisherigen Änderungsstil – und ändern Sie wiederum sogar dies (vielleicht sogar, indem Sie einmal auf Veränderung verzichten)!

2 Diese Typologie der Veränderungen wurde erstmals behandelt in Varga von Kibéd (1995a).

IV.3.1 Beziehen Sie Stellung!

Radikaler Wandel der ersten Art ist eine Veränderung unserer Verhaltensmuster in einem Bereich, in dem wir bisher vermieden haben, einen klaren Standpunkt einzunehmen. Diese grundlegende Art der Veränderung besteht darin, daß wir in einer lange unentschiedenen Lage **endlich Stellung beziehen**. Hier geht es also um die Aufhebung von Schwebesituationen. *Stellung beziehen* heißt auch, daß wir z. B. klar sagen, wo unsere Grenzen sind, was unsere Bedingungen für die Zusammenarbeit sind und welche Verhaltensweisen zum Ausschluß aus einer Gemeinschaft führen. Anstelle stillschweigender Tabuisierungen werden bei dieser Art des radikalen Wandels klare Kontrakte ausgehandelt.

Die Annahme, daß die Information, um Stellung beziehen zu können – selbst nach einer längeren Zeit der Auseinandersetzung mit einer Frage –, noch nicht ausreicht, gehört wohl zu den häufigsten Hindernissen für diese Form des Wandels. Der verdeckte Gewinn besteht dabei z. B. in der Illusion besonderer Sorgfalt bei der Entscheidungsfindung. Wir müssen also ein Risiko in Kauf nehmen, das wir durch das Zögern bisher vermeiden konnten: Hier könnte uns plötzlich der Vorwurf gemacht werden, bei unserer Entscheidung manches nicht berücksichtigt zu haben. Auf diese Weise kann z. B. der Kauf eines neuen Computers beliebig lange hinausgezögert werden, da ja ständig neue relevante Information verfügbar wird.

Stabilisiert wird diese Barriere von der Illusion, ein vollständiger Informationszustand sei a) erreichbar, b) eindeutig erkennbar und c) wünschenswert. Innere und äußere Querdenker erinnern uns daran, daß alle diese drei Annahmen meist gänzlich ungerechtfertigte Einschränkungen unserer Handlungsmöglichkeiten darstellen. Also:

- *Es ist nicht möglich, die vollständige Information zur Lösung von Problemen zu erhalten.*
- *Selbst wenn es manchmal möglich wäre, derartige Information zur Lösung von Problemen zu erhalten, könnten wir sie nicht als vollständig erkennen.*
- *Selbst wenn wir vollständige Information erhalten und als vollständig erkennen könnten, wäre das keineswegs wünschenswert für die Problemlösung.*

Radikaler Wandel könnte hier also schon ermöglicht werden, wenn es gelingt, auf solche impliziten blockierenden Vorannahmen zu verzichten. Ein sensibler radikaler Wandel dieser Art könnte gerade dadurch, daß er das menschlich angemessene Maß der Informationsgewinnung berücksichtigt und dadurch die Erschöpfung vermeidet, die die alten Forderungen erzeugt haben, nachhaltiger sein.

Stellung beziehen in bezug auf die voraussichtlichen Entwicklungen etwa in einer Firma könnte dann bedeuten, daß eine unvermeidliche Unsicherheit in der langfristigen Entwicklung der Mitarbeiterzahl nicht mehr zu einem ständigen Zustand nahezu täglicher Spannung und Ungewißheit führt, indem a) kurzfristigere klare Sicherheiten und Rahmensetzungen gegeben werden und b) die Mitarbeiter über den langfristigen Planungsprozeß klare Rahmeninformationen erhalten, die es ihnen erlauben, solidarisch mit dem Gesamtsystem der Firma zu reagieren.

Ein verdeckter problemstabilisierender Mechanismus dabei ist häufig der Glaube, der in Streßsituationen erhöhte Wettbewerb sei letztlich auf jeden Fall leistungssteigernd. Diese Annahme widerspricht grundlegenden Erkenntnissen der Motivationsforschung. So besagt etwa das bekannte Yerkes-Dodsonsche Gesetz, daß die Leistung bei mittlerer Motivation im allgemeinen ihr Maximum erreicht; bei Überschreiten eines günstigen mittleren Wertes wird die Angst, Fehler zu machen oder zu versagen, letztlich leistungsmindernd wirken. Eine ungenutzte Ressource für sensiblen radikalen Wandel der ersten Art besteht also in der Überwindung derartiger Vorannahmen.

Innere und äußere Querdenker werden uns also daran erinnern, daß in manchen Situationen eine Steigerung der Motivation ein Hindernis darstellt und eher eine Art von Entspannung erforderlich ist, was natürlich den Wert motivationssteigernder Maßnahmen in anderen Zusammenhängen nicht schmälert. Ein Querdenker muß eben systemisch und kontextbezogen denken: Eine Maßnahmenform wird nicht für alle Fälle die richtige Veränderung der Motivation der Mitarbeiter bewirken.

Selbst das Setzen unangenehmer klarer Grenzen kann helfen, Energien zu mobilisieren, wenn die Zukunftsperspektiven aller Betroffenen als zur Frage gehörig betrachtet werden. Systemisch lassen sich die Perspektiven der Mitarbeiter eben nicht ohne Schaden für das Gesamtsystem aus der Betrachtung ausschließen, sondern werden durch eine neue Art von Schaden im System repräsentiert. Und ebensowenig kann das Wohl des „Gesamtorganismus" der Firma auf Kosten der Elemente des Systems ungestraft vernachlässigt werden. Dies beides gleichermaßen zu berücksichtigen bedeutet eine besonders weitsichtige Form des radikalen Wandels der ersten Art.

Wenn Mitarbeiter, die lange Zeit unter unklaren Bedingungen gearbeitet haben, nach einer solchen Veränderung wirklich wissen, woran sie sind, dann werden erstaunliche Energien freigesetzt, die dem ganzen Unternehmen zugute kommen können – natürlich unter der Voraussetzung, daß wir die Bedingungen einer sensiblen Veränderung beachtet haben. Eine sensible Veränderung bedeutet hier insbesondere eine allparteiliche Haltung: Überraschende Lösungen werden hier aus einer typisch querdenkerischen Annahme geboren, die eine auf den ersten und zweiten Blick scheinbar unerfüllbare Voraussetzung für Veränderungen dieser Art schafft:

Die radikale Veränderung, bei der wir offen und nachvollziehbar Stellung beziehen, kann gerade dann nachhaltigen Erfolg haben, wenn sie aus einer allparteilichen Haltung entsteht.

Allparteilichkeit

Das (auf Boszormenyi-Nagy zurückgehende) Prinzip der Allparteilichkeit wird uns auch in anderen Veränderungsarten wieder begegnen. Allparteilichkeit ist nicht etwa kalte Neutralität. Wer allparteilich handelt, geht von der oft scheinbar unmöglichen Annahme aus, sein Handeln habe im Dienste aller Beteiligten zugleich zu stehen. Und je länger diese Haltung geübt wird, desto öfter zeigt sich, wie diese Annahme uns ausgeblendete Möglichkeiten zugänglich werden läßt. Allparteilichkeit stellt eine der wichtigsten Vorbeugungsmaßnahmen gegen den Rückfall in überwunden geglaubte Problemzustände dar. Sie gelangen zu überraschenden Zugängen zu allparteilichen Haltungen, wenn Sie sich auf Fragen wie die folgenden einlassen:

Angenommen, es wäre ein Wunder geschehen und Sie wüßten, daß es plötzlich, über Nacht, eine Möglichkeit gäbe, die Veränderung im Dienste der Interessen aller Beteiligten durchzuführen, was wäre dann anders?

Woran würden Sie diese veränderten Möglichkeiten bemerken?

Und was würden Sie dann tun, was Sie zur Zeit nicht tun?

Viele Menschen, die Verantwortung für andere tragen und mit Fragen dieser Art zu experimentieren begonnen haben, haben erstaunliche Entdeckungen gemacht in bezug auf Möglichkeiten, die sozusagen in Reichweite lagen, aber zuvor unsichtbar waren. Verspüren Sie Appetit darauf, diese Wirkungen hinsichtlich eines lange unentschiedenen Problems, in dem Sie oder Ihr Unternehmen bislang noch nicht deutlich Flagge gezeigt haben oder wo die Grenzen unklar geblieben sind, anzuwenden? Dann finden Sie am Ende der Betrachtung der Änderungsarten unten (IV.4) ein Experiment, das Sie weiter in diese Denkmöglichkeiten hineinführen wird und die Umsetzung in neue Handlungsmöglichkeiten einleitet.

IV.3.2 Lassen Sie die Kraft des Nichtgewählten dem Gewählten zugute kommen!

Radikaler Wandel der zweiten Art bedeutet, daß wir den Wert abgelehnter oder nicht gewählter Handlungs- oder Entscheidungsalternativen voll zu würdigen lernen. Solange die nicht gewählten Alternativen nach einer Entscheidung nur abgewertet werden, schwächen sie die getroffene Wahl. Wenn das, was wir gewählt haben, uns gerade darum kostbar ist, weil es viel gekostet hat und weil die anderen Alternativen einen echten eigenen Wert hatten, dann werden wir mit der getroffenen Entscheidung sorgsamer und achtungsvoller umgehen.

Statt nach einer Entscheidung noch immer mit der getroffenen Wahl weiter zu hadern, indem wir nicht gewählten Möglichkeiten nachtrauern, lassen wir nach einem radikalen Wandel der zweiten Art die Kraft dessen, für das wir uns entschieden haben, mit der Kraft der abgelehnten Alternativen zusammenfließen. So kann die Kraft der gewählten Alternative nicht länger von den nicht gewählten geschwächt werden. Die verfeinerten und tiefer liegenden Formen derartiger Veränderungen erschließen sich uns, wenn es uns gelingt, *die Kraft des nicht Gewählten in das Gewählte* einfließen zu lassen. (Diese Formulierung (wie so vieles in den Grundideen unseres Ansatzes) verdanken wir, wie bereits erwähnt, Bert Hellinger.)

Hat etwa jemand eine Tätigkeit anstelle einer anderen aufgenommen und längere Zeit dem verlassenen Tätigkeitsfeld nachgetrauert, so fördern wir einen verfeinerten radikalen Wandel der zweiten Art, z. B. indem wir a) beachten, auf welch vielfältige Weisen die Erfahrungen der vorherigen Tätigkeit der gegenwärtigen schon zugute kommen oder b) künftig zugute kommen könnten oder, c), indem der Wert dessen, was er tut, höher geschätzt wird, weil er einen großen Preis dafür gezahlt hat.

Zu einem radikalen Wandel der zweiten Art – und für uns geht es immer um einen zugleich sensiblen Wandel – gehört auch, daß wir lernen, den Wert des von uns am meisten abgelehnten Standpunkts zu würdigen. Dazu helfen insbesondere die Formen, die wir im Abschnitt über das Tetralemma für den Umgang mit Gegensätzen (III.1.3) beschrieben haben. Wir erwerben dadurch paradox erscheinende flexible Haltungen. So könnten wir beispielsweise als Wandlungsvisionär den Wert von Phantasielosigkeit für den Gesamterfolg sehen lernen. Und wir könnten als jemand, der den Wert bestimmter tradierter Strukturen vielleicht besser sehen kann als die meisten in unserer Umgebung, entdecken, wie manche dieser Strukturen in ihrem eigentlichen Wert eben dadurch wirksamer geschützt werden können, daß wir uns auf entschiedene Veränderungsschritte einlassen. Und diese Veränderungen gehen vielleicht von den Impulsen eines Querdenkers aus, den wir zuvor eher als eine Gefährdung eines zu schützenden Gleichgewichts aufgefaßt haben.

IV.3.3 Wechseln Sie die Perspektive, indem Sie scheinbar Unvereinbares in tieferem Sinne für vereinbar halten!

Beim radikalen Wandel der dritten Art geht es darum, die dem Anschein nach unverträglichen Pole einer Handlungsalternative miteinander vereinbar zu machen. Gelingt diese Art des Wandels, ist der Wandel auf jeden Fall sensibel; es geht hier ja in besonderem Maße um eine Form der neuen Allparteilichkeit in der Haltung zu den Interessen der Beteiligten. Bei der dritten Art des radikalen Wandels geht es also darum, einen Weg zu finden, bislang für unvereinbar Gehaltenes miteinander zu verbinden – kurz und paradox –, indem wir *die Vereinbarkeit des Unvereinbaren entdecken*.

Die wichtigste Blockade für radikalen Wandel dieser Art besteht darin, die bisherige Beschreibung der Gegensätze für verbürgt zu halten. Wie gewinnen wir also Zugang zu dieser Art des Wandels, und wie lösen wir uns von der alten Art der Problembeschreibung, die uns bei dieser Suche nach Vereinbarkeit blind machte?

a) Akzeptieren wir die – zunächst unerfüllbar erscheinende – Annahme als Arbeitshypothese, daß zwei sich nach unserer bisherigen Auffassung ausschließende Möglichkeiten vereinbar sein müssen, etwa weil wir uns beiden verpflichtet fühlen, so gelangen wir dazu
b) anzunehmen, daß wir die Entscheidungsalternativen bisher nicht adäquat formuliert haben. Eine Handlungsalternative für uns kann nämlich stets als Ausdruck eines Werts angesehen werden, der in der Beschreibung der Handlung nur unvollständig zum Ausdruck kommt.
c) Da aber beide Werte, die den scheinbar unvereinbaren Alternativen zugrunde liegen, *unsere* Werte sind, gewissermaßen in unserem inneren Universum *zugleich* Geltung beanspruchen, sollten wir, sowie wir zu dieser Sicht gelangt sind,
d) nach neuen, oft nur leicht variierten Beschreibungen der Alternativen suchen, die dieser Vereinbarkeit der zugrundeliegenden Werte gerecht werden.

Für diesen Zweck finden sich in unserem Veränderungsmenü mehrere verlockende Angebote. Sehr schmackhaft und auch in den Nachwirkungen besonders empfehlenswert sind beispielsweise

1. überraschende Kompromisse oder Mittelwege. Schon die Annahme, daß bei zwei Alternativen, die für uns mit einem Prinzipienstreit oder Wertgegensatz zu tun hatten, ein Kompromiß oder ein Mittelweg existieren könnte, läßt manchmal auf verblüffende Weise bisher unsichtbare Optionen auftauchen. Wenn Unternehmer etwa beginnen, Menschen und Zahlen bei der Betrachtung der Firmenstruktur nicht mehr als Gegensatz zu begreifen, findet diese Form einer Veränderung statt. [3]

3 Wie bei den meisten Beispielen für die dritte Position des Tetralemmas könnte auch dieses zu mehreren Typen von **Beides** gerechnet werden, so etwa zum Untertyp der Haltungsänderung oder der Prämissenverschiebung.

Wohl munden können auch

2. **Iterationen**, wenn in einem Team mit streitende
für eine Gruppe Partei zu ergreifen, sowohl nach
sucht wird, in denen die Handlungsvorschläge
gewählt werden, als auch nach Situationen, in denen
der anderen Partei ausgeführt werden.

Eine andere leckere Veränderungsmahlzeit ist

3. der **Übergang zu den den Alternativen zugrundeliegenden Werten**. Wenn wir etwa eine schwere Krise in bezug auf die Veränderungsmöglichkeiten ernst nehmen, sie aber dennoch im vollen Umfang als Krise wahrnehmen, so können wir die Werte der Handlungsalternativen deutlicher als je zuvor erfassen und dennoch die Krisensituation als verbesserte Veränderungs- und Entwicklungsmöglichkeit begreifen.

Sie erkennen auf diese Weise die vorherigen Alternativen
a) als Scheingegensatz
b) oder als in einer neuen These vereinbar
c) oder als in einem größeren Ganzen aufgehoben
d) oder, wenn Sie eine andere Haltung einnehmen, als kompatibel
e) oder als miteinander vereinbar, indem die eine Alternative in die andere integriert werden kann[4] oder
f) die Situation das Aufrechterhalten von Mehrdeutigkeit als kreative Möglichkeit zuläßt.

Ebenfalls kulinarisch reizvoll und noch etwas pikanter gewürzt werden Sie die

4. **Entdeckung der paradoxen Vereinbarkeit der Pole** finden. Hierzu gehört die Betrachtung von veränderten Formen der Strukturerhaltung oder von neuen Möglichkeiten der Bewahrung von

4 Sie erkennen, schon tetralemmatisch geschult, hier vielleicht die **Beides**-Untertypen der Thesenverschiebung (b), Haltungsänderung (d) und Absorption oder „Kraft des Nichtgewählten ins Gewählte" (e) wieder, während c) mit einer Verbindung von Präsuppositionenverschiebung, Thesenverschiebung und / oder übersummativer Verbindung verwandt ist.

…rungsprozessen, die ebendadurch auftauchen, daß wir Werte …zeptieren, auch wenn sie nicht unter allen Bedingungen vereinbar sind. Aber dadurch, daß wir den gegensätzlichen Werten voll zustimmen, statt uns auf blassere Kompromisse einzulassen, behalten beide Pole ihre volle Kraft.

Wenn wir etwa ein wirtschaftlich solides Vorgehen ebenso uneingeschränkt fordern wie die Wahrung der Interessen aller Mitarbeiter, so wird dies sicher manchmal einen unlösbaren Konflikt bedeuten. Aber die Kraft, uns den widersprüchlichen Forderungen zugleich zu stellen, auch wenn wir dabei nicht durchgängig Erfolg haben können, wird paradoxerweise manchmal Erfolge ermöglichen, die der frühe Kompromiß ausgeschlossen hätte.[5]

Die Kombinationsmöglichkeiten der beim Tetralemma betrachteten zehn Arten von **Beides** (vgl. III.1.3) könnten Sie zu weiteren Ideen führen, wenn Sie diese Typologie auf konkrete, für Sie interessante Beispiele anwenden!

IV.3.4 Nehmen Sie den Rahmen wahr, in dem es überhaupt zu der bisherigen Fragestellung kommen konnte!

Die vierte Art bildet der *Wandel der Frage im weiteren Rahmen,* d. h., indem wir einen größeren Zusammenhang finden, innerhalb dessen die alte Frage ihre Bedeutung verliert und der Blick ganz anderen Aspekten gilt, die neuartige Problemlösungsansätze erlauben – häufig verschwindet dabei das alte Problem einfach; ich erinnere hier nochmals an Wittgensteins oben zitierten Satz 6.521 aus seinem *Tractatus logico-philosophicus:*

„Die Lösung des Problems des Lebens merkt man am Verschwinden dieses Problems."

Wenn wir uns fragen, wie es bloß zu dem Problem kommen konnte, so blockiert diese an sich recht sinnvoll erscheinende Frage uns oft, weil sie eher zur Selbstanklage oder zum Selbstmitleid führt. Aber

5 Das Motto „Gewinnen durch radikalen Wandel" des GC-Führungssymposiums 1995 kann selbst als Aufforderung zu einer Veränderung dieser Art aufgefaßt werden, wenn wir die Werte „Gewinnen" und „radikaler Wandel" zunächst als Gegensatz aufgefaßt haben – und als eine kreative Provokation war dieser Titel ja auch gedacht.

eine mit dieser Frage nah verwandte andere führt lösungsorientiert weiter:

In welchem Rahmen würde die bisherige Frage keinen Sinn mehr machen?

Und in welchem Rahmen schien sie uns denn gerade eben noch so sinnvoll zu sein?

Was ließ uns bisher die Frage eindeutig und unausweichlich erscheinen?

Welche veränderte Beschreibung der Ausgangsbedingungen würde diese Eindeutigkeit und Unausweichlichkeit in Frage stellen?

Diese Fragen führen zu einem Wechsel des Kontexts der Problembetrachtung. Der bisher zentrale Gegensatz wird dabei plötzlich peripher. Die Abwendung von der Betrachtung des Bruttosozialproduktes als wesentlicher Maßzahl für die Beurteilung der Wirtschaftsentwicklung ist ein derartiger Rahmenwechsel. Viele Fragen, die auf dem Hintergrund der Annahme, die Steigerung des Bruttosozialproduktes sei ein unbedingt sinnvolles Ziel, entstanden und unausweichlich schienen, verschwinden hier in einem durchaus Wittgensteinschen Sinne.

IV.3.5 Ändern Sie Ihren bisherigen Änderungsstil – und ändern Sie wiederum sogar dies (vielleicht sogar, indem Sie einmal auf Veränderung verzichten)!

Radikaler Wandel der fünften Art schließlich besteht in einem radikalen Wandel des gewohnten radikalen Wandels. Dazu gehört etwa der Wechsel von Veränderungen erster Art (also durch klares Stellungbeziehen) zu Veränderungen der zweiten Art. Es könnte etwa sein, daß wir die erste Form des radikalen Wandels übertrieben haben, indem wir auch fruchtbare kurzfristige Schwebezustände nicht mehr duldeten und durch sofortige Stellungnahme das kreative Potential chaotischer Übergangssituationen übersahen. Hier wäre der Übergang vom radikalen Wandel der ersten Art, dem *Stellungbeziehen,* zu einem der zweiten Art angemessen, bei dem wir den Wert der abgelehnten Haltung neu einbeziehen lernen, hier also: den Wert von Schwebezuständen für kreative Lösungsprozesse neu entdecken und verzichten auf überschnelle Urteile und blinden Aktionismus.

Was immer uns hier hilft, die Art des radikalen Wandels selbst zu wechseln, stellt eine solche fünfte Form des Wechsels dar – und dazu gehört auch der zeitweise Verzicht auf weiteren radikalen Wandel. Ist nicht gerade solch ein Wandel manchmal besonders radikal?

Zum Wandel der fünften Art gehört auch die Entdeckung immer neuer Möglichkeiten der Änderung von Änderungsstilen, z. B. die Suche nach „verrückten" Mitarbeitern als wertvollen Veränderungsressourcen.[6] Aus unserer Sicht gehört dazu auch eine positive Neubewertung des Potentials einer besonders verrückten Variante der Normalen, der „Beamten".

Wenn Sie zu diesen Wandelsformen eigene Beispiele finden, wird Ihnen das verdeutlichen, daß diese Typologie selbst als eine Ressource für radikalen Wandel wirken kann.

Wenn Ihnen also bisherige Veränderungsversuche unzureichend erscheinen und Sie nach übersehenen Möglichkeiten eines sensiblen radikalen Wandels suchen, meditieren Sie vielleicht einmal über:

Das Tetralemma des radikalen Wandels

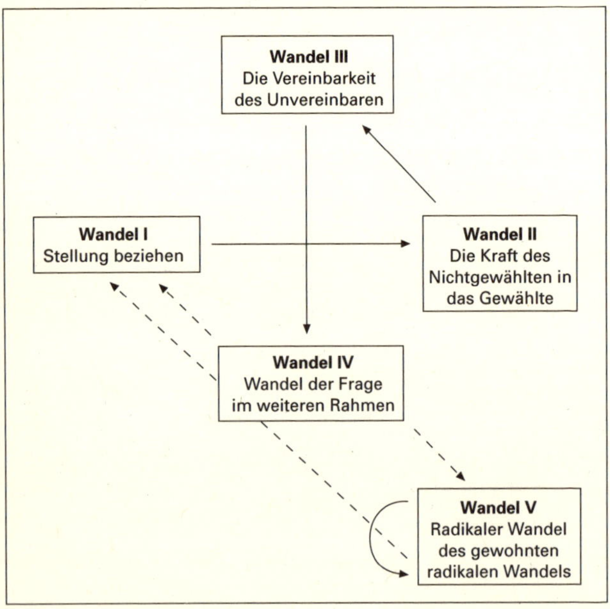

6 Nach der Einteilung von G. D. Jaslowitzer in: „Gewinnen durch radikalen Wandel". Dokumentation zum 2. GC-Führungssymposium 1995.

Achtung! Sorgfältige Beschäftigung mit diesen Möglichkeiten erschwert den Nichtwandel!

Alle diese fünf Formen des Wandels lassen sich durch Tetralemmaarbeit unmittelbar erfahrbar machen.[7]

Nach dem langen Weg, den Sie uns bis hierher in der Landschaft der Veränderungstypen gefolgt sind, folgt nun das angekündigte Experiment!

IV.4 Ein Experiment zur Entdeckung geeigneter Formen des sensiblen radikalen Wandels

1. Vergegenwärtigen Sie sich das Anliegen, um das es für Sie gehen soll, so deutlich wie möglich. Lassen Sie es sich bildlich vor Augen treten, und spüren Sie, welche Fragen und Probleme für Sie bisher damit zusammenhingen.

2. Verdeutlichen Sie sich, welche Personen und Gruppen von einer deutlichen Veränderung durch *Stellungbeziehen* betroffen wären.

3. Wie waren bisher Ihre Erwartungen in bezug auf die Reaktionen der Betroffenen? Und welche weiteren Auswirkungen hätten die von Ihnen erwarteten Reaktionen gehabt?

4. Sie haben nun voraussichtlich eine Vielzahl von guten Gründen für die bisherige Nichtveränderung erhalten; d. h., es ist Ihnen jetzt vielleicht deutlich geworden, daß es eine Fülle möglicher unerfreulicher Konsequenzen gab, die eine Veränderung im alten Stil vielleicht nach sich gezogen hätte. Würdigen Sie daher die bisherige Nichtentscheidung als einen achtenswerten Beitrag und den Versuch, diesen sinnvollen Zielen gerecht zu werden. Ein querdenkerischer Leitsatz dazu ist:

Frühere Haltungen können dann leichter verabschiedet werden, wenn sie als geehrte Gäste gehen dürfen.

5. Nun beachten Sie einen weiteren Grundsatz, den Ihnen Ihr innerer Querdenker künftig regelmäßig in Erinnerung rufen wird:

7 Vgl. dazu auch den Bericht „Neue Denkformen erleben“ in der Dokumentation des ersten GC-Führungssymposiums in Tutzing 1994.

Es ist ganz und gar irrational, nicht an die Möglichkeit guter überraschender Veränderungen zu glauben.

Dieses Querdenkerprinzip wird Ihnen helfen, sich auf folgende, zugegebenermaßen wirklich schwierige Übung einzulassen, die auf Ideen des großen hypnotherapeutischen Querdenkers Milton H. Erickson und des führenden systemischen Kurztherapeuten Steve de Shazer zurückgeht (sie ist schwierig – aber wer hätte denn je behauptet, Querdenken sei leicht, bloß weil es oft schnelle Ergebnisse zeitigt?).[8]

Stellen Sie sich also vor ... über Nacht ... wäre ein Wunder passiert ... und Ihr Problem, um das es hier geht ... wäre plötzlich verschwunden ... einfach so. ... Erste Veränderungen hätten schon im verborgenen begonnen ... und ein sensibler radikaler Wandel stünde vor der Tür. Und all das, da es ja um ein Wunder geht ... wäre in allparteilicher Form möglich geworden ... so daß also den Interessen aller Beteiligten wirklich gedient wäre. Aber, da es über Nacht geschehen ist ... haben Sie es ja nicht bemerken können, als es geschah. ... Woran ... könnten Sie als erstes merken, daß das Wunder eingetreten ist?

Und woran als zweites ... und als drittes?

Und wer würde es sonst noch merken? Und woran?

Und was täten Sie dann alles, was Sie jetzt noch nicht tun?

Bitte beachten Sie hier wieder die Grundsätze für lösungsorientierte Selbstinterviews! Es geht darum, möglichst klare, positiv formulierte, konkrete und handlungsbezogene Antworten durch Ihre Fragen zu erhalten.

6. Nun sind die Konsequenzen eines derartigen Wunders deutlich geworden. Gewiß, es wäre ein Wunder, wenn so etwas einträte. Aber: Wenn es einträte, wäre es nicht jammerschade, wenn wir es nicht bemerken und es dadurch vielleicht verspielen würden? Der

8 Im folgenden stehen die drei Auslassungspunkte „...“ jeweils für eine deutliche Sprechpause.

erste Gewinn dieses Schritts ist also unsere geschärfte Aufmerksamkeit für mögliche erste Anzeichen der gewünschten Entwicklung. Möchten Sie noch einen Nachtisch?

Wenn ja, dann haben wir Ihnen etwas vorzuschlagen, das noch etwas mühsamer ist. Wir schlagen Ihnen vor, daß Sie mindestens drei Wochen lang durch einen abendlichen Münzwurf entscheiden, ob Sie diese Übung am folgenden Tag durchführen oder nicht. Wenn die Zahl oben liegt, machen Sie einfach so weiter wie bisher. Wenn die Münze den Kopf zeigt, heißt das: Der nächste Tag ist ein Querdenker-Wundertag. Natürlich nur ein simulierter: Alles andere wäre ja ein Wunder. Aber lassen Sie sich, wenn Sie den Geschmack dieser Nachspeise kennenlernen wollen, einmal überraschen, welche Wirkungen die Simulation des Wunders haben kann. Ihre Aufgabe ist also die folgende:

Wenn die Münze entschieden hat, daß der nächste Tag Ihr Querdenker-Wundertag ist, dann werden Sie am folgenden Morgen, sowie Sie aufgewacht sind und sich an diese Übung erinnert haben, beginnen, einen Tag lang so zu tun, als ob das Wunder geschehen wäre. Es ist wichtig, daß Sie Ihren Versuch im geheimen durchführen. Ein Freund, Kollege oder Ihr Ehepartner darf, wenn Sie das wünschen, zwar wissen, daß Sie einen Versuch an einigen Tagen durchführen, aber niemand darf wissen, welche Tage Ihre Wundertage sind und was genau die Veränderungen sind, auf die es für Sie dabei ankommt. Und Sie registrieren bei diesem Versuch genau, was an den Tagen, an denen Sie den Versuch ausführen, anders ist, und notieren sich dazu einige Stichpunkte.

7. Es ist eine interessante und nützliche Ergänzung des Experimentes, einen Partner oder eine Partnerin einschätzen zu lassen, welche Tage nach seiner oder ihrer Beobachtung die Tage gewesen sein dürften, an denen Sie Ihre „Wunderübung" durchgeführt haben. Auch diese Beobachtungen sollten notiert werden, zusammen mit einigen Stichworten dazu, woran gemerkt wurde, daß die Übung stattfindet.

Manchen hilft eine nach außen zur Schau getragene pessimistische Haltung, einen derartigen inneren Optimismus zu nähren. In manchen Gegenden ist eine Formulierung wie:

Gar nicht so schlecht!

ja schon ein fast überschwengliches Lob. Auch aus diesem Grunde ist es wichtig, die Übung zunächst im geheimen durchzuführen.

8. Nach der gewählten Zeit können Sie Ihre Notizen zur Hand nehmen und prüfen, welche Veränderungen durch diese komplexe Querdenkübung schon begonnen haben, wahrnehmbar zu werden. Wenn Sie die Übung mit Partner gemacht haben, ist jetzt der richtige Zeitpunkt, die Ergebnisse zu vergleichen. Und wenn Sie die Übung allein gemacht haben, könnte es jetzt ein guter Zeitpunkt sein, einen geeigneten Gesprächspartner hinsichtlich des Experiments ins Vertrauen zu ziehen.

Viele haben sich diese Art von Experiment in verkürzter Form zu einer Art von ständig verfügbarer neuer Ressource werden lassen – was wieder eine Form des radikalen Wandels der fünften Art wäre: eine grundlegende Veränderung des alten Veränderungsstils.

Wir wünschen Ihnen überraschende Entdeckungen und guten Appetit zu dieser Nachspeise!

Teil V: Die Glaubenspolaritätenaufstellung: Wie Sie Ihre Ressourcen zugänglich machen und Ihre Überzeugungen überprüfen können

V.1 Die Grundlagen der Glaubenspolaritätenaufstellung

Sie haben jetzt bereits drei Arten unserer Systemischen Strukturaufstellungen kennengelernt: die Problemaufstellung, die Aufstellung des ausgeblendeten Themas und die Tetralemmaaufstellung. Eine völlig andere Form der Systemischen Strukturaufstellungen ist die Glaubenspolaritätenaufstellung. Mit ihr können Überzeugungen und Glaubenssätze überprüft und modifiziert werden. Veränderungen von Überzeugungen ändern die Grenzen unserer Wahrnehmung und beeinflussen damit die Möglichkeiten unseres Handelns. Die verschiedenen Formen des Querdenkens, die Sie bereits kennengelernt haben, zeigten andere Varianten der Infragestellung der Prämissen unseres Denkens.

Die Glaubenspolaritätenaufstellung geht auf ein Einteilungsschema aus der Religionsphilosophie von Frithjof Schuon zurück (vgl. z. B. Schuon 1981). Schuon verwendet eine auf Patanjali, den Autor der klassischen Yoga-Sutras, zurückgehende Einteilung der Yogaformen. Patanjali führte die verschiedenen Formen des Yogaweges als Schulungswege ein, die auf drei grundlegenden Formen aufbauen: dem Jnana-Yoga oder dem Yoga der Erkenntnis, dem Bhakti-Yoga oder dem Yoga der Liebe, und dem Karma-Yoga oder dem Yoga der Pflicht und Handlung.

Schuon verwendete diese Einteilung Patanjalis nun zur Kategorisierung von Religionsformen. So müssen ihm zufolge in jeder Religion der Jnana-, der Bhakti- und der Karma-Aspekt gültig vertreten sein. Wird einer dieser Aspekte nicht ausreichend berücksichtigt, so degeneriert die entsprechende Religionsform. Aus didaktischen Gründen wird in den Weltreligionen meist einer dieser Aspekte besonders betont, so etwa der Bhakti-Aspekt im Christentum, der Karma-Aspekt im Judentum und der Jnana-Aspekt im Islam [1]. Selbstverständlich sind in diesen Religionen auch die jeweils anderen Aspekte vertreten. Sogenannte Fundamentalisten [2] überbetonen im allgemeinen einen Aspekt und schließen die anderen Aspekte aus. So betonen manche sogenannte islamische Fundamentalisten z. B. den Karma-Aspekt und vergessen dabei oft den Bhakti- und den Jnana-Aspekt.

V.2 Die Teile einer Glaubenspolaritätenaufstellung

Für die Glaubenspolaritätenaufstellung verwenden wir diese drei Aspekte als Orte, die als in einem gleichseitigen Dreieck angeordnet aufzufassen sind, wobei keine der drei Ecken als übergeordnet anzusehen ist.

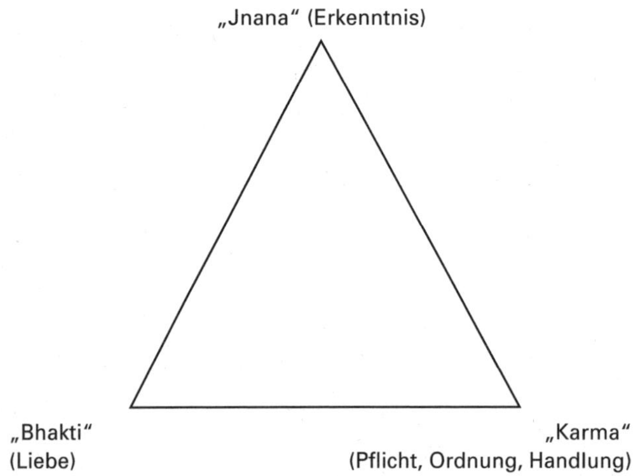

1 Wie hierzulande vielleicht nicht allgemein bekannt, gibt es im Islam eine religiös fundierte lebenslange Aufforderung, sein Wissen zu mehren und das Wissen auch in entlegenen Bereichen und unter großen Mühen zu suchen.
2 „Sogenannte", weil die, die heute so genannt werden, in der Regel damit beschäftigt sind, die Fundamente ihrer jeweiligen Religion nach Kräften zu verraten und zu zerstören. Das heißt natürlich nicht, daß diese Fundamente heute unzugänglich wären; nur eben selten unter der Bezeichnung „Fundamentalismus".

Da bei der Betonung eines Aspekts bzw. eines Pols dieses Dreiecks die anderen beiden ebenfalls als im Prinzip gleichwertig berücksichtigt werden müssen, erhalten wir dann folgende Figur:

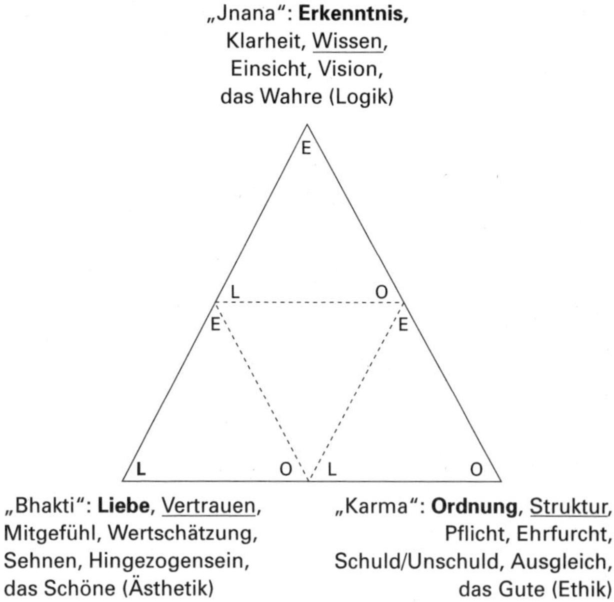

Jedes dieser neu entstandenen Dreiecke können Sie wieder in drei gleiche Dreiecke unterteilen. Sie erhalten auf diese Weise, wenn Sie so fortfahren, schließlich eine fraktale Struktur.

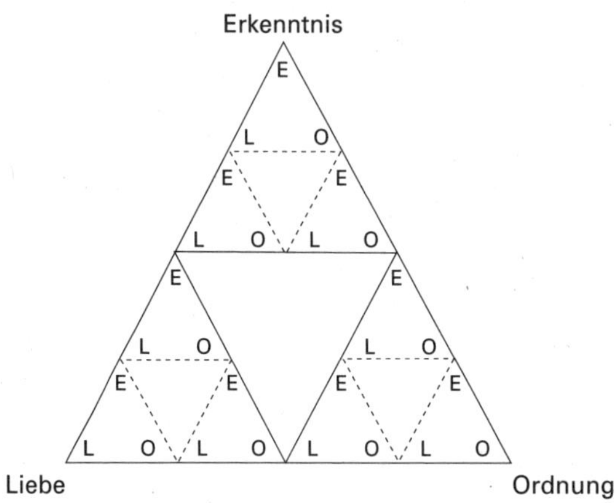

Keine Sorge, auch wenn dies zunächst kompliziert aussieht, verwenden wir zunächst in der Glaubenspolaritätenaufstellung nur die drei Orte Bhakti, Jnana und Karma. Dabei steht

- *Jnana* für den Bereich: Erkenntnis, Wissen, Klarheit, Vision, Einsicht und das Wahre,
- *Bhakti* für den Bereich: Liebe, Vertrauen, Wertschätzung, Mitgefühl, Sehnen, Hingezogensein und das Schöne,
- *Karma* für den Bereich: Ordnung, Struktur, Pflicht, Ausgleich, (Ehr-)Furcht, Schuld und Unschuld und das Gute.

(Verwandt mit dieser Einteilung ist auch die Trias von Logik, Ästhetik und Ethik.)

Für Organisationen verwenden wir meist das Begriffsdreieck Wissen / Vertrauen / Struktur.

Als vierten Teil für die Glaubenspolaritätenaufstellung brauchen wir noch den Fokus als Vertreter für denjenigen, für den die Glaubenspolaritätenaufstellung gemacht wird. Manchmal ergänzen wir noch, ähnlich wie die fünfte „Nichtposition“ im Tetralemma, die **Weisheit** als freies Element, wenn wir die Glaubenspolaritätenaufstellung mit Personen als Repräsentanten durchführen.

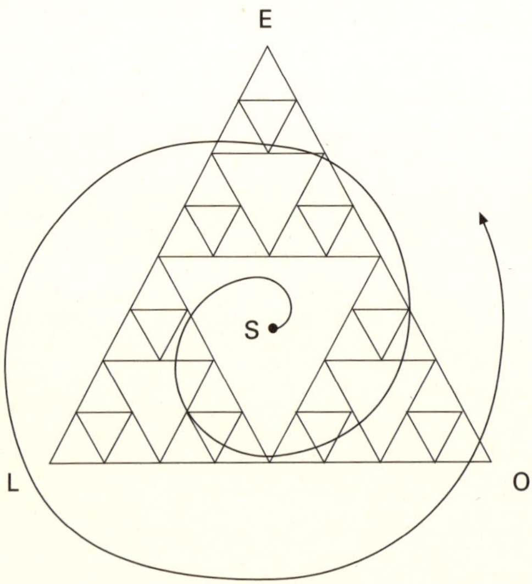

‚S' steht für *sophia*, die Weisheit, zugleich als Mittelpunkt und die anderen Pole umfassende Bewegung.

V.3 Eine Übung zur Glaubenspolaritätenaufstellung

Wählen Sie nun für sich eine Überzeugung aus, die Sie gerne ändern würden.

Meine Überzeugung:

....

....

....

Suchen Sie für die drei Aspekte Wissen, Vertrauen und Struktur drei Symbole aus, und legen Sie diese in der Form eines Dreiecks in den Raum, wobei Abstand und Größe des Dreiecks variieren können. Spüren Sie für jedes der Symbole nach, wo es sich für Sie stimmig anfühlt, wenn Sie es hinlegen. Als letztes wählen Sie ein Symbol für den Fokus, und legen Sie dieses Symbol zu dem aufgestellten Dreieck dazu.

Gehen Sie jetzt an die Stelle jedes dieser vier Teile, und spüren Sie nach, welche Körperempfindungen an den entsprechenden Orten auftreten. Notieren Sie sich danach diese Empfindungen.

Fokus:

....

....

....

Wissen:

....

....

....

Vertrauen:

....

....

....

Struktur:

....

....

....

Anschließend können Sie sich folgende Fragen stellen und beantworten:

1. *War jeder dieser Pole in seiner Kraft, oder war einer von ihnen geschwächt bzw. unzugänglich?*

2. *Hatte der Fokus zu allen drei Polen guten Kontakt?*

3. *Kann der Fokus von allen drei Polen Energie nehmen?*

Oft sind uns diese drei Pole nicht gleichermaßen zugänglich, sondern durch biographische Aspekte verstellt. Dies bedeutet, daß durch Erfahrungen diese reinen Kraftquellen leicht mit Personen verwechselt werden, durch die wir die Aspekte Wissen, Struktur und Vertrauen kennengelernt haben. Ist dies der Fall, so können Sie das daran merken, daß die Repräsentanten der Pole bzw. in der Einzelübung Sie selbst an dieser Stelle sich nicht wohl fühlen. In diesem Fall legen Sie hinter das entsprechende Symbol ein weiteres Symbol. Treten Sie dann an die Stelle des Fokus, und drehen Sie sich so, daß Sie diesen Pol gegenüber von sich sehen. Stellen Sie sich nun vor, daß der Pol langsam zur Seite rückt und dahinter der neue Aspekt sichtbar wird. Beantworten Sie dann folgende Fragen:

1. *Was verändert sich für den Fokus, wenn er direkt den Aspekt hinter dem Pol ansieht?*

2. *Kann der Fokus jetzt von diesem neuen Aspekt Energie nehmen?*

Der Fokus kann jetzt zu dem neuen Aspekt sagen:

„Ich hatte dich verwechselt. Jetzt erst sehe ich dich.“

Im allgemeinen tritt hinter dem biographisch beeinflußten Pol die eigentliche Kraftquelle auf, von der dann „Energie“ über den Blickkontakt genommen werden kann. Manchmal ist es auch nötig, noch einen Schritt weiterzugehen und auch hinter dem neuen Aspekt nochmals einen weiteren Aspekt auftauchen zu lassen.

Sie können auf diese Weise mit allen Polen verfahren, die im ersten Bild noch nicht zugänglich bzw. biographisch gefärbt waren.

Wenn Sie einen weiteren Aspekt hinter dem ersten Pol auftauchen lassen, können Sie anschließend auch an die Stelle des Pols treten und nachprüfen, ob Sie hier angenehme Körperempfindungen haben. Ist dies der Fall, wird hier (jetzt schon oder allmählich) die eigentliche Kraftquelle repräsentiert.

Stehen Ihnen als Repräsentanten Personen zu Verfügung, dann können Sie für die einzelnen Pole und den Fokus jeweils eine Person wählen und sie im Raum aufstellen.

V.4 Feste und freie Glaubenspolaritätenaufstellung

Wir unterscheiden eine **feste** und eine **freie** Glaubenspolaritätenaufstellung. Bei der **festen Glaubenspolaritätenaufstellung** stehen im ersten Bild die drei Pole in Form eines (annähernd gleichseitigen) Dreiecks. Die Pole sind dann Orte, die nicht mehr verrückt werden. Personen als RepräsentantInnen der Pole blicken in einer festen Glaubenspolaritätenaufstellung in das Innere des Dreiecks. Bei der **freien Glaubenspolaritätenaufstellung** wählen Sie für jeden Pol einen Platz im Raum, wie er sich für Sie stimmig anfühlt, auch wenn dabei die drei Pole nicht so regulär zu stehen kommen. Die freie Glaubenspolaritätenaufstellung gibt noch mehr Hinweise auf biographische Aspekte. Bei ihr werden als erste Intervention die drei Pole im zweiten Bild in die Form eines Dreiecks gestellt, und danach wird verfahren, wie oben beschrieben.

V.5 Die Verwendung von Händen als Repräsentanten

Das Auftauchen des neuen Aspekts hinter dem Pol kann man mit Personen als Repräsentanten auch folgendermaßen gestalten: Der Leiter hält hinter den Kopf des Repräsentanten eines der Pole seine Hand. Diese wird allmählich für den Fokus sichtbar, wenn der Repräsentant langsam zur Seite rückt. Die auftauchende Hand des Leiters wirkt dann wie ein Repräsentant für den neuen Aspekt. Auf diese Weise können Personen auch durch Hände ersetzt werden, wenn nicht genügend Darsteller vorhanden sind. Diese Methode ist natürlich keineswegs auf die Glaubenspolaritätenaufstellung beschränkt; u. a. setzen wir sie auch häufig bei der Tetralemmaarbeit ein. (Anmerkung insbesondere für hypnotherapeutisch geschulte Leser: In unserer Praxis hat es sich als sehr hilfreich erwiesen, hier stets mit einer *kataleptischen* Hand eine geeignete Projektionsfläche, die vom Leiter als dissoziiert erlebt wird, anzubieten.)

V.6 Die Überprüfung der Überzeugungen im Aufstellungsprozess

Immer wenn der Fokus zu einer neuen Kraftquelle Kontakt bekommen hat, können Sie, wenn Sie sich an seine Stelle begeben, Ihren Glaubenssatz bzw. Ihre Überzeugung, die Sie ändern wollen, nochmals überprüfen. Wenn Sie an die Überzeugung denken: Wie hat sie sich verändert, bzw. ist sie vielleicht ganz aus dem Gedächtnis verschwunden?

Häufig verändert sich die Überzeugung jeweils bei Aufnahme des Kontakts mit einem dieser Aspekte. Außer dieser Veränderung haben Sie bei dieser Übung erfahren, wie Sie mit den drei Ressourcen Wissen, Vertrauen und Struktur Kontakt aufnehmen können.

V.7 Glaubenspolaritätenaufstellungen mit freiem Element

Die Glaubenspolaritätenaufstellung kann auch noch ergänzt werden durch einen fünften Teil, der Ähnlichkeiten hat mit der fünften Nichtposition des Tetralemmas. Im Mittelpunkt des Dreiecks aus Erkenntnis, Liebe und Ordnung befindet sich die Weisheit *(sophia)*, also die, deren Freunde die Philosophen gerne wären und selten sind. [3] In der Aufstellung führen wir sie als freies Element ein. Das heißt, sie wird aufgestellt und darf sich danach frei bewegen, wie sie möchte. [4] So wie wir über die fünfte Nichtposition im Tetralemma nicht verfügen können, ist auch die Weisheit nicht in unserem Besitz. Wir können sie nur berühren und immer wieder finden.

In der Glaubenspolaritätenaufstellung kann die Weisheit wie die fünfte Nichtposition in der Tetralemmaaufstellung zwischendurch befragt werden, was sie raten würde. Gewissermaßen kann sie als Co-Leiterin fungieren oder vielmehr: wir als ihre Assistenten. Auch die Pole als reine Kraftquellen können während der Aufstellung um Rat gefragt werden und geben oft weise Ratschläge. Lassen Sie sich überraschen!

3 Aber sogar der vergeblich bleibende Versuch ist hier ehrenvoll!

4 Der Auftrag an freie Elemente, den wir geben, ist oft noch etwas paradoxer: „Und Sie haben nun ausdrücklich die Aufgabe, nur genau das zu tun, was Sie gerade möchten!"

Teil VI: Die Idee der versehentlichen Aufstellung

VI.1 Zur Natürlichkeit des Aufstellungsverfahrens – oder: Es ist gar nicht so leicht, *nicht* aufzustellen

Das Aufstellungsverfahren ist eine ganz natürliche Methode:

1. In der Alltagssprache verwenden wir häufig Ausdrücke, die auf räumliche Anordnungen hinweisen. So erinnert z. B. „Sie stehen wirklich hinter ihm“ an Eltern, die hinter ihren Kindern stehen im Lösungsbild der Ursprungsfamilie, oder „Der Platz neben ihm ist nicht frei“ an das Nebeneinanderstehen der Ehepartner in der Gegenwartsfamilie.
2. Während wir sprechen, verwenden wir oft Gesten, die an Aufstellungen erinnern, etwa wenn wir beim Reden über eine Person eine Hand mitbewegen und bei der Erwähnung einer weiteren Person die andere Hand verwenden. Gewissermaßen werden hier beide Hände zu Repräsentanten für die beiden Personen, über die wir sprechen.
3. Im Arbeitsleben kennen wir Repräsentationen. Immer dann nämlich, wenn wir eine Stelle einnehmen, repräsentieren wir auf dieser Stelle eine Funktion für die Gesamtorganisation. Und wie in der Aufstellung einzelne Repräsentanten durch andere Personen ersetzbar sind, kann eine Stelle mit verschiedenen Personen besetzt werden, die im Prinzip austauschbar sind.

Vielleicht haben Sie sich inzwischen bereits befragt, ob sich im Alltagsleben nicht häufig Aufstellungen ereignen. Die etwas überraschende Antwort darauf ist unseres Erachtens:

Ja, im Prinzip finden sie ständig statt!

Wir repräsentieren für andere Personen Ausgeschlossene ihres Systems, und sie können dies wiederum für uns tun. Wir laufen gewissermaßen mit den Leerstellen unseres eigenen Systems herum. Die Leerstellen stehen insbesondere für die Ausgeschlossenen. Ein Grund dafür, daß wir nicht ständig den Wirkungen von Aufstellungen unterliegen, besteht darin, daß sich diese nichtintendierten Aufstellungen gegenseitig löschen oder durch die gleichzeitigen Aufstellungen gewissermaßen das informationstheoretische Rauschen so hoch ist, daß die Aufstellungen nicht als solche wirken können.

Es gibt im Alltag jedoch Situationen, in denen genau derartige unbeabsichtigte Aufstellungen stattfinden. Ihre Wirkung besteht dann darin, daß fremde Personen andere Personen zu repräsentieren beginnen, die sie nicht kennen und deren Verhalten zu der momentanen Situation und dem gewohnten Verhalten der Repräsentanten nicht paßt, ja manchmal geradezu grotesk wirkt. Vielleicht können Sie sich auch an Situationen erinnern, in denen jemand in Ihrem Team sich plötzlich ganz anders als gewohnt und in bezug auf die Situation sehr unangemessen verhielt. Wir sprechen hier manchmal von versehentlichen Aufstellungen.

VI.2 Einige Bedingungen, die das Auftreten versehentlicher Aufstellungen begünstigen

Unter folgenden Bedingungen treten versehentliche Aufstellungen gehäuft auf:

1. Wenn eine Person im Mittelpunkt steht und die anderen Personen ihre Aufmerksamkeit insbesondere auf diese Person lenken.

Ein Beispiel hierfür sind oft Geburtstagsfeiern und Familienfeste. Hier kann es passieren, daß die Teilnehmer in die Leerstellen des Systems der Hauptperson rutschen und dann die Personen repräsentieren, die für diese Hauptperson ausgeschlossen sind. Da eine solche Aufstellung nicht beabsichtigt ist, können die entstehenden Effekte zwar beobachtet, aber meist nicht verstanden werden. So kommt es dann oft zu Konflikten, da die Personen mit ihrem Verhalten identifiziert werden und ihr Verhalten nicht als das der Repräsentierten gesehen wird. Meist kann weder die Hauptperson noch die Person, die das fremde Verhalten zu repräsentieren beginnt, ihr Verhalten verstehen. Das Geschehen wirkt wie ein Spuk, der danach wieder verschwindet – und den die meisten zu vergessen beginnen, da die Situation im allgemeinen unverstehbar bleibt und damit ein kohärentes Selbst- und Weltbild erschwert.

Hier lernen Sie eine besonders interessante Form des Querdenkens kennen: Die übliche Voraussetzung, daß das Verhalten, das eine Person zeigt, zu ebendieser Person gehört, wird in Zweifel gezogen und durch die Hypothese ersetzt, daß gezeigtes Verhalten auch **repräsentierendes Verhalten** sein kann. Die Idee des repräsentierenden Verhaltens stellt eine bislang unzureichend in Betracht gezogenene Erweiterung der Möglichkeiten dar, menschliches Verhalten zu sehen und zu verstehen. Sie führt zu einer unerwarteten, neuen Auffassung von der Welt und von den Menschen.

Selbstverständlich wird durch repräsentierendes Verhalten der Person nicht die Verantwortung für das Verhalten genommen. Jeder muß für die Konsequenzen seines eigenen oder repräsentierenden Verhaltens die Verantwortung tragen. Aber es fällt uns dann manchmal leichter, Menschen für ihr Verhalten nicht zu verurteilen, wenn wir in Erwägung ziehen, daß sie in ein fremdes System hineingerutscht sind. Wir erkennen dann den Teil ihres Verhaltens, in dem sie auch Opfer sind.

Vielleicht spielen versehentliche Aufstellungen auch eine Rolle bei für uns unverständlichen grausamen Verhaltensweisen bei sonst unauffälligen Menschen. Denken Sie etwa an die von der UNO mit dem Schutz der Zivilbevölkerung beauftragten Soldaten, die (in einigen schwerwiegenden Fällen in jüngster Zeit) entgegen ihrem Auftrag sogar mit den Verfolgern kollaborierten oder selbst als Verfolger agierten. Möglicherweise kann dieses Verhalten als das Hineingezogenwerden in ein fremdes Feld gesehen werden. Es könnte sein, daß wir in unserem Verhalten unter bestimmten Bedingungen einem derartigen destruktiven Feldphänomen unterliegen und nicht ein Verhalten zeigen, das zu uns als Einzelpersonen gehört. Zum Glück haben versehentliche Aufstellungen meist nicht so furchtbare Folgen.

2. Wenn durch Gestik auf eine bestimmte Stelle gewiesen wird.
Ein amüsantes Beispiel hierfür ist folgende Begebenheit. Auf dem Kongreß „Weisen der Welterzeugung" 1998 in Heidelberg erzählte Steve de Shazer eine Geschichte über einen als schizophren diagnostizierten Patienten, als Erläuterung für seine These, daß die Logik psychotischer Patienten ganz normal sein kann. Während der Er-

zählung deutete er jeweils, wenn er den Patienten erwähnte, auf eine bestimmte Stelle im Raum. Genau an dieser Stelle jedoch stand auch der Übersetzer, der daraufhin sich versprach und nicht mehr übersetzen konnte. Eine Übersetzerin, deren Muttersprache Englisch ist, sprang ein und ging auf die Bühne an die gleiche Stelle. Auch sie fand nicht die passenden Worte, bildete ungrammatikalische Sätze und mußte abbrechen. Der dritte Freiwillige, der auf die Bühne trat, bereit zur Übersetzung, mußte ebenfalls aufgeben. Alle drei Übersetzer waren an die gleiche Stelle getreten, auf die davor de Shazer mit der Hand gewiesen hatte, als er den schizophrenen Patienten erwähnte. Hier hat, so glauben wir, eine versehentliche Aufstellung stattgefunden. Alle drei Übersetzer repräsentierten den Patienten und verloren vorübergehend ihre Fähigkeit, zu übersetzen.

Die versehentliche Aufstellung ist gewissermaßen das Spiegelbild zur **Projektion**. Während bei der Projektion jemand etwas Eigenes auf eine andere Person projiziert, also z. B. jemand anders in der Person sieht, geschieht die versehentliche Aufstellung passiv. Ein Teilnehmer rutscht in die Leerstelle eines anderen Systems. Er beginnt zu repräsentieren und verhält sich nicht mehr wie er selbst; oder, anders ausgedrückt: Eine Projektion liegt vor, wenn A ein Verhalten B zuschreibt, das zu einer A bekannten Person paßt, von B aber gar nicht gezeigt wird. Bei einer versehentlichen Aufstellung rutscht B in eine Leerstelle des Systems von A und verhält sich wie die entsprechende Person aus diesem System. Dieses Mal verhält sich B also tatsächlich anders, bei einer Projektion nur scheinbar.

VI.3 Die Konfliktaufstellung als Lösung eines durch eine versehentliche Aufstellung entstandenen Konflikts

Versehentliche Aufstellungen geschehen ohne Absicht. Es ist nützlich, diesen Effekt zu kennen, um, wenn er auftritt, mit ihm umgehen zu können. Manche Konflikte am Arbeitsplatz können auch auf diese Weise geklärt werden. Wenn der Verdacht besteht, daß eine versehentliche Aufstellung stattgefunden hat, ist es möglich, eine sogenannte **Konfliktaufstellung** zu machen. Diese beginnt mit der Rekonstruktion der Konfliktsituation. Aufgestellt werden die beteiligten Personen. Dadurch läßt sich manchmal feststellen, wer in welches System hineingerutscht ist und wer wen repräsentiert. Durch diese Rekonstruktion kann dann die Konfliktsituation neu gesehen und der Ablauf verstanden werden. Nach unserer Erfahrung lassen sich manche ungewöhnliche und hartnäckige Konflikte so lösen.

Teil VII: Kleine Typologie der Querdenker

Zur besseren Orientierung im Lande der Querdenker erhalten Sie hier einen kurzen Überblick über einige der wichtigsten Querdenkerarten; die Bevölkerung des Querdenkerkontinents ist allerdings so vielfältig, daß es den Ethnologen noch nicht gelungen ist, einen umfassenden Überblick zu gewinnen. Mögen die folgenden Notizen dem Reisenden als erste Hinweise für Begegnungen mit unterschiedlichsten Querdenkern nützlich sein.

VII.1 Der Querdenker im engeren Sinne

Der **Querdenker im engeren Sinne** ist, wie sein Name sagt, einfach durch den Umstand gekennzeichnet, daß seine Denkprozesse quer zu den gewohnten und erwarteten Bahnen verlaufen und er unser Denken durchquert, indem er uns immer wieder einen Strich durch die Rechnung macht. Von Natur aus an sich gutwillig, kann er durchaus reizbaren Gemüts sein, was durch den Umstand, daß seine kreativen und ressourcenorientierten Impulse fast regelmäßig mißverstanden werden, nicht weiter verwunderlich ist.

Gelingt es freilich, einen Querdenker im engeren Sinne in ein Team einzubinden, so wird er die inneren Querdenker der anderen Teammitglieder nach und nach aktivieren, was ihn selbst immer mehr entspannt und damit umgänglicher werden läßt.

VII.2 Der Diagonaldenker

Ein **Diagonaldenker** erschreckt seine Umgebung häufig durch die Geschwindigkeit, mit der er, einem Diagonalleser ähnlich, die Konsequenzen von Veränderungen erfaßt und weiterspinnt. Seine hohe Geschwindigkeit macht für ihn seine Umwelt oft unverständlich.

Dazu kommt, daß ein Schubkastendenker in Gegenwart eines Diagonaldenkers im allgemeinen in Streß gerät, was seine Geschwindigkeit nur noch weiter herabsetzt, wenn er in Panik beginnt, an irgendwelchen Schubladen zu zerren.

Der Diagonaldenker muß daher, um mit seiner Umwelt auskommen zu können, seine Geschwindigkeit verbergen. Dies gelingt ihm zwar, jedoch nur mit einem gewissen Groll, der sich leicht in einer mehr oder weniger unterschwelligen Überheblichkeit äußern kann.

Gelingt es einem Team, einen Diagonaldenker wirklich im Sinne eines Wir-Gefühls in die Gruppenstruktur einzubinden, so daß der Diagonaldenker wie ein schneller Kundschafter in unbekannten Bereichen seine Fähigkeiten im Dienste des Ganzen entfalten kann, kann sich das Team wirklich zu einer Qualitätssteigerung beglückwünschen.

VII.3 Der Kreuzundquerdenker

Dies ist eine viel verbreitetere Art des Querdenkers, der sich insbesondere als innerer Querdenker auch bei vielen Zugereisten im Querdenkerland aktivieren läßt. Der **Kreuzundquerdenker** versteht es, durch assoziative Vernetzung von Information in mehrdimensionalen Verknüpfungen zu Ergebnissen und Plänen zu gelangen, die bei rein linear gegliedertem Vorgehen gänzlich unzugänglich blieben.

Zu seinen besonderen Qualitäten gehört auch, daß er, zumindest während er kreuz und quer denkt, jegliche Neigung zur Pedanterie und zur sorgfältigen Unterscheidung von Wichtigem und Unwichtigem kurzfristig im Dienste kreativer Ansätze und Lösungen zurückzustellen vermag. Sehr im Gegensatz zum Diagonaldenker ist der Kreuzundquerdenker eher ein gemächlicher Geselle, der es versteht, Verkrampfungen aus der Situation herauszunehmen – wenn man ihn nur läßt. Das freilich geschieht oft nicht, da sein (nur scheinbar) mangelnder Sinn für Prioritäten und streng lineare Reihenfolgen ihn dem Schubkastendenker höchst suspekt macht.

Eine bekannte Grundübung, die schon manchen Schubkastendenker fremdsprachenkundig in der Provinz der Kreuzundquerdenker gemacht hat, ist das Brainstorming und die Verwendung von Mind Maps. Jede Übung, die es uns erlaubt, Assoziationen frei zu folgen und die Ergebnisse um bestimmte Schwerpunkte zu gruppieren und miteinander nichtlinear zu vernetzen, könnte in den Laboren der Kreuzundquerdenker entstanden sein. Daß Teams von dieser Querdenkerart sehr profitieren können, hat sich inzwischen schon weit herumgesprochen.

VII.4 Der lineare und der nichtlineare Denker

Ein ähnlicher Gegensatz wie der gerade besprochene ist der von **linearen und nichtlinearen Denkern.** Lineare Denker gehen davon aus, daß bestimmte häufige Abläufe von Ereignissen, die sich immer wieder sehr geähnelt haben, zwangsläufigen Charakter haben und durch Ursache-Wirkungs-Beziehungen geregelt sind. Das mag ja gelegentlich so sein, und es ist oft eine nützliche komplexitätsreduzierende Annahme. Aber der Preis ist hoch: Von den zahllosen möglichen Erklärungen wird eine einzige gewohnheitsmäßig bevorzugt, und dadurch werden alle Handlungsalternativen, die auf alternativen Annahmen beruhen, ausgeblendet.

Der nichtlineare Denker sieht zu jedem Ergebnis viele mögliche Abläufe, die dazu geführt haben könnten. Die Möglichkeiten, den Ist-Zustand zu deuten und zu modifizieren, sind für ihn entsprechend reichhaltig. Wenn er sieht, wie jemand, nennen wir ihn A, läuft und andere, nennen wir sie die B, kurz darauf in dieselbe Richtung laufen, bemerkt er, daß die Beschreibung

A wird von den B verfolgt

gewiß nicht die einzige ist – es könnte ja auch gelten

A hat die B diesen Weg entlanggelockt,

und viele andere Deutungen sind möglich; einige ungewöhnliche entdeckt man durch nichtlineare Querdenkerfragen wie:

Wie macht der Weg das, daß erst A und dann die B ihn entlanglaufen?

Eine wichtige nichtlineare Denkübung ist das Erfinden von neuen Fragen zu vorliegenden Antworten – ein Spiel, das Fynns kleine Anna in *Hallo, Mr. Gott, hier spricht Anna* (Fynn 1998) meisterhaft spielt.

Eine andere wichtige nichtlineare Denkübung besteht in der Erkenntnis, daß die Deutung von Verhaltenssequenzen interpunktionsabhängig ist (worauf Watzlawick wiederholt hinwies). Steht etwa K für Kontrollvermehrung und S für Störung, so könnte ein Ablauf

... K S K S K S K S K S K S ...

beschrieben werden durch:

Die Kontrolle wird vermehrt, weil die Störung immer wieder auftritt,

oder durch:

Die Störung tritt wegen der ständigen Verstärkung der Kontrollmaßnahmen immer wieder auf.

Der nichtlineare Denker erkennt sofort, daß „Stets S auf K" und „Stets K auf S" zwei unvollständige lineare kausale Beschreibungen desselben zirkulären und endlosen Musters

... K S K S K S K S K S K S ...

sind.

Nichtlineare Denker verunsichern ihre Umgebung, da sie gewohnte lineare Eindeutigkeiten in Frage stellen. Aber ein Team, das solche Denker zu integrieren lernt, ist wie kein anderes vor den Folgen einseitiger Deutung von Prozessen geschützt.

VII.5 Der labyrinthische Denker

Der labyrinthische Denker versetzt seine Umgebung regelmäßig in Konfusionstrancen unterschiedlicher Tiefe. Er benötigt ein trancefreundliches Umfeld, da er sonst dahinwelkt; die labyrinthische Konfusion und das sensible kreative Chaos sind sein Lebenselixier. Seine Sätze können endlos sein oder uns in immer neue Zirkel und Paradoxien hineinführen.

Wenn ich wüßte, wieviel zwei und zwei sind, würde ich sagen: vier!

sagt der Mullah Nasreddin, einer der großen Meister dieser Denkform. Im labyrinthischen Denken gelangen wir immer wieder aus verschiedenen Richtungen an dieselbe Stelle – und der Meisterlabyrinthiker erkennt dabei die Struktur der verschlungenen Pfade und verflochtenen Ebenen.

Typische Fragen des Labyrinthikers sind etwa:

Wodurch könnten Sie besonders wirksam verhindern, daß Sie Erfolg haben, und wer könnte Ihnen noch wirksamer als bisher helfen, dieses Problem ungelöst zu lassen? Wie könnten Sie ihn dabei unterstützen, Sie an der Problemlösung weiter zu hindern?

„Furcht ist multidirektional!" sagt Nasreddin zu einem armen Derwisch, den er gerade in völlige Verwirrung hineinlabyrinthisiert hat, und er nutzt die entstandene Trance der Erschöpfung zu der Mitteilung des Lehrsatzes:[1]

Und man braucht die Furcht nicht einmal selbst zu haben, um darunter leiden zu können!

Nur Teams, die in der Integration querdenkerischer Ressourcen schon weiter fortgeschritten sind, werden die Flexibilität aufbringen, die dieser Querdenkertyp ihnen abverlangt. Die Gewinne sind, wo es gelingt, natürlich auch außerordentlich.

VII.6 Querdenken höherer Ordnung: Spiralige und tetralemmatische Denker

Gerne hätten wir Ihnen hier noch viele andere interessante Stämme der Querdenker vorgestellt; wir dachten da z. B. an die zwei- und die mehrdimensionalen, die abstrakten und die sinnlichen, die kausalen und die korrelativen Denker, an Denker, die pfadförmig, und solche, die flächig denken, an monolithische Denker und an Collagendenker und wie sie alle heißen mögen. Doch davon vielleicht ein andermal – vielleicht haben wir ja Ihre Lust zu Exkursionen in diese Landschaften etwas zu steigern vermocht.

Doch eine wichtige Spezies der Querdenker, der wir einen guten Teil dieses Textes gewidmet haben, ohne sie bisher explizit hervor-

1 Vgl. dazu und zu weiteren Meisterquerdenkerinspirationen die wunderbaren Nasreddin-Lehrgeschichtensammlungen von Idries Shah (Shah 1975, 1987, 1992)!

zuheben, soll noch abschließend gewürdigt werden, ist doch sie es, durch die das Querdenken sich selbst überwindet und nie in Erstarrung verfallen kann. Es handelt sich um die **spiraligen** und die **tetralemmatischen Denker**.

Ein **tetralemmatischer Denker** hat gelernt, die vier Haltungen des Tetralemmas auf jede Frage und jeden Konflikt anzuwenden. Er sieht wie von selbst die Einseitigkeit der üblichen Problembetrachtungsweisen. Er ist zwar ein anstrengender Zeitgenosse, da er uns keine leichtfertigen Ausschlüsse von Gegnern und Gegenmeinungen durchgehen läßt, aber er verhilft zu überraschenden neuen Sichtweisen in bezug auf alte Probleme – und daher zahlt es sich aus, tetralemmatische Querdenker einzubeziehen.

Der **spiralige Denker** hat die Negation des Tetralemmas tiefer erfaßt und findet von der fünften Position, dem **All dies nicht — und selbst das nicht!** aus nicht nur neue Standpunkte, sondern neue Veränderungsstile. Die fünf Arten des radikalen Wandels, mit denen wir uns oben befaßt haben, entstammen der Werkstatt der Spiraliker.

Spiraliker haben Humor – und man braucht Humor, um sie wirksam in Teams mitarbeiten zu lassen. Ob man sie integriert hat, weiß man nie genau; aber das macht nichts. Hauptsache, der spiralische Denker weiß, daß er uns integriert hat. Dann kommen uns seine Querdenkerqualitäten zugute. Der Spiraliker ist die ausgereifte Form des **Metaquerdenkers** (vgl. I.5).

VII.7 Wie gerade der Querdenker einen geraden Weg hat

Nach alledem sollte deutlich geworden sein, daß wir nicht viel Hoffnung haben dürfen, ohne die Integration der Ressource des Querdenkens und der Querdenker zu immer neuen guten Problemlösungen zu kommen. Für lebendige Prozesse gilt eben eine etwas ungewöhnliche Geometrie:

Die kürzeste Verbindung hat hier oft die Form einer Spirale.

Da aber eine Gerade als kürzeste Verbindung zwischen zwei Punkten definiert ist, hat eben gerade der Querdenker einen geraden Weg – was freilich eine typische querdenkerische Behauptung ist.

Nachklang I: Wie wir Lösungen finden, statt sie zu suchen

Das Wir-Gefühl

Betonen wir den Titelsatz zunächst auf dem zweiten Wort „wir". Die Suche nach Lösungen ist ja kein einsames Unterfangen, und wir haben die Kunst, innere und äußere Querdenker in unsere Empfindung von Zusammengehörigkeit einzubeziehen, in diesem Text schon in vielfacher Weise einzuüben begonnen.

Bedenken Sie bei all diesen Formen der Veränderung, mit denen wir uns hier befaßt haben, stets auch, wie wichtig es ist, eine gute Energie, ein deutliches Wir-Gefühl in der Gruppe, mit der Sie zusammenarbeiten, zu ermöglichen. Dazu tragen auch die synergetischen Effekte in Teams viel bei, die Peter Molzberger (1993) in seinem Band *Synergetische Zusammenarbeit* so lebendig dargestellt hat. Er betont dort: „Ein Team wird synergetisch durch die Aufgabe, die es sich stellt."

Im vorliegenden Text finden Sie viele Formen, die Ziele eines Teams so umzugestalten, daß synergetische Zusammenarbeit möglich wird.

Werner Stöger weist darauf hin, das neue Denken, um das es auch uns hier geht, beinhalte „das Entwickeln von gemeinsamen Visionen über Zielvereinbarungen (nicht Zielvorgaben), um mit gebündelten Kräften ein ‚Wir-Gefühl' entstehen zu lassen".

Hier klingt die Offenheit der Ziele, die wir als Eigenschaft des dialektischen Problemlösens (im Sinne von Dörner, vgl. II.2, Punkt 3) betrachtet haben, an. Lassen Sie in diesem Sinne die Entwicklung des **Wir-Gefühls** stets zu einem zentralen Bestandteil Ihrer Arbeit mit der Wunderfrage werden! Die Versöhnung und Integration abgelehnter Standpunkte in der Tetralemmaarbeit ist ein weiterer

Zugang zur Entwicklung eines synergiefördernden visionären Wir-Gefühls.

Querdenker kennen die Bedeutung des folgenden Prinzips:

Fassen wir entgegengesetzte Meinungen als Aufforderung zur Integration vernachlässigter Standpunkte auf, so fördern Gegensätze das Wir-Gefühl.

Suchen und finden

Wenn wir nach einer Lösung, einer neuen Perspektive oder einer ungenutzten Ressource suchen, so kann uns die Suche manchmal lang werden, und wir können den Mut verlieren. Querdenken als Ressource des Problemlösens bedeutet auch, daß wir das Verhältnis von **Suchen** und **Finden** auf überraschende und neue Weise ansehen.

Wenn zu unserem alten Glaubenssystem die Annahme gehört haben sollte, daß wir wohl noch nicht lange angestrengt und hartnäckig genug gesucht haben dürften, wenn wir noch nicht zum Ziel gekommen sind, so vermitteln uns geeignete weise Querdenker vielleicht folgende Idee:

Die Form der Suche ist häufig das Haupthindernis bei der Suche.

Wenn wir vorher glaubten, daß erfolgreiches Suchen eine Handlung ist, die wir einfach willensmäßig durchziehen können, so erfahren wir jetzt vielleicht den dazu queren Gedanken:

Erfolgreiche Suche wird nicht durch die Suche erfolgreich, sondern dadurch, daß wir uns von der Lösung finden lassen.

Wenn Sie nun allerdings meinten, sich von einer Lösung finden zu lassen sei eine rein passive Haltung, dann war dies vielleicht oft der Grund, warum es schwer war, sich von einer Lösung finden zu lassen.

Sich von einer Lösung finden zu lassen setzt sehr viel Einsatz voraus – aber einen Einsatz von Haltungen, aus denen die Handlungen folgen und nicht umgekehrt.

Wenn wir diese veränderte Haltung zu Haltungen und Handlungen der Veränderung suchen, so kann uns das Tetralemma helfen, uns von solchen Haltungen finden zu lassen.

Eine unerläßliche Voraussetzung dafür, sich von Lösungen finden zu lassen, besteht in der Annahme, daß die Lösung und alle dafür erforderlichen Ressourcen wirklich existieren. Diese Haltungsänderung haben wir früher im Text mit der Wunderfrage einzuüben begonnen. Ein Querdenker begibt sich in die Haltung von jemandem, der schon gefunden hat, und fragt sich:

Wenn ich über Nacht, wie durch ein Wunder, das, worum es mir ging, schon gefunden hätte – was wäre dann alles anders? Was täte ich dann, was ich jetzt noch nicht tue?

Der Querdenker hat sich das Wunder durch diesen Sprung in eine mögliche Zukunft vergegenwärtigt, indem er es als etwas Vergangenes statt als etwas Zukünftiges betrachtet (ein Vorgehen, das Erickson als *Pseudoprojektion in der Zeit* bezeichnet und untersucht hat; vgl. u. a. Erickson 1998, S. 178–181).

Wenn Sie die Konsequenzen der Lösung durch die Wunderfrage betrachten, können Probleme oft in der spurlosen Weise verschwinden, die wir anhand Wittgensteins Beispielen erläutert haben; denn dabei werden die Problemaspekte aufgelöst, die nur in einer hinderlichen Anordnung der Teile bestanden.

Für die Umordnung der Teile gibt uns die Grammatik des Worts „Problem" und die Betrachtung möglicher Anordnungen von Fokus, Ziel, Hindernissen, Ressourcen, Gewinn und künftiger Aufgabe wichtige querdenkerische Impulse, die wir in der Idee der Problemaufstellung eingeführt haben.

Wer sich von Lösungen finden lassen will, erinnert sich hier an weitere lösungsorientierte Querdenkerprinzipien:

Hindernisse bloß als Hindernisse zu betrachten ist ein großes Hindernis.

Hindernisse sind Knospen, die als Ressourcen aufblühen.

Es ist unvernünftig, nicht mit unvernünftigen Chancen zu rechnen.

Ein Problem als sinnvolle Frage akzeptiert zu haben heißt schon, auch an die Existenz relevanter ungenutzter Ressourcen zu glauben.

Wenn Sie manches in diesem Text vielleicht verwirrend fanden, so laden wir Sie dazu ein, diese Art der Verwirrung als verkappte

Ressource zu begrüßen, indem Sie sich künftig an das arabische Sprichwort [1] erinnern:

Aus der Knospe der Verwirrung hebt sich die Blüte der Verwunderung.

Und dann läßt sich schließlich sagen, daß das, was wir als das Gegenteil der Problemsituation sahen, die Lösung, von der wir uns finden lassen wollen und können, nie ganz von uns getrennt gewesen sein kann. Es gilt also:

Das Gegenteil ist nicht abgetrennt, ganz im Gegenteil!

Lassen Sie sich – ganz im Gegenteil – von Ihren Lösungen finden!

1 Diesen Satz aus der Tradition des Tassawuf hörten wir erstmals von Hussein Abdel Fatah.

Nachklang II: Drei kostbare Ressourcen

Wir wollen Ihnen hier zum Ausgang unserer Überlegungen noch drei kraftvolle Helfer vorstellen, die unserer Erfahrung nach zu den kostbarsten Ressourcen gehören. Sie sind unter anderem Ressourcen für das systemische Handeln, für das Querdenken, für verschiedenste Arten von kreativen Prozessen und nicht zuletzt auch für die Leitung von Systemischen Strukturaufstellungen.

Diese drei haben Namen, die es vielen, die ihnen begegnen, unnötigerweise erschwert haben, sich mit ihnen zu befreunden. Darum sagen wir hier vorsichtshalber noch etwas über die Geschenke, die die Bekanntschaft mit ihnen bringt, in der Hoffnung, unseren Lesern den Zugang zu und den Umgang mit den dreien dadurch vielleicht etwas zu erleichtern. Sie sind schon echte Herausforderungen – wie es wichtige Begegnungen und Freundschaften eben sind.

Es handelt sich um

das **Nichtwissen,**
die **Hilflosigkeit**
und
die **Verwirrung**.

Das Nichtwissen als Freund hilft uns beim Verzicht auf Interpretationen und Hypothesen. Das Nichtwissen macht es uns leichter, die meist unerfüllbare Forderung des völligen Verstehens durch „nützliche Formen des Mißverstehens" (de Shazer) zu ersetzen. Es entspricht dem systemischen Grundprinzip des „Anerkennen, was ist", denn die meisten Formen eines inhaltlich abgegrenzten Wissens sind nur zweifelhafte oder partielle Formen der Gewißheit. Es erlaubt uns, den Zugang zur Wahrnehmung und vor allem zur Selbstwahrnehmung als nicht besitzhafte Form der Teilhabe an Wissen zu finden. Und es verzichtet darauf, den Inhalten des Gewußten fragwürdige Dauer zu verleihen, und dient so der Haltung, immer wieder neu und offen hinzuschauen, zu fragen und wahrzunehmen.

Die Hilflosigkeit zeigt uns ihre Freundschaftsdienste, indem sie uns daran erinnert, daß wir etwas so Komplexes wie z. B. eine systemische Aufstellung niemals alleine „machen" oder gar zu einem geplanten Ziel führen können. Wir sind vielmehr nur Begleiter, Anteilnehmende und bestenfalls gute und kunstfertige Gastgeber eines unermeßlich subtilen, reichen Geschehens, dessen Ablauf niemands Besitz oder Leistung darstellt. Gute Aufsteller erkennen diesen Freund als Grundlage der Dankbarkeit, wenn eine Aufstellung wirklich gut gelungen ist, und sie sehen, wie absurd es wäre, anstelle dessen Stolz und Besitzanspruch zu empfinden. Hilflosigkeit ist darüber hinaus ein guter Freund, der uns auf eine Lücke, eine Leere hinweist. Wenn es uns gelingt, diese Leere willkommen zu heißen, statt sie als Mangel zu diffamieren, so wird sie zu einer Pforte überraschender, plötzlich aufsteigender Einsichten – bei uns und bei den anderen Beteiligten. Und schließlich erinnert uns Hilflosigkeit daran, daß die besten Leistungen, die wirklich wunderbaren Schritte, Geschenke sind (und keine willkürliche, kleinliche Bastelei).

Und schließlich zu Dir, Verwirrung, liebe Freundin, Gefährtin aller Querdenker und wahren Systemiker, Frucht der Paradoxien, Botin des Wandels und Aufbruchs – wie konnte es je geschehen, daß die Menschen die Kostbarkeit Deiner Gaben nicht mehr sahen?

Aus der Knospe der Verwirrung
hebt sich die Blüte der Verwunderung

hieß es im Tassawuf – und wie oft verwelkte die Blüte des Wunders aus Furcht vor der Verwirrung! Aber der Versuch, Dich, Verwirrung, zu meiden, entstammt meist dem Wunsch, umfassend zu beherrschen. Und dieser Wunsch, so hoffnungslos er auch stets vom Leben widerlegt wird, hat doch einen hohen Preis: Er verhindert wirkliches Lernen.

Verwirrung, Du, und Deine beiden Geschwister, Hilflosigkeit und Nichtwissen: Vielleicht wird es künftig einigen von uns leichter sein, Eure Freundschaft zu gewinnen.

Teil VIII: Anhang

VIII.1 Übersicht über die verschiedenen Systemischen Strukturaufstellungen

Es folgt eine Übersicht über die bisher von uns entwickelten Systemischen Strukturaufstellungen. Sie sind durch gemeinsame grammatische Grundannahmen und Metaprinzipien[1] miteinander verbunden. Wenn nicht anders vermerkt (in Klammern hinter der jeweiligen Aufstellungsart), ist die Aufstellungsform von beiden Autoren zusammen entwickelt worden.

VIII.1.1 Arten von Systemischen Strukturaufstellungen

a) Problemaufstellung

Es werden die Teile, die zur „Grammatik" (im Sinne des späten Wittgenstein) des Wortes „Problem" gehören, aufgestellt.

b) sprachliche Oberflächenstrukturaufstellungen

Bei dieser Aufstellungsart werden die Segmente eines geringfügig paraphrasierten zentralen Satzes aus der Problembeschreibung der KlientInnen aufgestellt. Die sprachliche Oberflächenstrukturaufstellung verwendet in der Regel die Problemaufstellung, seltener die Tetralemmaaufstellung als Hintergrundgrammatik.

c) Aufstellung des ausgeblendeten Themas

Eine Problemaufstellung enthält u. a. folgende drei Aufstellungen des ausgeblendeten Themas:

- Fokus, Ziel, Hindernis
- Fokus, Ziel, verdeckter Gewinn
- Fokus, Ziel, künftige Aufgabe

1 Vgl. dazu Anhang VIII.3 und VIII.4.

Die Teile der allgemeinen Aufstellung des ausgeblendeten Themas sind: Fokus, offizielles Thema und ausgeblendetes Thema, d. h. „etwas, um das es bei dem offiziellen Thema (präsentierten Anliegen) eigentlich (auch noch) geht".

d) Tetralemmaaufstellung

Es werden die Teile des negierten Tetralemmas im Sinne des Madhyamika-Buddhismus nach Nargarjuna aufgestellt. Es gibt

feste Tetralemmaaufstellungen und
freie Tetralemmaaufstellungen.

Tetralemmaaufstellungen bieten Auswege aus erstarrten Entweder-oder-Situationen, indem diese als in mindestens drei Hinsichten unvollständig erfahrbar werden.

e) polare Entscheidungsaufstellung

Verläuft im wesentlichen wie eine partielle Tetralemmaaufstellung, bei der die Schritte bis vor die oder zur dritten Position zur Klärung ausreichen.

f) multiple Entscheidungsaufstellung

Hier geht es um mehr als zwei relevante Entscheidungsalternativen.

g) Glaubenspolaritätenaufstellung

Sie geht zurück auf die Einteilung religiöser Systeme nach Schuon (1981) nach der primären didaktischen Betonung der Prinzipien von Erkenntnis, Liebe und Ordnung/Pflicht.

Wir unterscheiden dabei die

- **freie Glaubenspolaritätenaufstellung,**
- **feste Glaubenspolaritätenaufstellung,**
- **kombinierte Glaubenspolaritätenaufstellung.**

Bei letzterer wird im von der Glaubenspolaritätenaufstellung aufgespannten Raum eine weitere Aufstellungsform durchgeführt (eine Grundform der **Metaaufstellungen**: Aufstellungen als Rahmen anderer Aufstellungen).

h) Core-Transformationsaufstellung

Sie geht zurück auf den Core-Transformationsprozeß, den Connirae, Steve und Tamara Andreas im NLP entwickelt haben (vgl. C.

u. T. Andreas 1995) und Siegfried Essen für die Arbeit an Grundüberzeugungen modifiziert hat. Wir haben diesen Prozeß dann in eine Aufstellungsform umgewandelt.

Aufstellungen, die eine direkte Kombination mit der lösungsfokussierten Kurztherapie darstellen **(nach Sparrer i. Vorb. c):**

i) **Neunfelderaufstellung,**
j) **Zielannäherungsaufstellung,**
k) **Lösungsaufstellung** und schließlich
l) **das lösungsgeometrische Interview,** bei dem Anordnungseigenschaften der Repräsentanten mit einem lösungsfokussierten Gruppeninterview kombiniert werden.

m) **syllogistische Aufstellung** (nach Varga von Kibéd)
Diese Aufstellungsform geht auf das syllogistische Quadrat der Aristotelischen Logik zurück. Auch hier gibt es eine **feste** und eine **freie** Form.

Semiotische Aufstellungen:
Aufstellungen von Klassen von Zeichen

n) **kenopythagoräische Aufstellungen,**
o) **Hauptzeichenaspektaufstellungen,**
p) **Hauptzeichenklassenaufstellung.**

Diese Aufstellungsarten bauen auf den zeichentheoretischen Grundbegriffen der Semiotik von Charles S. Peirce auf.

q) **Enneagrammaufstellung**
Hierbei werden die neun Charaktertypen des Enneagramms zusammen mit dem Fokus in bezug auf eine spezifische Handlungstendenz oder Entscheidungssituation aufgestellt.

r) **Simultane Gruppenthemenaufstellung** (nach Varga von Kibéd)
Diese Aufstellungsart ist insbesondere dann geeignet, wenn in einer sehr inhomogenen oder zerstrittenen Gruppe etwas gemeinsam aufgestellt werden soll.

s) **Körperaufstellung,**

t) **Körperstrukturaufstellung** (nach Sparrer),

u) **Aufstellung der fünf Funktionskreise** nach der traditionellen chinesischen Medizin (TCM)[2]

v) **homöopathische Systemaufstellungen** (nach Wiest u. Varga von Kibéd 1998; i. Vorb.), bestehend aus einer Kombination von

w) **Klientensymptomaufstellung** und

x) **Leitsymptomaufstellung** (Aufstellung der Leitsymptome eines Arzneimittelbildes) mit einer Familienaufstellung (in der Regel einer Ursprungsfamilienaufstellung)

y) **Chakrenaufstellung,**

z) **Wertpolaritätenaufstellung,**

eine modifizierte Version der Glaubenspolaritätenaufstellung, die zur Überprüfung des Einflusses von Wertsystemen auf Handlungen dient und zur Modifikation der Wertsysteme und auf sie bezogenen Glaubenssätze herangezogen werden kann, häufig unter Verwendung einer Glaubenspolaritätenaufstellung als Metaaufstellung.

VIII.1.2 Typen von Systemischen Strukturaufstellungen

Hier handelt es sich nicht um einzelne, eigenständige Aufstellungsarten, sondern um übergeordnete Aspekte, die auf die unter VIII.1.1 aufgeführten Aufstellungsarten zur weiteren Differenzierung des Vorgehens angewendet werden können. So kann eine Tetralemmaarbeit mit bekannten Alternativen offen oder ohne inhaltliche Charakterisierung der Alternativen als verdeckte Aufstellung durchgeführt werden.

i) **verdeckte Aufstellungen**

ii) **(multifokale =) mehrperspektivische Aufstellungen**

iii) **gemischtsymbolische Aufstellungen**

iv) **Aufstellungen mit Strukturebenenwechsel**

2 Nikolas Behrens hat eine Variante dieser Form für die Hauptachsen in der TCM entwickelt.

v) **systematisch ambige Aufstellungen**

vi) **Aufstellungen zusammengesetzter Systeme**

vii) **kombinierte Aufstellungen**

viii) **partielle (Formen von) Aufstellungen**

ix) **schichtenweise aufgebaute Aufstellungen**

x) **Supervisionsaufstellungen**

xi) **(Aufstellungen in der Aufstellung =) Metaaufstellungen**

VIII.1.3 Aufstellungen für verschiedene Bereiche

Hier ist die Kategorisierung der Aufstellung primär durch den Anwendungsbereich gegeben; dabei finden sich auch eigenständige Aufstellungsarten.

1.] Aufstellungen im Organisationsbereich

A) Organisationsstrukturaufstellungen

Die Organisations-Strukturaufstellungen sind eine Weiterentwicklung der klassischen Organisations-aufstellungen auf der Basis der Grammatik der Systemischen Strukturaufstellungen. Sie betonen syntaktische, systematisch ambige und verdeckte Aufstellungsformen und unterscheiden sich dadurch von den **klassischen Organisationsaufstellungen** (die entwickelt wurden von Bert Hellinger, Gunthard Weber, Brigitte Gross, Siegfried Essen, Guni Baxa, Christine Essen, Insa Sparrer, Matthias Varga von Kibéd, Friedrich Wiest, Thomas Siefer, Gerd Metz, Werner Messerig und anderen); Organisations-Strukturaufstellungen verbinden in der Regel Formen der

B) Hierarchieebenenaufstellung sowie der

C) Teamaufstellung (Aufstellung der Mitglieder eines Teams). Weitere Arten von Systemischen Strukturaufstellungen für den Organisationsbereich sind die

D) Projektaufstellung (Projektteammitglieder, Ziele, Werte, Ressourcen, Marktanforderungen, etc. werden aufgestellt)

E) Wertsystemaufstellung (kann als gemischte symbolische Aufstellung mit handelnden Personen kombiniert werden; oft als Wertpolaritätenaufstellung (vgl. VIII. 1.1.z)

Die Wertsystemaufstellung ist eine Modifikation der Glaubenspolaritätenaufstellung, die wir u. a. für die Arbeit an den Grundwerten von Firmenphilosophie u. ä. entwickelt haben.

Als **Aufstellungen für Teamkonflikte** sind u. a. geeignet:
spezielle Tetralemmaaufstellungen, insbesondere

F) simultane doppelte Tetralemmaaufstellung mit doppeltem Fokus (nach Varga von Kibéd)

G) mehrperspektivische Aufstellungen des ausgeblendeten Themas

simultane Gruppenthemenaufstellungen u. a.

H) Die Aufstellung des abwesenden Teams (nach Sparrer) ist ein Spezialfall des lösungsgeometrischen Interviews, das lösungsfokussierte Gesprächsführung (mit Hilfe des repräsentierenden Verhaltens von Rollenspielern) für ein nur teilweise anwesendes Team erlaubt, als wäre das Gesamtteam anwesend.

2.] Aufstellungen im Kreativitätsbereich

Drehbuchaufstellungen (nach Varga von Kibéd)

I) Aufstellung der Hauptpersonen

J) Aufstellung der Hauptcharakterzüge

K) Supervisionsaufstellungen für Drehbuchautoren

L) mehrperspektivische Drehbuchaufstellungen

(Verbindung dieser Formen mit Berücksichtigung von Produzenten, Zuschauern ...), Tetralemma und Problemaufstellungsarbeit zur Lösung von Kreativitätsblockaden.[3]

3 Johannes C. Hoflehner hat in höchst kreativer Weise für die Theaterarbeit eigene, auf den Strukturaufstellungen aufbauende Aufstellungsformen entwikkelt, o. a. Dramaaufstellungen, Rollenperspektivenaufstellungen, Theaterorganisationsaufstellungen und Theaterzeichenaufstellungen (vgl. Hoflehner i. Vorb.). Von Karen Schlimp liegt ein anregender Forschungsbericht über „Systemische Aufstellungsarbeit mit Musikern" vor.

Aufstellungen für professionelle MärchenerzählerInnen u. a.:

M) – Märchenaufstellungen,

– Aufstellungen zur Klärung der Vermischung von Familienkonflikten mit der erzählten Geschichte, z. B. durch systematisch ambige Arbeit an einer Märchenaufstellung mit dem Erzähler und dem Publikum als doppeltem Fokus.

N) Aufstellungen von Filmszenen

O) Aufstellungen von Gemälden (nach Thomas Hölscher)

III] andere Bereiche für Aufstellungen

P) Aufstellungen zur Beseitigung von Hindernissen beim Sprachenlernen

Q) politische Aufstellungen (auch von S. Essen in anderer Form entwickelt)

R) Konfliktaufstellung

Hier geht es um Konfliktlösung durch Rekonstruktion einer versehentlichen Aufstellung.

S) prismatische Balintgruppenaufstellung.

Zur Förderung der Resonanz einer Gruppe mit einem Problemfall oder einer Ressourcenmöglichkeit verwenden wir diese Kombinationen der prismatischen Balintgruppenarbeit (nach Drees 1995) mit einer spezifischen Systemischen Strukturaufstellung.

VIII.2 Zur Grammatik der Systemischen Strukturaufstellungen

Die Grundideen der anschließend kurz zusammengefaßten grammatischen Prinzipien der Systemischen Strukturaufstellungen entstanden durch Überlegungen zur Verallgemeinerung und Erweiterung der Grundprinzipien des Familienstellens. Bert Hellinger hat die methodischen Grundprinzipien der Interventionen für das von ihm entwickelte Verfahren der systemischen Familienaufstellungen nur knapp angedeutet; er gibt die philosophischen Grundideen seines Vorgehens an und erläutert sie an einer Fülle von Beispielen, oft unter Zuhilfenahme metaphorischer Lehrgeschichten.

Spezifischere, vorwiegend auf Familienkontexte[4] bezogene Formen einiger der folgenden Prinzipien finden sich, zum Teil implizit, in seiner therapeutischen Praxis und in den Ausformulierungen seiner tiefgründigen und klaren familientherapeutischen Einsichten (vgl. dazu insbesondere Hellinger 1997c; Weber 1997). Hellinger fußt dabei in wichtigen Aspekten auf Gedanken der kontextuellen Therapie von Ivan Boszormenyi-Nagy (1987); der Begriff der systemischen Schuld läßt sich über Martin Buber (vgl. Buber 1992) auf chassidische Quellen zurückverfolgen.

Die Differenzierung und Klärung der verschiedenen Ausgleichsformen in seinen berühmt gewordenen Ausführungen zu Schuld und Unschuld aus systemischer Sicht und die Darlegung einer Fülle subtiler Anwendungsformen der Idee der systemischen Schuld stammen aus dem systemisch-phänomenologischen Ansatz Bert Hellingers in der Familientherapie. Schuld wird hier aus der ethischen Deutung in eine ökonomische Deutung übersetzt; der Schuldige wird als zu Ausgleich verpflichtet, aber nicht als „böse" gesehen. Systemische Schuld als Ausgleichsbedürftigkeit erlaubt Systemstabilisierungen, die durch den ethischen Schuldbegriff unmöglich gemacht werden.

Systemische Schuld in diesem Sinne kann nämlich auch bestehen, wenn keine Handlungsfreiheit vorlag. Hier kann im Sinne einer Auffassung von Schuld als ethischer Schuld (mit Wertungen von „gut" und „böse") gar nicht nach dem geeigneten Ausgleich gefragt werden, da die betreffende Person bei fehlender Handlungsfreiheit ja als unschuldig anzusehen ist. Die „ökonomische" Deutung von Schuld als Ausgleichsbedürftigkeit, durch die der Begriff der systemischen Schuld (manchmal auch „unschuldige Schuld" genannt) dem Begriff der Schulden näher ist als dem des Bösen, erlaubt nun Ausgleich, wo der ethische Schuldbegriff nicht einmal die Frage nach der Ausgleichsmöglichkeit einzubeziehen vermag. Auf dieser Überlegung beruht das enorme Potential einer derartigen ökonomischen Umformung des ethischen Schuldbegriffs.

Die folgenden Prinzipien („Grundannahmen") und Metaprinzipien sind weder *deskriptiv* noch *normativ* zu verstehen; vielmehr sollten sie als Mittel zur Aufhebung von Störungen verstanden

4 … und gelegentlich auf Organisationskontexte; vgl. dazu die Texte von Bert Hellinger, Johannes Neuhauser und Gunthard Weber in Weber (i. Vorb.).

werden.[5] Diese Auffassung von Prinzipien, die wir *kurativ* nennen wollen, läßt sich am ehesten durch folgende Anweisung zum praktischen Vorgehen bei vorliegenden Störungen eines Systems charakterisieren. Wenn in einem System ein gestörter Zustand vorliegt und nach einer Verbesserung des Zustands bzw. einer Bedingung, bei der die Störungen verschwinden können, gesucht wird, sollten die Prinzipien und Metaprinzipien wie folgt verwendet werden:

Prüfe unter Berücksichtigung der Metaprinzipien nach, ob der gegenwärtige Systemzustand versuchsweise als Ausdruck einer Verletzung einer der Grundannahmen rekonstruiert werden kann. Beginne dann den Modifikationsversuch bei der höchstrangigen in der folgenden Liste der Grundannahmen.

Die **kurative Prinzipienauffassung** nimmt Prinzipien also weder als Beschreibung eines Ist-Zustandes (deskriptiv) noch als die eines Soll-Zustandes (normativ), sondern verwendet sie als Als-ob-Konstruktionen, deren Verletzung Hinweise auf Heilungsansätze bietet. Damit stellen die Prinzipien ein präventives Mittel dar (ähnlich wie Russells Typenlogik als eine Methode zur Prävention der Entstehung von Paradoxien zu sehen ist).

Man beachte aber:

- Grippe ist nicht eine Form von Antibiotikamangel,
- Kopfschmerz ist kein Aspirinmangel,
- und wenn man wegen eines neuen Buchs seinen Hunger vergißt, heißt das noch lange nicht, Hunger sei Büchermangel.

Ist der Heilungsversuch dann erfolgreich, folgt daraus keineswegs, daß das Prinzip deskriptiv oder normativ richtig gewesen wäre. Die kurative Prinzipienauffassung hilft bei der Verbindung konstruktivistischer und phänomenologischer Auffassungen in der systemischen Arbeit.

VIII.3 Metaprinzipien und Grundannahmen der Systemischen Strukturaufstellungen[6]

1. Metaprinzip:

Das Gegebene muß anerkannt werden.

5 Im Buddhismus bezeichnet man derartiges als kunstfertige Mittel zur Aufhebung menschlichen Leidens.

6 Näheres dazu in Sparrer (1997).

2. Metaprinzip:

Folgende vier impliziten Grundannahmen für die Wiederherstellung einer heilsamen Ordnung gelten in der Reihenfolge 1.–4.:

1. Grundannahme:
Prinzip der Gleichwertigkeit der Zugehörigkeit:
Jedes Systemelement hat gleiches Recht auf Zugehörigkeit.

2. Grundannahme:
Prinzipien der zeitlichen Reihenfolge:
a) **Prinzip der systeminternen direkten Zeitfolge**:
Innerhalb von Systemen hat das Frühere vor dem Späteren Vorrang.
b) **Prinzip der intersystemischen inversen Zeitfolge**:
Zwischen Systemen hat das Spätere Vorrang vor dem Früheren.

3. Grundannahme:[7]
Prinzip des Vorrangs des höheren Einsatzes (commitment)

4. Grundannahme:[8]
Prinzip des Fähigkeitsvorrangs

Anwendungsprinzip für das zweite Metaprinzip:
Bei einer Störung auf der Ebene der n-ten Grundannahme prüfe zuerst die Ebenen 1, …, n–1.

3. Metaprinzip:

Systeme werden durch angemessene Formen des Ausgleichs von Geben und Nehmen stabilisiert. Daher ist dieser Ausgleich für alle Systemebenen in jeweils geeigneter Form zu berücksichtigen. So ist zwischen Ausgleich

durch **Austausch**,
durch **Rückgabe** und
durch **Weitergabe**

7 Diese Grundannahmen sollten weiter differenziert werden; Näheres dazu findet sich in Insa Sparrers Artikel „Von der Familienaufstellung zur Aufstellungsarbeit mit Organisationen", in Weber (i. Vorb.).
8 Siehe die vorhergehende Fußnote.

in Abhängigkeit von den spezifischen Bedingungen des Systemkontexts zu unterscheiden.

Ferner ist die Aufrechterhaltung der Bindung im System durch das **Prinzip des nichtexakten Ausgleichs** zu sichern; dieses Prinzip fordert einen etwas verminderten Ausgleich im Übel und einen etwas vermehrten Ausgleich im Guten als Bedingung der Förderung einer guten Bindungsstärke innerhalb des Systems.[9]

VIII.4 Allgemeine systemtheoretische Motivation der Metaprinzipien und Grundannahmen

Die vier Grundannahmen erweisen sich für Systeme unter folgenden Bedingungen als fast zwingende Bedingungen:

Das **Prinzip der Gleichwertigkeit der Zugehörigkeit** sichert die **Existenz** des Systems, da sonst der Zugehörigkeitsbegriff und damit die Systemgrenze problematisch wird.

Das **Prinzip der direkten Zeitfolge** sichert die Möglichkeit des **Systemwachstums**, da sonst der Raumverlust der früheren Systemelemente in der Regel zu Gegenreaktionen gegen das Systemwachstum führt.

Das **Prinzip der inversen Zeitfolge** sichert die Möglichkeit der **Systemfortpflanzung**, da sonst die schwächere Grenze des jüngeren Systems häufig zu dessen Reabsorption durch das ältere oder zur Diffusion führt.

Das **Prinzip des Vorrangs des höheren Einsatzes** sichert die **Immunkraftbildung** des Systems, da ohne die Förderung derartiger Funktionen das System potentiell stabilisierende Kräfte nicht in ausreichendem Maße ausbilden dürfte. Bei Organisationen fallen unter dieses Prinzip die systemische und die offizielle Hierarchie sowie interne und externe Einflüsse (vgl. VIII.4.1).

Das **Prinzip des Leistungs- und Fähigkeitsvorrangs** sichert die Reifung und individuelle Ausprägung des Systems (**Individuation**), da sonst der pure Weiterbestand des Systems als einzige Systemausrichtung alles dominieren kann.

9 Exakter Ausgleich wird als Trennungsbedingung, die Forderung danach oft als Trennungsursache gesehen.

Das **1. Metaprinzip,** das auch als Prinzip der Nichtleugnung der Wirklichkeit bezeichnet werden könnte, erlaubt die Ableitung aller Grundannahmen für wachstums- und fortpflanzungsfähige, durch Immunkräfte gegenüber Krisen stabilisierte und individuell ausgeprägte Systeme. Seine Verletzung kann sich auf jede dieser Systemeigenschaften schädigend auswirken.

Das **2. Metaprinzip** kann als Ausdruck des Primats der Systemexistenz vor Systemwachstum und Systemfortpflanzung vor Immunkraftbildung vor Individuation gesehen werden.

Das **3. Metaprinzip** sichert eine Elastizität der Bindungskräfte des Systems auf jeder Systemebene. Dadurch fördert es die Stabilität und Adaptionsfähigkeit des Systems. (Ein zu geringer Austausch würde Systeme erstarren oder „vertrocknen" lassen, ein zu starker würde zur Diffusion des Systems führen.) Man könnte es als Prinzip zur Förderung von Umsatz und Stoffwechsel im System charakterisieren.

Ein detailliertes und erweitertes Schema der Grundannahmen zeigt die Darstellung auf der folgenden Seite.

Systemische Strukturaufstellungsarbeit: Zugrundeliegende Metaprinzipien und Grundannahmen

Systemische Strukturaufstellungsarbeit (SySt), Insa Sparrer und Prof. Dr. Matthias Varga von Kibéd

Analogie zu biologischen/evolutionären Systemen:

3. Metaprinzip: Das Prinzip des Ausgleichs von **Geben und Nehmen** wirkt als zusätzliche Dimension bei allen Grundannahmen

2. Metaprinzip: Anwendungsreihenfolge (bezüglich der Grundannahme) „von unten nach oben": Arbeit/Lösung auf höherer Ebene ist nicht wirkungsvoll, wenn bei einer tieferen Ebene Störungen vorliegt

4. Grundannahme: Prinzip des **Kompetenzvorrangs**
a) Vorrang der höheren Leistungen und Resultate
b) Vorrang der größeren Fähigkeiten und der inneren Reife

In der Regel a) vor b)

Wer ist wofür effektiver … und fähiger?

… Fähigkeitsvorrang sichert die Reifung und individuelle Ausprägung des Systems **(Individuation)**, da sonst der pure Weiterbestand des Systems als einzige Systemausrichtung alles dominieren kann.

3. Grundannahme: a) Prinzip des **Vorrangs des höheren Einsatzes**
Maß, in dem sich jemand für das Ganze verantwortlich fühlt *(commitment)*. Fördert Krisenresistenz und Restabilisierung
b) Berücksichtigung von **systemischer und offizieller Hierarchie**
c) Berücksichtigung von **internen und externen Einflüssen**

Wer fühlt sich verantwortlich? (für das Ganze)
Wer wird verantwortlich gemacht ? (Verantwortung)

Wer ist übergeordnet? (Hierarchie)
Wer hat mehr Einfluß? (Einflüsse)

… sichert die **Immunkraftbildung** des Systems, da ohne die Förderung derartiger Funktionen das System potentiell stabilisierende Kräfte nicht in ausreichendem Maße ausbilden kann.

2. Grundannahme: Prinzipien der **zeitlichen Reihenfolge**
a) direkte Zeitfolge innerhalb von Systemen (das Frühere vor dem Späteren)
Wer (intern) war zuerst da? Wer kam danach?
Zeitaspekt: In der Familie verliere ich das Recht auf meinen Platz nie; in der Warteschlange oft schon nach wenigen Augenblicken.

b) inverse Zeitfolge zwischen Systemen
Was (welches System) war vorher da? Was kam danach?

zu a): … die direkte Zeitfolge sichert die Möglichkeit des **Systemwachstums**, da sonst der Raumverlust der früheren Systemelemente in der Regel zu Gegenreaktionen gegen das Systemwachstum führt.

zu b): … die inverse Zeitfolge sichert die Möglichkeit der Systemfortpflanzung, da sonst die schwächere Grenze des jüngeren Systems häufig zu dessen Reabsorption durch das ältere oder zur Diffusion führt.

1. Grundannahme: Prinzip der **Gleichwertigkeit der Zugehörigkeit**

Wer gehört dazu?

Jedes Systemelement hat gleiches Recht auf Zugehörigkeit. Niemand darf einfach ausgeschlossen werden; auch nicht in Organisationen.
- Bei „Ausschluß" werden die Grenzen schwächer, die dann bspw. durch inferiore Maßnahmen wiederhergestellt werden.
- Zugehörigkeit in Familien entsteht über Ehe und Partnerschaft (Bindung) oder wenn bspw. einem Familienmitglied das Überleben ermöglicht wird.
- Besonderes Beispiel: Ärzte, die Leben retten → Bezahlung, sozialer Status/wenn beides sinkt: Ausgleich über Schicksal, Verhalten, Erkrankung?
- Besondere Verdienste: Graue Eminenzen, die eine oder der andere, ohne die das System nicht weiterbestehen würde, wird zum Systemmitglied.

… **Gleichwertigkeit der Zugehörigkeit** sichert die **Existenz des Systems**, da sonst der Zugehörigkeitsbegriff und damit die **Systemgrenze** problematisch wird.

1. Metaprinzip: **Das Gegebene muß anerkannt werden**
(Wahrheit, Demut, Hingabe, Verneigung, Verzicht auf Größenphantasien, Anerkennung des Vergänglichen)
- Sprache ist nicht nur deskriptiv. Das Aussprechen der (kognitiv bekannten) Wahrheit wirkt!
  Bsp.: „Du warst schon lange vor mir hier.", „Du bist meine Mutter, und ich bin dein Sohn."
- Anerkennung von Vergänglichkeit: bspw. in Unternehmen, Projektgruppen, wenn keine Aufgaben mehr da sind.
  Hinweise: starkes Festhalten an Vergangenem; permanentes, zu aufwendiges Suchen nach Kunden

Was ist? Was ist gegeben? Was ist als gegeben hinzunehmen?

… Prinzip der **Nichtleugnung der Wirklichkeit**; es erlaubt die A[illegible] aller Grundannahmen für wachstums- und fortpflanzungsfähige, durc[illegible] gegenüber Krisen stabilisierte und individuell ausgeprägte System[illegible] zung kann sich auf jede dieser Systemeigenschaften schädig[illegible]

Die Beachtung dieser Ebenen fördert das Wir-Gefühl, Überleben, Erschließen von Ressourcen, die Effektivität und beinhaltet ethische Forderungen (Konkurrenz anerkennen etc.[illegible]

VIII.4.1 Überblick über die Grundprinzipien für den Systemerhalt

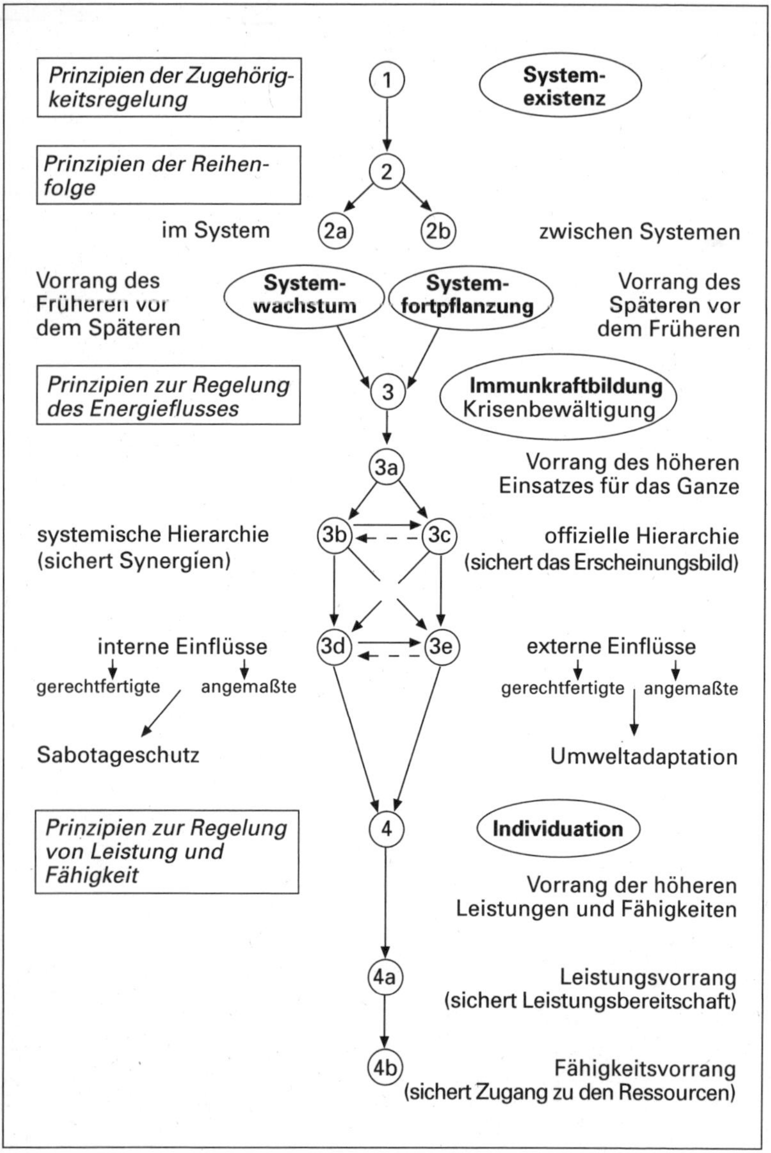

VIII.5 Zur Grammatik der Anordnungen von Repräsentanten i. w. S.[10]

Die Grammatik der Standardauswirkung von Anordnungen von Repräsentanten i. w. S. ist selbst für den einfachsten Fall der Anordnung zweier Repräsentanten zueinander noch unvollständig untersucht. Die folgenden Schemata geben einige der Fragmente dieser Anordnungsgrammatik wieder, die wir in den Beobachtungen bei systemischen Aufstellungen und in Vorversuchen zu künftigen Experimenten in den letzten zehn Jahren gefunden haben. Es handelt sich dabei nicht um strikte Regeln, sondern um relativ starke Tendenzen, deren Kenntnis den LeiterInnen von Aufstellungen für den praktischen Gebrauch heuristisch hilfreich ist. Es ist aber zweifellos erforderlich, diese Systematik durch weitere Untersuchungen zu überprüfen und zu erweitern. Auf die Angabe schwächerer Tendenzen sowie auf die Ansätze zu einer Systematik der erheblich komplexeren Regularitäten bei drei und mehr Repräsentanten i. w. S. haben wir hier verzichtet.

10 Dafür auch kürzer: „Repräsentanten i. e. S." oder „R. i. e. S." und analog „i. w. S.".

VIII.5.1 Grammatik der Anordnungen von zwei Repräsentanten i. w. S.

VIII.5.1.1 Zur Wirkung von Winkeln

Betrachten wir zunächst die Wirkung des Winkels, den zwei RepräsentantInnen in einer systemischen Aufstellung zueinander einnehmen. Wir gehen dabei von Beobachtungen für die RepräsentantInnen eines Paares bei einer Familienaufstellung aus. Wir haben auf dieser Grundlage geeignete generalisierte Beschreibungen für die Wirkung der relativen Anordnungen von im Prinzip gleichrangigen RepräsentantInnen sowie für RepräsentantInnen von Mitgliedern derselben Hierarchieebene des repräsentierten Systems gefunden. Dadurch erhalten wir ein erstes methodisches Fragment der Anordnungsgrammatik für die Systemischen Strukturaufstellungen.

(Im folgenden bezeichnet „$\overset{R}{\downarrow}$" Schulterstellung und Blickrichtung eines Repräsentanten R (i. w. S.), „$\overset{d}{\sqcap}$" bezeichnet einen Abstand von d cm, „$\overset{\beta}{\wedge}$" einen Winkel von β°; R_0, R_1, ... seien Repräsentanten **i. e. S.**, „O" steht für einen Ort und „$\hat{R}$" für einen Repräsentanten **i. e. S.** oder einen Ort.)

I)

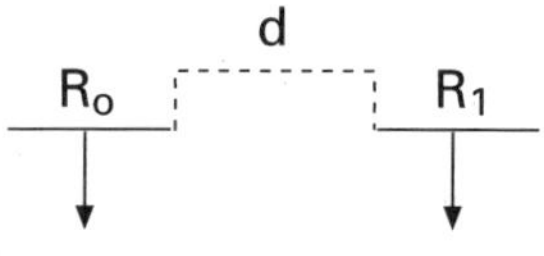

(5 ≤ d ≤ 75)

R_0 und R_1 stehen im Prinzip unabhängig voneinander, wobei die Empfindung von Zugehörigkeit zueinander jedoch leicht durch vorübergehenden Blickkontakt, u. U. zusätzlich durch rituelle Sätze unterstützt, entsteht.

II) wie in I, jedoch d < 5

(Fast-)Berührung bewirkt in der Regel Aufhebung des Unabhängigkeitserlebens; die Semantik ist hier komplizierter und stärker vom spezifischen Anwendungskontext abhängig.

III)

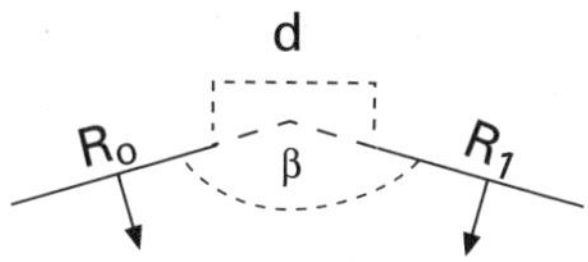

$(5 < d < 75,$
$120° \leqslant \beta \leqslant 160°)$

In dieser Position ist ein weiter Außenweltbezug und zugleich ein deutlicher Bezug von R_0 und R_1 aufeinander möglich. (Daher stehen Eltern in Lösungsbildern oft in einer solchen Anordnung den Kindern gegenüber, und das Bild erlaubt dann sowohl das Erleben der Paarbeziehung als das der Eltern-Kinder-Beziehung.

IV) wie III, jedoch $90^0 < \beta < 120^0$
Hier wird der Außenweltbezug von R_0 und R_1 immer mehr auf ein engeres Feld oder Teilsystem eingeschränkt.

V)

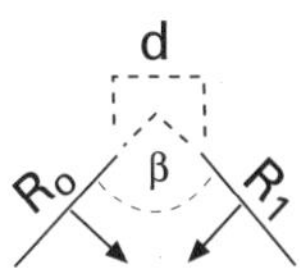

$(5 \leqslant d \leqslant 30,$
$45° \leqslant \beta \leqslant 90°)$

Beginnender Außenweltausschluß; R_0 und R_1 erleben sich im wesentlichen als nur aufeinander bezogen. (Ein frisch verliebtes Paar wird oft so angeordnet gestellt.)

VI)

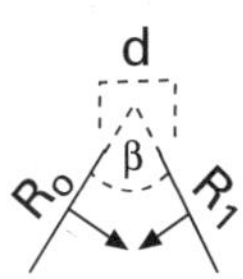

$(5 \leqslant d \leqslant 60,$
$\beta < 45°)$

Diese Stellung von R_0 und R_1 liegt zwischen einer Darstellung von Konfluenz und beginnender Konfrontation.

VII)

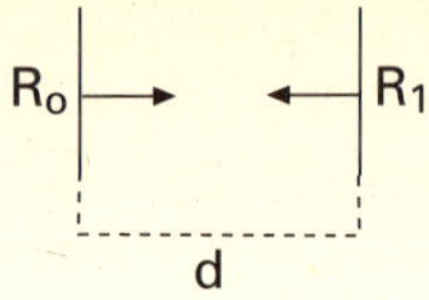

$(d < 300)$

Direkte Gegenüberstellung wird selbst bei relativ großen Abständen noch häufig als Konfrontation erlebt. Gehören R_0 und R_1 zu verschiedenen Hierarchieebenen, so entspricht diese Anordnung einer klaren Hierarchieebenentrennung. (Im Familienbild entspricht dies etwa der Generationentrennung. Da bei Paarbeziehungsbildern Gegenüberstellung meist die Darstellung einer Situation mit Abbruch der sexuellen Beziehungen bedeutet, entspricht die Gegenüberstellung von Eltern und Kindern zur Betonung der Generationentrennung zugleich dem Inzestschutz.) Zu beachten ist, daß die Wirkung der Anordnungen in der Prozeßarbeit, etwa bei Gegenüberstellung vor einem Desidentifikationsritual, modifiziert ist.

VIII)

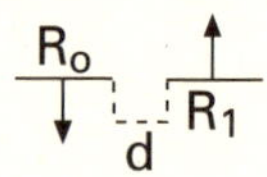

$(5 \leq d \leq 30)$

R_0 und R_1 stehen hier hochgradig ambivalent zueinander: zugleich nah und kontrovers.

IX)

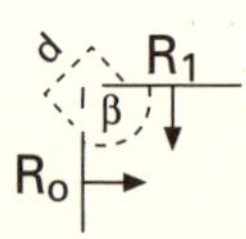

$(5 \leq d \leq 150,$
$45° \leq \beta \leq 90°)$

Ist in dieser Anordnung R_1 hierarchisch oder auf derselben Hierarchieebene gegenüber R_0 vorgeordnet, so wirkt diese Anordnung auf R_0 meistens als von R_1 kontrolliert, überwacht.

Auf eine Fülle weiterer derartiger Anordnungen in bezug auf Winkel gehen wir hier nicht ein; für die Aufstellungspraxis genügt die Kenntnis dieser neun Formen vorläufig.

Wir haben bei diesem Beispiel die Wirkung der Vertauschung von rechts und links bei den RepräsentantInnen zunächst ebenso vernachlässigt wie die Frage, ob etwa bei einer heterosexuellen Paarbeziehung die RepräsentantInnen des Mannes oder der Frau rechts stehen. Auf Teile der ersten Frage gehen wir in VIII.5.2 und VIII.5.3 kurz ein; die zweite Frage wird dabei jeweils berührt.

VIII.5.2 Ein Beispiel für ein Anordnungsprinzip für Umstellungen

Die immense Fülle von Detaileinsichten, die in dieser Hinsicht vorliegen, läßt sich auf eine zwar kleinere, aber immer noch schwer überblickbare Anzahl von Prinzipien zurückführen. Zu diesen Prinzipien gehört das folgende

Anordnungsprinzip für lineare Reihenfolge auf einer Systemebene: Externe Regulation ist funktional dominant gegenüber interner Regulation.

Die rechte Seite wird bei Aufstellungen im allgemeinen als die extern regulierende, die linke als die intern regulierende erlebt. Externe Regulation ist meist funktional dominant gegenüber interner Regulation. In einem Lösungsbild steht daher das Systemelement, welches das Erscheinungsbild, die Wirkung oder das Verhalten des Systems nach außen bestimmt, in der Regel rechts von den Elementen, die eher das Verhalten nach innen bestimmen.

In spontan gestellten Anordnungen von Paarbeziehungen steht daher in der Regel der berufstätige Teil rechts; sind beide Teile berufstätig, so steht derjenige Teil rechts, dessen Berufstätigkeit für die Versorgung der Familie deutlich relevanter ist oder das Erscheinungsbild der Familie stärker prägt. Ist ein Paar entgegen dieser Tendenz aufgestellt, so ist das System der rechts stehenden Person häufig deutlich schwerer belastet – so z. B. wird ein(e) behinderte(r) Partner(in) in der Mehrzahl der Fälle spontan rechts gestellt, da hier wohl die Behinderung stärker auf die Wahrnehmung des Systems von außen wirkt als die Berufstätigkeit.

Diese Beobachtungen von Mustern bei Familienaufstellungen generalisieren wir durch die Idee der funktionalen Dominanz externer Regulation auf den Bereich der Systemischen Strukturaufstellungen. Dabei steht „externe Regulation" hier für Bestimmung der Art und Weise, wie ein System von außen wahrgenommen wird, sich verhält und nach außen auswirkt. (*Daß* funktionale Dominanz eher rechts als links erlebt wird, haben wir aus der langjährigen Beobachtung von Aufstellungsmustern geschlossen.)

VIII.5.3 Zur Grammatik der relativen Anordnungen von einem Repräsentanten i. e. S. zu einem Repräsentanten i. w. S.

Betrachten wir nun zunächst die Standardauswirkung von Anordnungen eines Repräsentanten i. e. S. R_0 relativ zu einem Repräsentanten i. w. S. $\hat{R}$, der entweder ein Ort oder ebenfalls ein Repräsentant i. e. S. ist. Wir fassen unsere grammatischen Grundmuster für die R_0-$\hat{R}$-Anordnungen schematisch zusammen, wobei im folgenden Diagramm die Position von $\hat{R}$ als fest bleibend, die von R_0 als wechselnd aufzufassen ist, so daß in dem Diagramm insgesamt fünf Anordnungen von jeweils zwei Repräsentanten, nämlich von R_0 relativ zu $\hat{R}$, erfaßt sind. Es geht also um eine Folge von fünf Positionen, die R_0 zu $\hat{R}$ einnehmen kann und die, etwa bei Tetralemmaaufstellungen, auch tatsächlich in dieser Reihenfolge zu berücksichtigen sind. (Zur Erleichterung des Verständnisses schlagen wir den LeserInnen vor, sich $\hat{R}$ zunächst als eine Handlungsalternative vorzustellen, die eine der beiden ersten Positionen einer Tetralemmaaufstellung bildet, und R_0 als den Fokus einer Person, die diese Handlung in Erwägung zieht.)

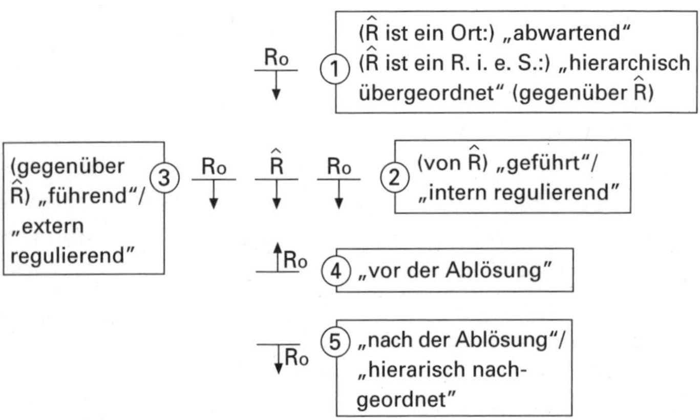

Betrachten wir zunächst das Verhältnis eines **Repräsentanten** R_0 **i. e. S.** zu einem **Ort** $\hat{R}$. Die erste Situation, bei der R_0 hinter $\hat{R}$ steht, ist im obenstehenden Diagramm mit „abwartend“ gekennzeichnet. Die Standardwirkung dieser Anordnung ist hier, daß R_0 gewissermaßen von $\hat{R}$ „verdeckt“ oder „geschützt“ wird, sich hinter $\hat{R}$ verbergen kann oder $\hat{R}$ vorsichtig über die Schulter blicken könnte. Ist $\hat{R}$ eine Handlungsalternative, so entspricht ① einem „inneren Probehandeln“, bei dem R_0 die Handlung $\hat{R}$ in Erwägung zieht, noch ohne die relevanten Schritte einzuleiten.

Ist dagegen $\hat{R}$ ein Repräsentant i. e. S. (wie R_0), so ist die Anordnung von R_0 hinter $\hat{R}$ im Diagramm als „hierarchisch übergeordnet“ bezeichnet (vgl. dazu ebenfalls ① im Diagramm). Diese Charakterisierung läßt sich gut an zwei Analogien bei systemischen Familienaufstellungen begründen: Ist R_0 hierarchisch vorgeordnet gegenüber $\hat{R}$, etwa als Repräsentantin eines Elternteils von $\hat{R}$, so entspricht diese Anordnung einer Standardanordnung in vielen Lösungsbildern von Familienaufstellungen; ist dagegen R_0 hierarchisch nachgeordnet gegenüber $\hat{R}$, etwa als Repräsentantin eines Kindes von $\hat{R}$, so erhalten wir ein Bild einer „angemaßten Überordnung“, die häufig dem Problembild für ein parentifiziertes Kind entspricht.

Zur Erläuterung der Situationen ②–⑤ im Diagramm seien noch einige Beispiele kurz angeführt; hier kommt es nicht darauf an, ob $\hat{R}$ ein **Repräsentant i. e. S.** oder ein **Ort** ist.

Ist $\hat{R}$ ein **Ort**, etwa als einer der beiden ersten Pole einer Tetralemmaaufstellung und steht für eine berufliche Tätigkeit von R_0, so stellt die Situation ②, bei der R_0 links von der „Tätigkeit“ $\hat{R}$ steht, eine Situation dar, in der R_0 bei der durch $\hat{R}$ repräsentierten beruflichen Tätigkeit von den Erfordernissen dieser Tätigkeit weitgehend ohne kreative Eigeninitiative bestimmt wird, also etwa die Situation einer Studentin zu Beginn ihres Studiums oder eines Berufsanfängers.

Die Situation ③ (R_0 rechts von $\hat{R}$) stellt unter den gleichen Vorannahmen eine Situation dar, bei der R_0 die Tätigkeit $\hat{R}$ ganz zu seiner eigenen Sache gemacht hat und sie eigenverantwortlich ausübt; Situation ④ entspräche dann einer Phase der Klärung für R_0 vor oder bei der Beendigung dieser Tätigkeit $\hat{R}$, und Situation ⑤ der Situation, bei der R_0 die Tätigkeit $\hat{R}$ hinter sich gelassen hat und sie nun, wenn die Phase ④ auf gute Weise stattfand, als unterstützende Kraft nach seiner Ablösung von $\hat{R}$ im Rücken spüren kann.

Die Analogien zu ④ und ⑤ für Ablösungsthematiken bei Familienaufstellungen liegen auf der Hand. Schließlich noch eine Organisationsaufstellungsanalogie zu ② und ③: Seien R_0 und $\hat{R}$ jeweils RepräsentantInnen i. e. S., die für zwei Abteilungen einer Firma stehen. Hier wird die im Diagramm bei ② und ③ verwendete Terminologie von „intern" vs. „extern regulierend" zur Geltung kommen, da es sich für Lösungsbilder oft als stimmig erweist, die Abteilung, deren Tätigkeitsfeld das Erscheinungsbild der Firma nach außen stärker bestimmt (z. B. eine Werbeabteilung), funktional dominant (vgl. VIII.5.2!) gegenüber der anderen (z. B. einer Abteilung für Qualitätssicherung oder Datenschutz) zu stellen. (Wir gehen davon aus, daß kein Leser, der unserem Text bis hierher gefolgt ist, noch der Versuchung ausgesetzt ist, funktionale Dominanz im Lösungsbild mit der absurden Annahme zu verwechseln, deswegen sei das extern regulierende Element, z. B. die Werbeabteilung, *wichtiger* als das intern regulierende, z. B. die Personalabteilung. Systemprinzipien sind keine Werturteile!)

Betrachten wir abschließend für diesen Abschnitt noch kurz die Anordnungen von R_0 zu einem $\hat{R}$, das ein freies Element ist, wie etwa die Anordnungen, die der Fokus einer Tetralemmaaufstellung zur fünften „Nichtposition" einnehmen kann. Die Situationen ① und ② wirken hier für R_0 analog zu dem Fall, bei dem $\hat{R}$ ein Ort ist (mit dem Unterschied, daß hier R_0 die spontanen Platzveränderungen von $\hat{R}$ mitmacht; ebenso im folgenden). Situation ③ macht nur Sinn, wenn R_0 selbst ein übergeordnetes freies Element ist; für einen Repräsentanten R_0 entspricht diese Anordnung manchmal dem „angemaßten Domestikationsversuch" gegenüber einer übergeordneten unverfügbaren Dynamik. Situation ④ und ⑤ machen in der Prozeßarbeit Sinn, wenn ein übergeordnetes freies Element (wie z. B. Humor oder Weisheit) ein geschwächtes freies Element (z. B. kindliche Kreativität in Verbindung mit einem durch eine traumatische Erfahrung belasteten Lebensalter) „auflädt" oder stärkt.

VIII.5.4 Probleme der Anordnungsgrammatik für mehr als zwei RepräsentantInnen

Wir haben den LeserInnen in den vorangegangenen Abschnitten zwar diejenigen Grundelemente der Anordnungsgrammatik in die Hand gegeben, deren Beachtung für einen großen Teil der Interventionen in der Arbeit mit Systemischen Strukturaufstellungen ausreicht; doch natürlich sind die realen Aufstellungsbilder erheblich komplexer und nicht vollständig auf die genannten Schemata reduzierbar. Schon die Wiedergabe der uns bisher bekannten Fragmente der Anordnungsgrammatik für mehr als zwei Repräsentanten würde eine Abhandlung erfordern, deren Umfang den des vorliegenden Textes um ein Mehrfaches überträfe – und wir stoßen immer wieder auf neue Muster und Variationen der Grundprinzipien.

Es gibt jedoch aus unserer praktischen Erfahrung mit der Aus- und Fortbildung im systemischen Aufstellen eine ermutigende Einsicht im Hinblick auf die enorme Komplexität der zu bewältigenden Aufgabe: Wenn jemand die Variationen und die Methodik von Drei-Personen-Aufstellungen wirklich gut beherrscht, so kann sie oder er in der Regel die Analogien zu solchen triadischen Situationen in den komplexeren Aufstellungsbildern wiedererkennen. Diese Mustererkennungsfähigkeit führt in der Regel relativ bald zu einem sehr viel souveräneren Umgang mit komplexeren Aufstellungsbildern.

Zur Förderung dieser Mustererkennungsfähigkeit betonen wir deshalb anfangs besonders das Training der Aufstellung des ausgeblendeten Themas, der partiellen Problemaufstellung sowie der Zielannäherungsaufstellung, da hier der Umgang mit den auch für das Verständnis von Familienbildern zentralen triadischen Strukturen exemplarisch eingeübt werden kann.

Für die Betonung der triadischen Strukturen im Aufstellungsprozeß haben wir darüber hinaus noch zwei wesentliche Gründe:

- Zum einen sind wir nachhaltig beeindruckt und beeinflußt von der hocheffektiven Form der Triadenarbeit, die Virginia Satir zum Training der Familienrekonstruktion eingesetzt hat.

- Zum anderen gibt es tiefliegende theoretische Gründe für die Reduzierbarkeit komplexer Strukturen auf triadische Strukturen in der Semiotik von Charles Sanders Peirce.[11]

11 Da der Peircesche Struktur- und Relationsbegriff nicht mit dem heute üblichen äquivalent ist, ist der von modernen Logikern gegen diese These von Peirce unter Verweis auf Ergebnisse von Quine vorgebrachte Einwand, daß alle Relationen sogar auf dyadische Relationen reduzierbar seien, nicht stichhaltig.

Jedenfalls erlauben die Kenntnis der grundlegenden Schemata einer dyadischen Anordnungsgrammatik (VIII.5.1–VIII.5.3) und das praktische Training mit Drei-Personen-Aufstellungen unserer Erfahrung nach auch in ausreichendem Maße Einsicht in die für komplexere systemische Aufstellungen relevanten heuristischen Anordnungsschemata.

Die heuristischen Schemata erlauben zügigere Überprüfungen von Hypothesen und geben den LeiterInnen mehr Raum, ihre eigenen Fähigkeiten der rezeptiven, interagierenden und modulierenden Feldwahrnehmung wirken zu lassen. (Vgl. dazu auch VIII.8.2.) Und schließlich wollen wir die LeserInnen nochmals an drei besonders wichtige Ressourcen für LeiterInnen bei Systemischen Strukturaufstellungen gerade in komplexen Situationen erinnern: Bestimmte Formen von Nichtwissen, Hilflosigkeit und Verwirrung als freundliche Instanzen hatten wir Ihnen ja schon zuvor (im Nachklang II) wärmstens anempfohlen!

VIII.6 Grundkategorien der Interventionsformen bei Systemischen Strukturaufstellungen:

- **Stellungsarbeit**
- **Prozeß-**(Energie-, Informations-)**Arbeit**
- („diagnostische") **Tests**

Methoden der Stellungsarbeit: ergeben sich aus den Parametern dazu!

Parameter der Stellungsarbeit:

a) strukturmodifizierende: Entfernung, Winkel, Berührung (nur ja / nein), Blickrichtung,
b) strukturerweiternde: Ergänzung „fehlender" Systemelemente
c) strukturreduzierende: Herausnahme „redundanter" Systemelemente

Ziel der Stellungsarbeit: Verbesserung der Befindlichkeit der Repräsentanten aller Systemelemente durch Anordnungsänderung.

Methoden der Prozeßarbeit: [12]
Aufladen, Änderung der Blickqualität, Gesten, symbolische Sätze (insbesondere wahre Strukturbeschreibungen), Ausgleichsrituale für Geben und Nehmen, Richtigstellung von Bezeichnungen für Systemelemente, Metaphern, komplexere Rituale u. a.

Ziel der Prozeßarbeit: Verbesserung der Befindlichkeit der Repräsentanten aller Systemelemente ohne Anordnungsänderung, d. h. bei anschließendem Übergang zur vorherigen Anordnung

Methoden der Arbeit mit Tests bei systemischen Aufstellungen:
Austausch der Stelle von zwei Systemelementen, Setzenlassen und Hinausgehenlassen von Repräsentanten, probeweises Weglassen und Hinzunehmen von Systemelementen, Verbalisierung vermuteter destruktiver dynamischer Grundmuster u. a.

Ziele der Arbeit mit Tests bei systemischen Aufstellungen:
Verdeutlichung impliziter Veränderungsdynamiken von Systemen

VIII.7 Grundkategorien der bei der Systemischen Strukturaufstellungsarbeit verwendeten Symbole

Wir geben hier einen schematischen Überblick über die in III.5 eingeführten Symbolkategorien und fügen einige Ergänzungen hinzu. Alle aufgestellten Personen bezeichnen wir auch als **Repräsentanten im weiteren Sinne**. Bei den aufgestellten Personen unterscheiden wir **Orte, Repräsentanten (im engeren Sinne)** und **freie Elemente**. Diese sind durch Varianz und Invarianz der Stelle, an der sie sich während der Aufstellung befinden, charakterisiert. Daß diese Einteilung ein vollständiges Schema liefert, wird deutlich, wenn wir die folgende Analogie zu der Einteilung der Symbole in der Theorie formaler Sprachen betrachten:

12 Siehe dazu ausführlicher Sparrers Artikel, „Heilsame Rituale und systemische Resonanz", in Scheiblich (1999).

Repräsentanten i. w. S.

Symbole bei Systemischen Strukturaufstellungen	Platz des Symbols		
	im Aufstellungsbild	zwischen den Aufstellungsbildern	
Orte	fest	fest	**Konstanten**
Repräsentanten i. e. S.	fest	frei	**Parameter**
freie Elemente	frei	frei	**freie Variablen**
	im Kontext	zwischen den Kontexten	Symbole in formalen Sprachen
	Bedeutung des des Symbols		

Die vierte mögliche Kombination der Eigenschaften „fest“ und „frei“ ist widersprüchlich und entfällt daher: Ist ein Repräsentant i. w. S. schon **im** Aufstellungsbild beweglich, macht die Forderung nach einem festen Platz **zwischen** den Bildern keinen Sinn mehr.

Noch eine Anmerkung sei hinzugefügt zur Verdeutlichung der im Schema angedeuteten Analogie zwischen Symbolen in Systemischen Strukturaufstellungen und in formalen Sprachen:

So wie die Bedeutung einer Konstante nicht variiert, wenn der Kontext wechselt, so ändert sich für Repräsentanten i. w. S., die **Orte** sind, die Stelle, an der sie sich befinden, nicht, wenn das Aufstellungsbild wechselt. (Beispiele für Konstanten in den formalen Sprachen: „2“, „p“, „10^{23}“; Beispiele in der natürlichen Sprache: Vorname und Familienname (gegebenenfalls mit Geburtsort und -zeit), „Australien“, „der Vater von Leonardo da Vinci“; Beispiele für **Orte** bei Systemischen Strukturaufstellungen: **das Eine**, **das Andere**, **Beides**, **Keines von Beiden** beim festen Tetralemma, die drei Pole von Erkenntnis, Liebe und Ordnung bei der festen Glaubenspolaritätenaufstellung.)

Ein Parameter ändert seine Bedeutung bei Kontextwechsel, hat aber in einem festen Kontext eine feste Bedeutung; analog dazu ändert sich bei einem **Repräsentanten i. e. S.** unter Umständen von Aufstellungsbild zu Aufstellungsbild die Stelle, an der er sich befindet, bleibt aber innerhalb eines Aufstellungsbildes fest. (Beispiele für Parameter in formalen Sprachen: „a" und „b" in einer Ungleichung wie „a + x > b - 2"; Beispiele für **Repräsentanten i. e. S.** bei Systemischen Strukturaufstellungen: alle Repräsentanten in den üblichen Familienaufstellungen, alle Teile der Problemaufstellung, der Fokus im Tetralemma.)

Eine freie Variable ist sogar innerhalb eines Kontexts in ihrer Bedeutung nicht (völlig) festgelegt, analog dazu kann ein **freies Element** bei einer Systemischen Strukturaufstellung sich sogar innerhalb eines Aufstellungsbildes frei bewegen. (Beispiele für freie Variablen in formalen Sprachen: „X" in „0 x X = 0" oder „ein X mit A + X < 7"; Beispiele für freie Variablen in natürlichen Sprachen: „irgendwer" in „Kann bitte irgendwer Brötchen holen?"; Beispiele für **freie Elemente** bei Systemischen Strukturaufstellungen: die fünfte (Nicht-)Position beim Tetralemma, die Weisheit bei der Glaubenspolaritätenaufstellung.)

Orte, **Repräsentanten i. e. S.** und **freie Elemente** werden manchmal auch durch Gegenstände oder in anderer Weise symbolisiert; wir sprechen dann von **nichtpersonalen Repräsentanten i. w. S.** [13]; die Verwendung derartiger nichtpersonaler Symbole in der Systemischen Strukturaufstellungsarbeit ist besonders für Organisationskontexte, bei Mangel an zusätzlichen Darstellern und für die Anwendung Systemischer Strukturaufstellungen im Einzelcoaching und der Einzeltherapie von erhöhter Bedeutung.

Wir unterscheiden ferner u. a. folgende verschiedene *Unterkategorien* der Grundkategorien der Symbole bei Systemischen Strukturaufstellungen.

VIII.7.1 Unterkategorien der Kategorie der Orte

a) **Designierte Orte** werden anfangs als **Repräsentanten i. e. S.** behandelt und nach einem der ersten Aufstellungsbilder in eine Standardanordnung umgestellt und zum Ort gemacht (Beispiele: **das Eine**, **das Andere**, **Beides** und **Keines** bei der freien Tetralemmaaufstellung).

13 Und analog von *personalen* vs. *nichtpersonalen Orten, Repräsentanten i. e. S.* und *freien Elementen.*

b) **Bereiche / Felder** sind Teilgebiete des Raums, in dem die Aufstellung stattfindet, die eine besondere und während der Aufstellung feste semantische Funktion einnehmen. So sind die neun Felder einer Neunfelderaufstellung scharf begrenzte **Orte**, die z. B. die semantische Funktion „externer vergangener Kontext" oder „künftiger interner Kontext" wiedergeben. Der Bereich, in dem alle Repräsentanten der Teilfamilie aus einem bestimmten Ursprungsland stehen, kann zu einem **nichtpersonalen Ort** für dieses Land werden.

b') **Aufgeladene Plätze** sind Stellen im Aufstellungsbild, an denen sich kein Symbol befindet und auf die von anderen Repräsentanten immer wieder Bezug genommen wird („Dort fehlt etwas!", „Es zieht mich dorthin!"). Sie werden dann häufig durch einen **statischen symbolischen Gegenstand**, der also für die Aufstellung nicht mehr verrückt wird, als Ort markiert. Manchmal sind die **aufgeladenen Plätze** im Bild bei Umstellung beweglich; sie werden dann (nach Markierung) zu **symbolischen Gegenständen** (vgl. (f').

c) **Zeitlinien** sind analoge **Orte** mit einer Richtung, die eine verfeinerte Prozeßarbeit bei bestimmten Entwicklungsschritten insbesondere für den Fokus (bzw. Protagonisten als Repräsentanten der KlientInnnen) erlauben. Im Gegensatz zu üblichen Anwendungen des Zeitlinienkonzepts fragen wir die Klienten sowohl nach der Richtung der Zukunft wie nach der der Vergangenheit und erhalten dabei in etwa 30 % der Fälle gekrümmte **Zeitlinien**, was unserem Eindruck nach die Idee, daß ein Wendepunkt einer Entwicklung ansteht, sinnfällig symbolisiert.

d) **(Statische) Grenzen** sind insbesondere nichtverfügbare räumliche Gegebenheiten, wie Wände, Fenster und Türen, sowie diese im Aufstellungsprozeß relevant werden. (Tritt dies ein, hört das Aufstellungsbild auf, in seiner Wirkung invariant gegen Drehung zu sein.) Zu den **statischen Grenzen** zählt auch die **Grenze** zwischen Ziel und Wunder im **Bereich** der Zukunft bei einer Zielannäherungsaufstellung oder einer Neunfelderaufstellung.

VIII.7.2 Unterkategorien der Kategorie der Repräsentanten im engeren Sinne

e) **Designierte Repräsentanten (i. e. S.)** sind Personen, die schon für eine Rolle als **Repräsentant i. e. S.** ausgewählt, aber noch nicht aufgestellt wurden. Häufig zeigen diese Personen schon vor dem Gestelltwerden Reaktionen, die das Aufstellungsbild sinnvoll ergänzen und daher berücksichtigt werden sollten. (**Designierte Repräsentanten** sollten am Ende der Aufstellung ausdrücklich mit entrollt werden!)

f) **Bereichsrepräsentanten (i. e. S.)** sind Symbole, die einen Bereich wiedergeben, dessen Lage sich während der Aufstellung verschiebt. Dies kann manchmal durch Personen, die etwa die Ecken eines Dreiecks als Bereich kennzeichnen, häufiger durch symbolische Gegenstände, z. B. einen Teppich als Bereichsmarkierung, symbolisiert werden.

f') **Symbolische Gegenstände** sind **nichtpersonale Repräsentanten i. e. S.**, die den Platz eines Systemelements kennzeichnen oder im Rahmen von Ritualen der Prozeßarbeit verwendet werden. Als Repräsentant eines Systemelements bringt man sie zum Sprechen, indem der Klient selbst (oder ein anderer verfügbarer Darsteller) kurzfristig an die Stelle des symbolischen Gegenstands gestellt und befragt wird. Bei der Prozeßarbeit repräsentieren symbolische Gegenstände (Taschen, Kissen, Steine, Decken ...) u. a. übernommene Lasten und übernommene Schuld bei Rückgaberitualen. Auch bloß **designierte symbolische Gegenstände**, die bei der Aufstellung gar nicht zum Gebrauch kamen, sollten zur Vermeidung unkontrollierter assoziativer Nebenwirkungen am Ende der Aufstellung explizit umdeklariert werden.

g) **Evolutionäre Repräsentanten i. e. S.** sind **Repräsentanten i. e. S.**, die verschiedene Entwicklungsphasen des repräsentierten Systemelements in zeitlicher Folge wiedergeben, etwa vom Kind bis zur erwachsenen Person. Gegebenenfalls werden sie (durch Hinzunahme weiterer **Repräsentanten i. e. S.**) in mehrere gewöhnliche **Repräsentanten i. e. S.** aufgespalten, die dann jeweils eine einzelne Zeitphase des ursprünglichen **evolutionären Repräsentanten i. e. S.** repräsentieren. In der Prozeßarbeit verwenden wir dies z. B. manchmal als „Alter-ego-Methode“ [14]; darunter verstehen wir die simulta-

14 In der Praxis haben wir die gleichzeitige Arbeit mit Klient und seinem Stellvertreter im Aufstellungsbild erstmals in der kreativ immer wieder sehr anregenden Arbeitsweise von Siegfried Essen beobachtet.

ne Arbeit mit der Klientin und ihrer Stellvertreterin im selben Aufstellungsbild.

Wir wenden diese Vorgehensweise u. a. gelegentlich dann an, wenn die Repräsentantin der Klientin während der Aufstellung deutliche Züge einer Altersregression zeigt. Wir klären dann (mit einfachen Ericksonschen Interventionen und im Gespräch mit den KlientInnen), um welches Alter der Klientin es dabei geht, und verwenden dann in der Prozeßarbeit Formen aus Gilligans Selfrelations Therapy (dt. 1999), etwa indem die Klientin als erwachsene Person angesprochen und gebeten wird, Kontakt zu ihrem früheren Zustand aufzunehmen, etwa durch:

Diese Sechsjährige konnte nicht wissen … daß es dich als erwachsene vierzigjährigen Frau einmal geben wird – aber du weißt, daß es sie gab. … Und jetzt kann sie sich nur noch an dich wenden … Und vielleicht kannst du … wenn sie sich wieder bei dir meldet … zu ihr sagen: … Willkommen!

Wenn dann die Klientin schließlich ihren eigenen früheren Anteil in den Arm zu nehmen vermag, kann man im Stile von Gilligan, ähnlich wie beim Übergang zur dritten Position des Tetralemmas, fortfahren mit:

Und es ist gút zu wíssen … daß du séchs Jahre alt sein kannst … und víerzig Jáhre … zur gléichen Zeit!

h) **Variable Grenzen** sind **Grenzen als Repräsentanten i. e. S.** Sie sind (in der Regel nichtpersonale) Symbole der Aufstellungsarbeit (z. B. eine Schnur), die zwei Personengruppen, Bereiche o. ä. trennen und von Bild zu Bild verschoben werden können.

VIII.7.3 Unterkategorien der Kategorie der freien Elemente

i) **Designierte freie Elemente** werden anfangs als Repräsentanten i. e. S. gestellt und nach einem oder mehreren Aufstellungsbildern umgewandelt in freie Elemente, d. h. ab da dürfen sie sich frei bewegen. (Diese Symbolkategorie verwenden wir z. B. dann, wenn der Einfluß der Veränderungsdynamik des (**designierten**) **freien Elements** durch nachträgliche Einführung der Beweglichkeit sichtbar werden soll.)

j) **Wandernde Bereiche** sind nichtpersonale räumliche Felder, die sich verändern können, z. B. hinsichtlich ihrer Größe ausdehnen oder schrumpfen. Diese Veränderung kann von den anderen **Repräsentanten i. e. S.** im Aufstellungsbild durch entsprechende Veränderungen ihrer körperlichen Selbstwahrnehmung registriert werden. Ein anderes Mittel, diese Änderungen wahrzunehmen, stellt die kataleptische (autohypnotisch dissoziierte) Hand des Leiters dar, die prüfend innerhalb und über die Grenzen des Bereichs gehalten werden kann.

k) **Dynamische Zeitlinien** sind analoge **Orte** mit einer Richtung, die sich im Verlauf der Aufstellung verändern kann. Die Veränderungen, z. B. eine Ausdehnung einer zunächst auf den Bereich der näheren Zukunft beschränkten Zeitlinie in den Bereich der ferneren Zukunft, können wieder von den Repräsentanten i. e. S. (oder vom Leiter mit Hilfe der kataleptischen Hand) wahrgenommen werden.

l) **Dynamische Grenzen** sind Grenzen zwischen Bereichen. Sie können mit mehreren Personen belegt werden, die (in irgendeiner Weise) Berührung miteinander aufrechterhalten sollen und ansonsten Ort und Richtung frei nach ihren Impulsen, jedoch nur gemeinsam verändern dürfen.

Analog zu der Einteilung in VIII.7.1–3 kann jede Grundkategorie der Symbolarten in vier Unterkategorien unterteilt werden, wobei

- die 1. Unterkategorie das Symbol als designiert (zur späteren Umwandlung in diese Kategorie) einteilt,
- die 2. Unterkategorie nichtpersonal ist und eine räumliche Ausdehnung oder Platzzuordnung hat,
- die 3. Unterkategorie einen zeitlichen Aspekt symbolisiert, und
- die 4. Unterkategorie eine Grenze darstellt.

VIII.8 Wahrnehmungen und Wahrnehmungsformen bei Systemischen Strukturaufstellungen

VIII.8.1 Grundkategorien zur Unterscheidung der bei Systemischen Strukturaufstellungen spontan auftretenden Empfindungen und Wahrnehmungen

a) prototypisch vs. spezifisch
b) abstrakt vs. konkret
c) topologisch / geometrisch / sozial / familiär
d) resonant / invariant / variant
e) eigen / fremd

Die Anwendung dieser Grundkategorien wird durch ihre Kombinationen verdeutlicht:

VIII. 8.1.1 Strukturebenen der Empfindungen und Wahrnehmungen bei Systemischen Strukturaufstellungen

1.) prototypische Empfindungen:
1.1) abstrakte topologische Empfindungen
1.2) abstrakte geometrische Empfindungen
1.3) prototypische soziale Empfindungen
1.4) prototypische familiäre Empfindungen

2.) spezifische Empfindungen:
2.1) konkrete topologische Empfindungen
2.2) konkrete geometrische Empfindungen
2.3a) spezifische fremde soziale Empfindungen
2.3b) eigenresonante soziale Empfindungen
2.4a) spezifische fremde familiäre Empfindungen
2.4b) eigenresonante familiäre Empfindungen
2.5) aufstellungsvariante eigene Empfindungen
2.6) aufstellungsinvariante eigene Empfindungen

VIII. 8.1.2 Beispiele für die Strukturebenen der Empfindungen und Wahrnehmungen:

ad 1.1): dazugehören, abgetrennt sein
ad 1.2): vor einer Mauer stehen, beengt sein
ad 1.3): eine Leitfigur sein, ein Underdog sein
ad 1.4): ein älterer Bruder sein, eine Geliebte sein
ad 2.1): zu einer spezifischen Gruppe gehören, in einem bestimmten Raum sein
ad 2.2): zwischen zwei Größeren stehen, jemand nahe bei sich fühlen
ad 2.3a): wie es wäre, Leiter dieses Teams zu sein
ad 2.3b): wie (2.3a), zusätzlich Resonanz mit eigenen Empfindungen
ad 2.4a): Empfindungen, die spezifisch zu den Mitgliedern einer fremden Familie passen
ad 2.4b): wie (2.4a), zusätzlich Resonanz mit eigenen Empfindungen
ad 2.5): Empfindungen, die während der Aufstellung verschwinden und danach wiederkehren
ad 2.6): von der Aufstellung nicht beeinflußte Empfindungen

VIII.8.2 Überblick über die wichtigsten Wahrnehmungsformen, deren Kenntnis für die Leitung von Systemischen Strukturaufstellungen relevant ist

A) Repräsentierende Wahrnehmung

Die **repräsentierende Wahrnehmung** umfaßt das, was in der Familienaufstellung als „fremde Gefühle" bezeichnet wird. Es geht hier um die Repräsentation der Beziehungsmuster der Systemelemente eines repräsentierten Systems mit Hilfe der spontanen Modifikation der körperlichen Selbstwahrnehmung der „Rollenspieler", d. h. der personalen Repräsentanten im weiteren Sinne. Die repräsentierende Wahrnehmung spiegelt den Zustand des von einem Repräsentanten i. w. S. repräsentierten Systemelements im Beziehungsgeflecht von dessen System wieder.

Durch repräsentierende Wahrnehmung können z. B. fremde Personen auf der Basis rein syntaktischer Informationen Beziehungsqualitäten unseres Familiensystems wahrnehmen, wenn sie als Mitglieder unserer Familie aufgestellt werden.

Wesentlich für diese Wahrnehmungsform ist, daß wir über sie nur als Mitglied des repräsentierenden Systems, also während der Dauer der Aufstellung, verfügen. Diese Wahrnehmungsform kann also, ebenso wie die drei folgenden Formen der Feldwahrnehmung, nicht analog zu einer Einzelpersoneneigenschaft gesehen werden, sondern nur als eine Fähigkeit, die sich unter geeigneten Bedingungen in einer Person manifestiert.

B) Rezeptive Feldwahrnehmung

Die **rezeptive Feldwahrnehmung** findet bei Systemischen Strukturaufstellungen vor allem bei den Repräsentanten i. w. S. statt. Sie geht über die repräsentierende Wahrnehmung insofern hinaus, als der Einfluß der Veränderung von Beziehungsqualitäten „Dritter", d. h. anderer Mitglieder des repräsentierten Systems zueinander, auf das Befinden und die Stellung des repräsentierten Systemelements unmittelbar repräsentiert wird. Diese Wahrnehmungsform kann in erster Linie von den RepräsentantInnen der KlientInnen, d. h. vom Fokus oder der Protagonistin, erfahren und geübt werden. Sie kann als eine Art passiver Wahrnehmung des repräsentierten „Feldes", insbesondere also der Beziehungsstruktur des repräsentierten Systems, aufgefaßt werden und ist in abgeschwächtem Maß auch den Beobachtern und Leitern der Aufstellung zugänglich.

Manchmal ist das „Feld" um die Aufgestellten so stark, daß Zuschauer in das Aufstellungsbild buchstäblich hineinrutschen und daß an solchen gewissermaßen aufgeladenen Plätzen Zuschauer ohne besondere Aufforderung oder Induktion zu Repräsentanten werden. Hier ergreift die rezeptive Feldwahrnehmung Außenstehende, die dadurch zu Repräsentanten werden.

C) Interagierende Feldwahrnehmung

Unter **interagierender Feldwahrnehmung** verstehen wir die Wahrnehmung des Einflusses, die unser eigenes „Feld", d. h. die Gesamtheit der relevanten Beziehungsstrukturen, in denen wir uns befinden, auf den Aufstellungsprozeß hat. Bei einer Aufstellung tritt der Leiter mit dem Klienten und dessen „Feld", in abgeschwächtem Maße auch mit den „Feldern" der personalen Repräsentanten i. e. S., Orte und freien Elemente in Interaktion. Hierbei verändert sich das Feld. Die Wahrnehmung dieser Veränderung bezeichnen wir als interagierende Feldwahrnehmung. Diese Wahrnehmungsform ist erforderlich, um einschätzen zu können, inwieweit unsere nichtbearbeiteten eigenen Konflikte es den KlientInnen einer Aufstellung bei uns als LeiterInnen erschweren können, sich mit ihrem Thema bei uns in den Aufstellungsprozeß hineinzubegeben. (Dieser Begriff stellt natürlich ein Analogon zur Übertragungs-/Gegenübertragungsthematik dar.)

D) Modulierende Feldwahrnehmung

Bei dieser Wahrnehmungsform nimmt die Leiterin einer Systemischen Strukturaufstellung wahr, in welcher Weise die von ihr induzierten Interventionen das umgebende „Feld" der RepräsentantInnen der Aufstellung und indirekt das „Feld" der KlientInnen beeinflussen und modulieren. Die Wahrnehmung dessen, wie wir durch unsere Interventionen in ein fremdes Beziehungsgefüge eingreifen, ist Voraussetzung für einen achtsamen, achtungsvollen, auftragsgerechten und bescheidenen Umgang mit KlientInnen. Die **modulierende Feldwahrnehmung** erfolgt in der Regel über spezifische, individuell jedoch höchst unterschiedliche Formen der körperlichen Selbstwahrnehmung der LeiterInnen. (Hier erweist sich wieder die Arbeit mit der kataleptischen Hand als sehr hilfreich.) Die Fähigkeit, diese Formen der Propriozeption mit der Veränderung im Feld des Klientensystems korreliert zu sehen, erfordert auch, daß wir die Reaktionen der KlientInnen ständig peripher registrieren. Dadurch wächst im Lauf der Zeit auch die Fähigkeit der modulierenden Feldwahrnehmung.

E) Wahrnehmung der Assoziations-Dissoziations-Vertauschung

Ein Problemzustand zeichnet sich dadurch aus, daß die Klientin mit dem Problem assoziiert ist und dadurch keinen Abstand zu ihm gewinnt. Es ist daher ein Vorteil des Aufstellungsverfahrens, daß die Klientin als Beobachterin am Rande sitzen bleiben kann, während die Repräsentantin die zum System passenden Körperempfindungen direkt erlebt. So kann die Klientin ihr Problem wie eine Zuschauerin dissoziiert erleben. Im Lösungsbild wird die Klientin an die Stelle ihrer Protagonistin gestellt, so daß sie die Ressourcen, die anfangs dissoziiert waren, und Teile der Lösung als assoziiert erleben kann. Dieser Wechsel, das Problem dissoziiert zu erleben und die Lösung assoziiert, ist zur Distanzierung vom Problem besonders hilfreich („**Assoziations-Dissoziations-Vertauschung**"). Die Wahrnehmung dieser Vertauschung von Problem- und Ressourcenerleben ist ein wesentlicher Teil der Umstimmung bei der Klientin in einem Aufstellungsprozeß.

F) Pseudoprojektion im Raum

Wenn die ZuschauerInnen im Raum die Aufstellung auch zunächst primär als dissoziiert erleben, so ist es doch für sie möglich, indem sie sich in der Vorstellung körperlich in die Haltung der RepräsentantInnen hineinversetzen, deren Körperwahrnehmungen partiell mitzuerleben. Die Entwicklung dieser Fähigkeit, die wir „**Pseudoprojektion im Raum**" nennen, wird durch Teilnahme als Beobachterin, Klientin (und Leiterin) einer Aufstellung nachhaltig gefördert und hilft, fremde Wahrnehmungen und Erlebnisweisen in einem gewissen Umfang zugänglich zu machen. Pseudoprojektion im Raum dürfte damit zu den Vorbedingungen des Verstehens von Verhalten (und sprachlichen Mitteilungen über Erleben und Verhalten) gehören. Der Körper spielt für den Verstehensprozeß eine sehr viel prominentere Rolle, als die meisten heute üblichen Theorien des Verstehens annehmen. **Pseudoprojektion im Raum** findet zwar oft spontan statt, sollte aber in Ausbildungskontexten bewußt geübt werden, auch wenn dies zunächst oft als erhebliche Anstrengung erlebt wird. Ein derartiges hochaktives Zuschauen erhöht nämlich die Lernmöglichkeiten bei Aufstellungen außerordentlich.

G) Fremd- vs. Eigenresonanzdifferenzierung

Unter **Fremdresonanz** verstehen wir, daß Menschen als RepräsentantInnen in einer Aufstellung über die repräsentierende Wahrnehmung und die rezeptive Feldwahrnehmung mit den Elementen (Personen u. a.) des repräsentierten Systems in Resonanz treten können und für sie dadurch in gewissem Umfang Fremdwahrnehmung auf rein syntaktischer Basis möglich wird. Diese Effekte treten in abgeschwächter Form natürlich auch (in der Regel kaum bemerkt) im Alltag auf; bei Aufstellungen ist dieser Effekt um ein Vielfaches deutlicher. Es ist natürlich möglich, daß die wahrgenommenen Empfindungen der Repräsentanten aufgrund besonderer Ähnlichkeiten mit ihren eigenen Gefühlen in Resonanz treten; wir können ja auch durch einen Roman, ein Theaterstück oder einen Film an etwas in unserem eigenen System erinnert und davon berührt werden. Wir sprechen in solchen Fällen von **Eigenresonanz** bzw., hier spezifischer, von **fremden eigenresonanten Wahrnehmungen und Empfindungen**. Es sind also bei Repräsentanten die zum fremden System gehörenden Körperwahrnehmungen zu unterscheiden von denjenigen Wahrnehmungen und Empfindungen, die zum fremden System gehören und mit dem eigenen in Resonanz treten, die also in gewissem Sinne zum fremden wie auch zum eigenen System gehören. Die Fähigkeit der RepräsentantInnen, zwischen fremd und eigenresonant zu unterscheiden (und davon noch die von der Aufstellung unbeeinflußten eigenen invarianten Empfindungen zu trennen) ist bei Personen, die erstmals als RepräsentantInnen stehen, oft noch etwas schwächer ausgeformt, bildet sich aber überraschenderweise in der Regel schnell weiter aus, so daß nach wenigen Aufstellungen die Frage „Was davon gehörte vielleicht doch nur zu mir?" kaum noch eine Rolle spielt. Diese Fähigkeit wächst auch im Laufe der Jahre mit der Aufstellungspraxis weiter und erlaubt im Therapie- und Beratungskontext einen kompetenteren Umgang mit Projektionen, „übernommenen Gefühlen" usw. Die Wahrnehmungsform, die uns die Unterscheidung **fremd** vs. **fremd eigenresonant** vs. **eigen invariant** erlaubt, bezeichnen wir als **Fremd- vs. Eigenresonanzdifferenzierung** .

VIII.9 Phasen einer Systemischen Strukturaufstellung

1.) **Auswahl des Klienten**, dessen Anliegen bearbeitet werden soll.
- Mit wem in einer Gruppe wird als nächstes gearbeitet?
- Wo ist am meisten Energie verfügbar?
- Bei Anliegen eines Teams, eines Paars, etc.: Aus der Perspektive von wem soll das Anliegen zunächst betrachtet werden?
- Gegebenenfalls Auswahl von Team- oder Teilgruppenvertretern, die deren Anliegen aufstellen sollen.

2.) **Wahl der Systemebene** und damit des entsprechenden Aufstellungsverfahrens

Was spricht für eine
- Familienaufstellung? (Gegenwarts- oder Ursprungssystem?)
- Problemaufstellung?
- Zielannäherungsaufstellung?
- Tetralemmaaufstellung?

- Organisationsaufstellung? (Wahl des Beschreibungsrahmens für die Organisationsstruktur?)
- Körperaufstellung?
- sprachliche Oberflächenstrukturaufstellung?
- gemischte symbolische Aufstellung?
- Aufstellung mit Strukturebenenwechsel?
- Glaubenspolaritätenaufstellung?
- andere Strukturaufstellungsformen?

Genügt vielleicht schon eine
- Aufstellung des ausgeblendeten Themas?

Ist hier eventuell eine
- systematisch ambige Aufstellung angebracht? ...

3.) **Klärung der Systemelemente** im Gespräch mit dem Klienten

4.) **Auswahl der Repräsentanten** für die Systemelemente durch den Klienten

(Rollenspieler oder symbolische Gegenstände, je nach Rahmen der Aufstellung)

5.) **Aufstellung der Repräsentanten** durch den/die Klienten oder die in 1.) bestimmten Vertreter

(zügige und gesammelte Vorgehensweise; dreifache Aufmerksamkeit; Hinweise auf Sinneskanäle, Submodalitäten und Unterscheidungsmöglichkeiten für die Repräsentanten)

6.) **Überprüfung des Ergebnisses durch den Klienten** und eventuelle Korrektur.

7.) **Befragung der Repräsentanten** über ihr Befinden durch den Therapeuten/Berater

(Betonung von Fragen nach körperlicher Befindlichkeit; Sinneskanäle und Submodalitäten ansprechen; Betonung von Unterschieden, „die einen Unterschied machen" (könnten).)

8.) **Überprüfung der Kongruenz des Bildes** für den Klienten (gegebenenfalls Modifikationen oder neu stellen lassen oder Abbruch)

9.) **Umstellung des Bildes** durch den Therapeuten/Berater (nach den Prinzipien der Stellungsarbeit)

10.) **erneute Befragung** wie bei 7.)
(ab jetzt in der Regel nicht mehr alle Repräsentanten befragen oder nur kurze Auskünfte über relevante Unterschiede gegenüber dem vorherigen Bild einholen!)

11. a) **erneute Umstellung** wie bei 9.) oder
11. b) **Prozeßarbeit** oder
11. c) **diagnostische Tests für Systemdynamiken** (jeweils durchgeführt vom Therapeuten/Berater)
a)–c) wieder nach den Prinzipien für diese Interventionsformen bis zur Entwicklung eines Lösungsbildes oder bis zum Abbruch)

12.) **Hineinstellen des Klienten** an den Platz seines Repräsentanten im Lösungsbild

13.) **Überprüfung des Lösungsbildes**
und gegebenenfalls

14.) **Modifikation oder Nachkorrektur** des Lösungsbildes
(gemäß 11.) mit nochmaliger **abschließender Überprüfung**

15.) **Ankern des Lösungsbildes**
(als Anfang, nicht als Ende eines Lösungsprozesses!; evtl. Änderungsrichtung mit Bewegung mit ankern!)

16.) **Entlassen der Rollenspieler** aus ihren Rollen durch den Klienten (dabei wichtige Hinweise, wie weit das Bild genommen werden konnte)

17.a) (bei Aufstellungen außer Familienaufstellungen:)
evtl. eine **Aufgabenverschreibung** zur Verbesserung des Transfers in Alltagskontexte
(Verwendung von Ideen aus der lösungsorientierten systemischen Kurztherapie/-beratung nach de Shazer)
17.b) (bei Familienaufstellungen:)
evtl. **Hinweis darauf, das Bild über längere Zeit wirken zu lassen** (… und gar nichts Besonderes zu tun)

18.) (evtl. erst kurzes Feedback der Rollenspieler; in der Regel aber besser gleich:) **Verabschiedung** des Klienten.

Bei Abbruch in einer dieser Phasen: Überleitung zu Zielarbeit und lösungsorientierter Arbeit nach de Shazer zur Förderung eines ressourcenreicheren Zustands bei Sitzungsende!

VIII.10 Gesten und rituelle Sätze in der Prozessarbeit bei Systemischen Strukturaufstellungen

Aus dem umfangreichen Methodeninventar für die Prozeßarbeit bei Systemischen Strukturaufstellungen geben wir hier nur einige kurze Fragmente an, deren Kenntnis sich für die Anwendung als besonders hilfreich erwiesen hat. Die Fragmente betreffen Rituale zur Desidentifikation, zur Unterbrechung von Nachfolgedynamiken und zur Klärung von Rangfolgen sowie die Generalisierung von familienspezifischen Ritualsätzen.

Entscheidend für die Anwendung der Ritualsätze ist die Haltung, in der sie gesprochen werden.

Die LeiterInnen sollten in einem Zustand des Gewahrseins des eigenen Körpers geeignete Sätze „kommen lassen", „zuhörend sprechen", die Sätze als Vorschlag anbieten und gewissermaßen darauf achten, ob sie „die innere Erlaubnis haben", diesen Satz (den RepräsentantInnen bzw. den KlientInnen) vorzuschlagen. In diesem Sinne ist die Prozeßarbeit bei Systemischen Strukturaufstellungen niemals eine „Technik"; selbst für einen einfachen Satz wie „Ich sehe dich" muß jedes Mal neu geprüft werden, ob er gesprochen werden „darf" – und zwar erst von der Leiterin der Aufstellung und dann vom Repräsentanten bzw. Klienten, dem der Satz vorgeschlagen wurde. Und je besser die LeiterInnen beim Vorschlagen „bei sich" sind, desto leichter können auch RepräsentantInnen und KlientInnen wahrnehmen, was für sie paßt und was nicht und es in einer für sie passenden Form abändern. [15]

„Im Gewahrsein des eigenen Körpers geeignete Sätze kommen lassen", „zuhörendes Sprechen" und „auf die innere Erlaubnis, den

15 Es geht dabei insbesondere um die Förderung der drei Formen der Feldwahrnehmung; vgl. dazu VIII.8.2.

Satz vorzuschlagen, achten" sind verschiedene metaphorische Umschreibungen für eine Haltungsänderung, die nur höchst unvollkommen schriftlich angedeutet werden kann. Wir haben den Eindruck, daß es hier eine offenkundige Verwandtschaft mit Grundprinzipien des Focusing bei Eugene Gendlin gibt.[16] (Wir hoffen, diese Parallele künftig in geeigneter Weise praktisch fruchtbar machen zu können).

Eine weitere Metapher, die uns für die Haltung, in der rituelle Sätze gesprochen werden sollten, hilfreich erscheint, ist die Aufforderung, die Sätze zu sprechen, als hörte und spräche man sie zum ersten Mal (und zwar ganz gleich, wie oft wir „denselben Satz" scheinbar schon früher gesprochen haben.)

Steve de Shazer exemplifizierte diese Haltung auf besonders nachdrückliche Weise, als er bei einem Seminar (am SySt in München 1997) einer Klientin die „Wunderfrage" stellte (vgl. z. B. IV.4.5) und diese erwiderte, ihr Therapeut habe ihr genau diese Frage schon gestellt. De Shazer nickte und wartete ab. Nach kurzer Pause antwortete die Klientin, und die Sitzung kam – zu unserer Überraschung ohne jede Störung durch die „Fragenwiederholung" – zu einem guten Ende (mit guten Nachwirkungen). Von einer über das Ausbleiben einer Störung an dieser Stelle wie wir überraschten Teilnehmerin dazu befragt, ob er nicht darüber erschrocken gewesen sei, daß die Klientin „dieselbe Frage schon zuvor gehört hatte", antwortete de Shazer nur, präzise und lakonisch:

"I did not regard this as the same question" (Ich habe das nicht als dieselbe Frage aufgefaßt).

Diese Antwort verdeutlicht das, was wir mit „den Satz sprechen, als spräche man ihn zum ersten Mal" meinen, in unnachahmlicher Kürze.

Im Sinne von Martin Bubers „Ich und du" (vgl. Buber 1992) kann das Grundwortpaar „Ich – Du" nur mit dem ganzen Wesen gesprochen werden; vielleicht ist etwas davon in dem mit enthalten, was wir mit unseren Metaphern zur angemessenen Haltung beim Sprechen ritueller Sätze in der Prozeßarbeit anzudeuten versuchen.

16 Diese Verbindung zeigt sich besonders deutlich in Gendlins Aufsatz „Die umfassende Rolle des Körpergefühls im Denken und Sprechen" (1993).

Und schließlich erinnern wir an Nachklang II und die kostbaren Helfer des Nichtwissens, der Hilflosigkeit und der Verwirrung, auf die keine Leiterin und kein Leiter einer Systemischen Strukturaufstellung verzichten sollte – schon gar nicht bei der Prozeßarbeit!

VIII.10.1 Methodeninventar der Desidentifikation (ausgewählte Grundideen)

Terminologie:
Desidentifikation = Aufhebung einer Identifikation
Identifikation = (meist partielle) (Schicksalsmusterrepräsentation))

Abkürzungen:
I = der bei diesem Prozeß betrachtete Identifizierte (d. h. derjenige, der hier ein fremdes Schicksalsmuster (unbewußt) wiederholt)
R = **R(I)** = derjenige, den **I** repräsentiert (d. h. derjenige, dessen Schicksalsmuster **I** (unbewußt) wiederholt)

Methoden:

1. Einbeziehung

1.1 Einbeziehung durch Worte

1.1.1 „Ich sehe dich!" (ritueller Satz, gesprochen von **I** zu **R**)

1.1.2 „Ich weiß, daß es dich gibt." (")

1.1.3 „Du gehörst dazu." (")

1.1.4 „Ich gebe dir deinen Platz." (")

1.1.5 „Wir – *und* du!" (")
(eventuell zusammen mit **1.3**)

1.2 Einbeziehung durch Gesten

1.3 Blickkontakt aufnehmen (I mit R)

1.4 einbeziehende Handbewegung (z. B. mit Handfläche nach oben erst auf sich, dann auf die offensichtlich schon Zugehörigen, dann auf den Repräsentierten, dann wieder auf sich – eventuell noch aufs eigene Herz zeigen)

1.5 Verneigung (**I** verneigt sich ehrerbietig vor **R**)

2.1 Platztausch (**I** und **R** den Platz tauschen lassen, anschließend wieder ins vorherige Stellungsbild zurückgehen lassen)

2.2 auf den Repräsentierten zugehen lassen (d. h. mit Blickkontakt und gut durchatmend **I** langsam auf **R** zugehen lassen (Vorsicht, wenn es I schwindelt!), ca. 40 cm vor **R** stellt man dann **I** rechts neben **R** mit gleicher Blickrichtung ohne Körperkontakt zwischen den beiden und eventuell noch Möglichkeit des Ansehens zwischen **I** und **R** erschweren durch Dazwischenhalten einer Hand)

3. **Würdigung** (**I** spricht **R** die Achtung aus, z. B. durch einen oder mehrere von folgenden Sätzen:)

3.1 **„Ich achte dich (sehr)!"**

3.2 **„Bei mir hast du deine Ehre."**

3.3 **„Ich gebe dir den Platz, der dir zusteht (wer immer du auch bist)."**

4. **Rückgabe**

4.1 **Rückgabe mit Worten** (rituelle Sätze, von **I** zu **R** gesprochen)

4.1.1 **„Ich achte dein Schicksal – und ich lasse es jetzt ganz bei dir."**

4.1.2 **„Dein(e) Schicksal/Last/Schuld/Ruhm gehört ganz allein dir – ich habe darauf keinerlei Anspruch."**

4.1.3 „Ich habe es lange (aus Liebe) für dich getragen. Jetzt ist es genug. Es gehört dir – und nicht mir – und ich gebe es dir jetzt wieder zurück." (eventuell mit Verneigung von **I** vor **R**)

4.2 Rückgabe mit Gesten

4.2.1 symbolische Rückgabe mit Gegenstand [17]

I hält Gegenstand als Symbol für das Zurückzugebende, spricht eventuell einen der **4.1**-Sätze (o. ä.), geht dann auf **R** zu und legt **R** den symbolischen Gegenstand vor die Füße, so daß der Gegenstand beide Füße von **R** berührt, richtet sich dann wieder auf, geht einen Schritt zurück und sieht zu, wie **R** den Gegenstand aufnimmt und dann mit beiden Armen ganz an den Oberkörper drückt. Anschließend bestätigt **R** für **I**, daß **I** davon nichts zusteht und **I** es auch nicht mehr zurückbekommt; eventuell mit Worten wie

4.2.1.1 „Es gehört mir – ganz."

4.2.1.2 „Das ist meins (und nicht deins) – und für das Meine bin ich groß genug. (Ich bin der/die Große (und du der/die Kleine).)"

4.2.1.3 „Laß das bei mir. Ich gebe es dahin weiter, wohin es gehört, und behalte nur meinen Teil. Du hast darauf keinerlei Anspruch."

4.2.1.4 „Bei mir ist es am rechten Ort. Für mich ist es leicht."

4.2.2 symbolische Rückgabe ohne Gegenstand (analog zu **4.2.1**)

4.3 iterierte symbolische Rückgabe

17 Als Beispiel für ein besonders ausführliches Rückgaberitual vgl. Essen (1998).

I sieht zu, wie **R** nach Annahme des Zurückgegebenen dies weiterzurückreicht (meist mit Einführung entsprechender zusätzlicher Repräsentanten).

5 Künftig auf andere Weise ehren

(**I** spricht zu **R** einen der folgenden Sätze (o. ä.):

5.1 „Künftig ehre ich dich auf andere Weise – ich gebe dir den Platz, der dir zusteht (und immer schon zustand)."

5.2 „In Zukunft ehre ich dich anders als bisher – ich gebe dir einen guten Platz in meinem Herzen. (Und bitte sieh freundlich auf mich, auch wenn es mir gut er geht, wo es für dich so schwer war.)"

5.3 „Für mich (und meine Kinder) gehörst du ganz dazu – und all den Unfug, den sie über dich gesagt haben, den vergesse ich jetzt – und gebe dir die Ehre auf andere Weise als bisher: In meinem Herzen hast du einen Ehrenplatz. Und meinen Kindern sage ich etwas Gutes über dich. Lieber ...!"

5.4 „Was zwischen dir und ... war, das lasse ich ganz bei euch. Das ist allein die Sache von euch Großen. Und ich kümmere mich jetzt um meine eigenen Sachen – und dich achte ich sehr. Und künftig ehre ich dich, indem ich dir Raum im Herzen gebe."

5.5 „Ich mach's künftig auf meine Weise – ganz wie du! Und du bekommst einen Ehrenplatz bei mir. Und die anderen sollen von dir wissen (und von deinem Schicksal)."

5.5.a „Ich mach's genau wie du ... ***(lange Pause!)*** **– nur ein bißchen anders."**

5.5.b „Liebe(r) ..., ich werde ganz wie du – ***(lange Pause!)*** **– und noch ein wenig anders."**

5.5.c „Ich mach'es ganz wie du – ***(lange Pause!)*** **– nur auf meine Weise."**

VIII.10.2 Zur Generalisierung der familienaufstellungsnahen Ritualsätze

All diese Prozesse und Sätze können vom Familienkontext auf Systemische Strukturaufstellungen (SySt) verallgemeinert werden; dazu müssen Verwandschaftsbezeichnungen und anderes Familienspezifisches geeignet ersetzt werden, z. B. durch Phrasen wie „Diese(n / r) da" u. a. So wird etwa **5.3** ersetzt durch:

5.3 (SySt): „Für mich (und diese da *(mit Geste!)***/die nach mir/die nach uns/die, die von uns kommen) gehörst du ganz dazu – und all den Unfug, den sie über Dich gesagt haben, den vergesse ich jetzt – und gebe dir die Ehre auf andere Weise als bisher: In mir hast du einen Ehrenplatz. Und diesen da** *(mit Geste!)* **sage ich etwas Gutes über dich!"**

Oder **4.1.1** und **4.1.2** durch:

4.1.1 (SySt): „Ich achte deine Last – und ich lasse sie jetzt ganz bei dir."

4.1.2 (SySt): „Dies *(auf Gegenstand weisen, der zurückgegeben wurde!)* **gehört ganz allein dir – ich habe darauf keinerlei Anspruch."**

Oder **4.2.1.2** durch:

4.2.1.2 (SySt): „Das ist meins (und nicht deins) – und das Meine ist mir gemäß. (Ich war schon lange vor dir da – du kamst erst lange nach mir.)"

Oder **5.2** durch:

5.2 (SySt): „In Zukunft ehre ich dich anders als bisher – ich gebe dir einen guten Platz. (Und bitte sieh freundlich zu, auch wenn mir gelingt, was deine Lage nicht zuließ.)"

Mit derartigen Variationen lassen sich Ritualsätze aus der Familiensystemform in eine allgemeine Strukturaufstellungsform bringen.

VIII.10.3 Prozessarbeit zum Thema der modifizierten Nachfolge bei Systemischen Strukturaufstellungen

Familienaufstellungsversion (Hellinger):
„Liebe(r) Papa/Mama/Vater/Mutter, ich mach's genau/mach es ganz wie du – nur ein bißchen anders."[18]
„Liebe(r) ..., ich werd' genau wie du – nur ein bißchen anders."

modifizierte Versionen für Familien- und Systemische Strukturaufstellungen:
„(Liebe(r) ...) Ich (mach's ganz/mache es wie du – nur ein wenig anders."
„(Liebe(r) ...) Ich mach's ganz/mache es wie du – nur auf meine Weise."
„(Liebe(r) ...) Ich mach's ganz/mache es wie du – nur nach meiner Art."
„Genau wie bisher – nur ein bißchen anders."[19]
„Ganz wie bisher – und noch ein wenig anders."

Eine paradoxere Form des Pacing ist dabei möglich durch *(langsam gesprochen!)*:
„(Liebe(r) ...) Ich mach's auf meine Weise – so wie du.
„(Liebe(r) ...) Ich mach's genau auf meine Weise – ganz wie du.
Oder etwas ausführlicher und feierlicher:
„Ich mach's künftig auf meine Weise – ganz wie du! Und du bekommst einen Ehrenplatz bei mir. Und die anderen sollen von dir wissen (und von deinem Schicksal)."

(Diese Formulierungen erlauben, erheblich weniger provokativ zum Ziel zu kommen, denn sie verwenden ein paradoxes Pacing: Ich mach' es wie du, liebe(r) ..., nämlich *anders* als die davor!)

18 Jeweils mit deutlichen Sprechpausen bei „–"!
19 von Friedrich Wiest im Kontext der Unternehmensnachfolge verwendet.

VIII.10.4 Beispiel zur Verwendung ritueller Sätze in der Prozessarbeit zur Klärung der Art der Reihenfolge zwischen Repräsentanten in abstrakten Aufstellungen

Dú vor mír, ich nách dir – und vón dir![20]

Geeignet zur Klärung der Reihenfolge in einer Ebene oder zwischen Ebenen (wird dieser Satz genommen, so kann der Sprecher auf einer Hierarchieebene dem Angesprochenen nachgeordnet sein *oder* einer der des Angesprochenen nachgeordneten Hierarchieebene angehören).

Geeignet zur Klärung der Reihenfolge zwischen Ebenen (wird diese Ergänzung nach der Sprechpause akzeptiert, so wird die Reihenfolge als Hierarchieebenenunterschied gewertet).

In ähnlicher Weise kann verwendet werden:

„Du warst vor mir da – schon lange davor!"

„Du vor mir – du bist der/die Große, ich der/die Kleine."

„Du, dann ich – erst lange danach."

20 Das Akzentzeichen „´" steht für betonte Silben!

„Stammbaum" der wichtigsten Einflüsse auf die Entwicklung der Systemischen Strukturaufstellungen (SySt)

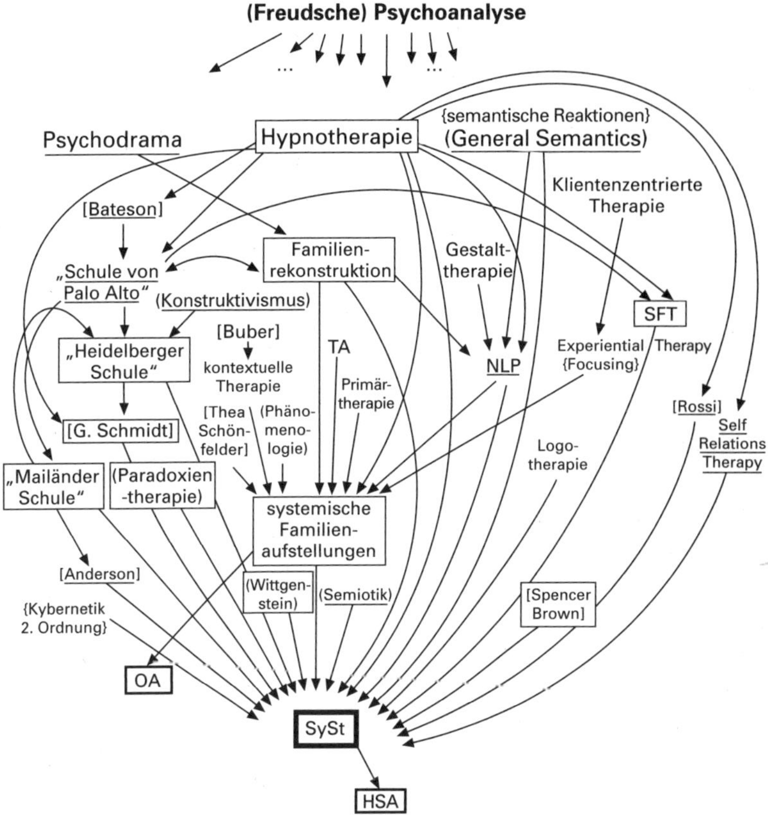

Legende:

x ——→ y	:	x hatte Einfluß auf die Entwicklung von y
[x] (Kasten)	:	x ist besonders zentraler Faktor für die Entwicklung der SySt (OA, HSA)
x (unterstrichen)	:	x ist ebenfalls wichtiger Einfluß für die Entwicklung der SySt (OA, HSA)
[x]	:	Person
„ x "	:	Schule
(x)	:	theoretische Richtung/Begriffssystem
{ x }	:	einzelne Methode, Begriff

Zum Stammbaum der Systemischen Strukturaufstellungen (SySt):

Liste der wichtigsten
Therapierichtungen,
„Schulen“,
(theoretischen Richtungen, Begriffssysteme),
{Methoden, Begriffe}, sowie der
[Personen], von denen sie stammen.
[x] ⟶ [y] : „Die Arbeiten von x wurden von y weitergeführt.“

(Freudsche) Psychoanalyse	[Sigmund Freud]	
Psychodrama {Soziometrie}	[Jakob Levy Moreno]	
(Klinische/moderne/ indirekte/Ericksonsche) Hypnotherapie	[Milton H. Erickson]	⟶ [Rossi] ⟶ [Gilligan] ⟶ [Satir] ⟶ [G. Schmidt] ⟶ [Cheek] ⟶ [de Shazer] ⟶ [Michael Kahan]
Entwicklungsorientierte Familientherapie {Familienrekonstruktion} {Familienskulptur} {Parts Party}	[Virginia Satir]	
(General Semantics) {Semantische Reaktionen} {Zeitbindung} {Landkartentheorie}	[Alfred Graf Korzybski]	⟶ [S. I. Hayakawa]
{Double bind theory} {Theorie des Lernens höherer Ordnung}	[Gregory Bateson]	⟶ „Palo Alto Schule“ ⟶ [Edward B. Keeney]
Klientenzentrierte Therapie	[Carl Robert Rogers]	
Gestalttherapie	[Fritz Perls]	
Experiential therapy {Focusing}	[Eugene Gendlin]	
Neurolinguistic Programming NLP {Metamodell} {Submodalitäten} {Zeitlinie}	[Richard Bandler, John Grinder]	⟶ [Wyatt Woodsmall] ⟶ [Robert Dilts]
Kontextuelle Therapie {Transgenerationelle Solidarität} {Allparteilichkeit}	[Iván Boszormenyi-Nagy]	
Primärtherapie	[Arthur Janov]	
Transaktionsanalyse	[Eric Berne, Thomas Harris]	
„Schule von Palo Alto“ kommunikationstheoretisch orientierte Psychotherapie {Lösungen 2. Ordnung} {Metakommunikation}	[Janet Beavin, Don Jackson, Virginia Satir, Paul Watzlawick, John Weakland]	

„Mailänder Schule“ {Paradox und Gegenparadox} {Zirkuläres Fragen} {Hypothetisieren} {Neutralität}	[Mara Selvini Palazzoli, Giuliana Prata, Luigi Boscolo, Gianfranco Cecchin]	
{Reflecting team}	[Tom Andersen]	
{Fingersignalarbeit}	[David Cheek]	
Logotherapie {Paradoxe Intentionen}	[Victor Frankl]	
(Konstruktivismus)	[Ernst von Glasersfeld, Heinz von Foerster, Nelson Goodman ...]	
{Kybernetik zweiter Ordnung}	[Heinz von Foerster]	
((Husserlsche) Phänomenologie) {Phänomenologische Methode} {Phänomenologische Reduktion} {eidetische Variation}	[Edmund Husserl]	
{Logische Typentheorie}	[Bertrand Russell, Alfred North Whitehead]	
{typentheoretische Modelle der Kommunikation}	[Alfred Graf Korzybski, Gregory Bateson]	
(Paradoxientheorie)	[Bertrand Russell, Saul Aron Kripke, Ulrich Blau]	
Hypnosystemische Therapie {Symptome als Tranceelemente}	[Gunther Schmidt]	
{Psychobiology of Mind-Body-Healing}	[Ernest Rossi]	
Self Relations Therapy	[Stephen Gilligan]	
Solution focused therapy SFT Lösungsfokussierte Therapie Lösungsorientierte Kurztherapie „Schule von Milwaukee“ {Wunderfrage} {Skalierungen}	[Steve de Shazer, Insoo Kim-Berg]	→ „Korzybski-Institut Brügge“ → [Scott Miller] → [Gale Miller] → [Luc Isebaert] → [Louis Cauffman] → [Yvonne Dolan]
„Heidelberger Schule“ (systemisch-konstruktivistischer Ansatz)	[Helm Stierlin, Gunthard Weber, Arnold Retzer, Fritz Simon, Hans Rudi Fischer, Jochen Schweitzer, Gunther Schmidt, Peter-W. Gester, Ingeborg Rücker-Embden-Jonasch, Andrea Ebbecke-Nohlen, Bernd Schumacher]	
{Familienstellen mit Figuren}	[Thea Schönfelder]	
{Dialogisches Prinzip} {Ich-Du-Beziehung}	[Martin Buber]	

(Semiotik) {kenopythagoräische Kategorien} {Drittheit} {Hauptzeichenklassen} {Semiose}	[Charles Sanders Peirce]
(Tractatus-Philosophie) {Bildtheorie der Sprache} (Wittgensteins Spätphilosophie) {Sprachspieltheorie} {Regelfolgen} {Privatsprachenargument}	[Ludwig Wittgenstein]
{Gesetze der Form} {re-entry} {primäre Algebra} (Unterscheidungstheorie)	[George Spencer Brown]
Systemische Familienaufstellungen (systemisch-phänomenologischer Ansatz) Familien-Stellen {Ordnungen der Liebe} {Systemische Schuld} {Fremde Gefühle}	[Bert (= Anton Suitbert) Hellinger]
{Organisationsaufstellungen} ({OA})	[Bert Hellinger, Gunthard Weber] ↓ [Brigitte Gross, Siegfried Essen, Christine Essen, Guni Baxa, Matthias Varga von Kibéd, Insa Sparrer, Friedrich Wiest, Thomas Siefer, Werner Messerig, Gerd Metz]
{Homöopathische Systemaufstellungen} ({HSA})	[Friedrich Wiest, Matthias Varga von Kibéd]
Systemische Strukturaufstellungen Systemische Strukturaufstellungsarbeit SySt {Tetralemmaarbeit} {Systematisch ambige Arbeit} {Strukturebenenwechsel} {Lösungsgeometrie} {repräsentierende Wahrnehmung} {Organisations-Strukturaufstellung} {Körper-Strukturaufstellung}	[Insa Sparrer, Matthias Varga von Kibéd]

Liste der für die Systemische Strukturaufstellungsarbeit (SySt) angewandten Fachtermini, Schemata und Kategorisierungen

(Fachtermini, die von den Autoren geprägt wurden, sind durch Fettdruck hervorgehoben)

Aufstellung des abwesenden Teams
Aufstellung der fünf Funktionskreise
Aufstellung des ausgeblendeten Themas (**Aufstellung des eigentlichen Themas**), Teile: Fokus, offizielles Thema, ausgeblendetes Thema
Aufstellung mit **Strukturebenenwechsel**
Aufstellungen von Filmszenen
Aufstellungen zur Beseitigung von Hindernissen beim Sprachenlernen
Aufstellungen zusammengesetzter Systeme

Chakrenaufstellung
Core-Transformationsaufstellung

Desidentifikation
Drehbuchaufstellung, Arten: Aufstellung der Hauptpersonen, **Aufstellung der Hauptcharakterzüge**, Supervisionsaufstellungen für Drehbuchautoren, **mehrperspektivische Drehbuchaufstellungen**

eigenresonante Körperempfindungen
Enneagrammaufstellung
Entscheidungsaufstellung, polare vs. **multiple**

Feldwahrnehmung, rezeptive, modulierende, interagierende

gemischt-symbolische Aufstellung
Glaubenspolaritätenaufstellung, einfache vs. **kombinierte**

Hierarchieebenenaufstellung
homöopathische Systemaufstellung (Wiest u. Varga von Kibéd 1998), umfaßt: **Klientensymptomaufstellung, Leitsymptomaufstellung**, Familienaufstellung

Interventionsformen, Grundkategorien: Stellungsarbeit, Prozeßarbeit (Energiearbeit, Informationsarbeit), Tests
interventionsrelevante Wahrnehmungsformen für SySt: **repräsentierende Wahrnehmung, rezeptive Feldwahrnehmung, interagierende Feldwahrnehmung, modulierende Feldwahrnehmung, Wahrnehmung der Assoziations- und Dissoziationsvertauschung, Pseudoprojektion im Raum, Fremd- vs. Eigenresonanzdifferenzierung**

kombinierte Aufstellungen
Körperaufstellung
Körperstrukturaufstellung
Konfliktaufstellung
kurative Prinzipienauffassung

Lösungsaufstellung, Teile: Fokus, Ziel, Ausnahmen, Wunder, Kontext des Wunders
Lösungsgeometrie, lösungsgeometrisches Interview

Märchenaufstellungen
mehrperspektivische Aufstellung (= multifokale Aufstellung)
Metaaufstellungen

Neunfelderaufstellung

Oberflächenstrukturaufstellung, sprachliche
Organisationsstrukturaufstellung

partielle (Formen von) Aufstellungen
partielle Musterrepräsentation
Primat der Prozeßarbeit
Prismatische Balintgruppenaufstellung

Perspektiven der SySt, interne vs. externe
Problemaufstellung, Teile: Fokus, Ziel, Hindernisse / Schutzwälle / Helfer, Ressourcen, Gewinn / Preis, künftige Aufgabe
Projektaufstellung repräsentierendes Verhalten

repräsentierende Wahrnehmung
Repräsentanten im engeren Sinne vs. im weiteren Sinne

Schema des **Tetralemmaprozesses**: die vier Positionen, die **fünfte Nichtposition**, schwache fünfte Position, starke fünfte Position = **reflexive Musterunterbrechung,** Beides (3) = **internes Reframing** (übersehener Zusammenhang der Pole des Dilemmas), Keines von Beiden (4) = **externes Reframing** (übersehener Dilemmakontext); Kategorien der Pozeßarten nach der vierten Position: Rückfall, Ehrenrunde, kreativer Schritt, Symptomverschiebung, larvierter Rückfall, larvierte Symptomverschiebung
schichtenweise aufgebaute Aufstellungen

Semiotische Aufstellung, Arten: kenopythagoräische Aufstellung, zeichenaspektaufstellung, Hauptzeichenklassenaufstellung
Simultane Gruppenthemenaufstellung
sprachliche Oberflächenstrukturaufstellung
Systemische Strukturaufstellungen, feste vs. freie Aufstellungen mit Orten
Strukturaufstellungsarten
Strukturaufstellungsbereiche
Strukturaufstellungstypen
Strukturebenen, Strukturebenenwechsel
Strukturebenen der Empfindungen
Syllogistische Aufstellung, Teile: universell positiv, universell negativ, partikulär positiv, partikulär negativ
Symbolkategorien der SySt: Grundkategorien: **Orte**, Repräsentanten i. e. S., **freie Elemente;** Unterkategorien für Orte: **designierte Orte**, Bereiche / Felder / **aufgeladene Plätze**, Zeitlinien, **statische Grenzen**; Unterkategorien für Repräsentanten i. e. S.: **designierte Repräsentanten, (designierte) symbolische Gegenstände, evolutionäre Repräsentanten, variable Grenzen, Bereichsrepräsentanten**; Unterkategorien für freie Elemente: **designierte freie Elemente, wandernde Bereiche, dynamische Zeitlinie, dynamische Grenze**
systematisch-ambige Aufstellung
Systemische Strukturaufstellungsarbeit
Systemische Strukturaufstellungen

Teamaufstellung
Tetralemmaarbeit
Tetralemmaaufstellung, Teile: das Eine, das Andere, Beides (Iteration, Kompromiß, Thesenverschiebung, Rekonstruktion als Scheingegensatz, paradoxe Verbindung, **Prämissenverschiebung/Präsuppositionenverschiebung/Haltungsänderung**, die Kraft des Nichtgewählten ins Gewählte, Absorption, übersummative Verbindung, Mehrdeutigkeit), Keines von Beiden (4 Hauptarten), **Und auch dies nicht — und selbst das nicht**

verdeckte Aufstellung
versehentliche Aufstellung

Wahrnehmungs- und Empfindungsarten, Grundkategorien (prototypisch vs. spezifisch, abstrakt vs. konkret, topologisch vs. geometrisch vs. sozial vs. familiär, resonant vs. invariant vs. variant, eigen vs. fremd, **eigenresonant** vs. eigen invariant)
Wertpolaritätenaufstellung
Wertsystemaufstellung

Zielannäherungsaufstellung

Ein paar Worte zum Abschluß

Insa Sparrer

„Wenn wir uns fragen, wie die Information bei Systemischen Strukturaufstellungen übermittelt wird, stellen wir vielleicht einfach die falsche Art von Fragen. Vielleicht sollten wir von Metaphern der Verbindung ausgehen statt von Metaphern der Trennung."

„Emotionen sind wie herumflatternde Vögel: Sie kommen und verschwinden, gehören aber nicht zu uns."

„Vielleicht können wir lernen, probeweise alle Emotionen wie repräsentierende Wahrnehmungen aufzufassen. Wir verzichten so immer mehr darauf, uns mit ihnen zu verwechseln."

„In den Systemischen Strukturaufstellungen zeigt sich das Wissen zwischen uns. Alle wesentlichen Gedanken

andere

„Der gewöhnliche Mensch bedauert seine Fehler – der besondere seine Unachtsamkeit." (Aus dem *Tassawuf*)

„Das Gewissen ist ein systemisches Gleichgewichtsorgan."
(Bert Hellinger)

„Leiden ist leichter."
(Bert Hellinger)

„Wir können verstehen, was besser heißt, ohne zu wissen, was gut heißt." (Steve de Shazer)

„Die Tatsachen gehören alle nur zur Aufgabe, nicht zur Lösung."
(Ludwig Wittgenstein)

„Es ist nie zu spät, eine glückliche Kindheit gehabt zu haben."
(Milton H. Erickson)

„Die Lösung des Problems des Lebens merkt man am Verschwinden

Matthias Varga von Kibéd

„Bei der Systemischen Strukturaufstellungsarbeit fragen wir nicht mehr einfach, wer welche Eigenschaft hat. Es gilt vielmehr, Vorstellungen davon zu entwikkeln, unter welchen Bedingungen sich welche Eigenschaften bei wem zeigen."

„Ein Aspekt, den Bert Hellinger besonders verkörpert, ist eine tiefe Suche voll Staunens, wozu wir eigentlich da sind, wie wir gemeint sind, welches andere Geheimnis um uns selbst wir noch nicht erkannt haben. Das ist kein neugieriges Suchen, sondern so, wie wenn man die Augen öffnet für eine Landschaft, ganz weit, die man noch nie zuvor sah, und staunt."

„Die Schwerkraft für eine moralische Instanz zu halten ist nicht besonders hilfreich."

fließen letztendlich aus der Quelle dieses Wissens. Wir sind nur Gefäße dafür."

„Das Leben ist eine Heilungskrise."

dieses Problems." (Ludwig Wittgenstein)

„Manche Leute meinen, Therapie habe etwas Hartes und Bitteres zu sein. Vielleicht ist es ja so – aber nicht bei mir!!" (Virginia Satir)

„Wenn ich wüßte, wieviel zwei und zwei sind, würde ich sagen: vier!" (Mullah Nasreddin)

„Nicht an sich zu arbeiten heißt, den anderen keine Gelegenheit zu geben, eine bessere Version von uns kennenzulernen – und das wäre bedauerlich."

„Kopfschmerz ist kein Aspirinmangel."

Literatur

Andersen, T. (Hrsg.) (1990): Das reflektierende Team. Dortmund (Modernes Lernen).

Andreas, C. u. T. Andreas (1995): Der Weg zur inneren Quelle. Core-Transformation in der Praxis. Paderborn (Junfermann).

Baecker, D. (1994): Kalkül der Form. Frankfurt a. M. (Suhrkamp).

Bateson, G. (1979): Geist und Natur. Frankfurt a. M. (Suhrkamp).

Bateson, G. (1983): Ökologie des Geistes. Frankfurt a. M. (Suhrkamp).

Baxa, G.-L. (1998): Das Lernen des Nichtlernbaren. In: G. Weber (Hrsg.): Praxis des Familien-Stellens. Heidelberg (Carl-Auer-Systeme), S. 467–472.

Beaumont, H., C. Beaumont a. J. ten Herkel-Chaudhri (eds.) (1997): Touching Love. Bert Hellinger at Work with Family Systems. Heidelberg (Carl-Auer-Systeme).

Bley, J. u. L. Lewitan (Hrsg.) (1998): Leitfaden Psychotherapie in München. München (Goldschmidt).

Boszormenyi-Nagy, I. (1987): Foundations of Contextual Therapy. Collected Papers of I. Boszormenyi-Nagy. New York (Brunner & Mazel).

Boszormenyi-Nagy, I. u. G. Spark (1973): Unsichtbare Bindungen. Die Dynamik familiärer Systeme. Stuttgart (Klett-Cotta).

Brunner, E. J. (1990): Von der Familientherapie zur systemischen Perspektive. Berlin et al. (Springer).

Buber, M. (1992): Das dialogische Prinzip. Gerlingen (Lambert & Schneider).

Cusanus, N. (1952): De non aliud. In: E. Hoffmann (Hrsg.): Schriften des Nikolaus Cusanus. Heft 12. Hamburg (Felix Meiner).

Cusanus, N. (1964): Der verborgene Gott. De deo abscondito. In: L. Gabriel (Hrsg.): Nikolaus Cusanus: Philosophisch-theologische Schriften. Wien (Herder), S. 299–311.

Dörner, D. (1992): Die Logik des Mißlingens. Strategisches Denken in komplexen Situationen. Reinbek (Rowohlt).

Dörner, D., H. W. Kreuzig u. J. Reither (Hrsg.) (1999): Lohhausen. Vom Umgang mit Unbestimmtheit und Komplexität. Göttingen (Hans Huber).

Drees, A. (1995): Freie Phantasien in der Psychotherapie und in Balint-Gruppen. Göttingen / Zürich (Vandenhoeck & Ruprecht).

Erickson, M. H., E. L. Rossi u. S. L. Rossi (1978): Hypnose. München (Pfeiffer).

Erickson, M. H. (1998): Förderung des objektiven Denkens und neuer Bezugsrahmen durch Pseudoorientierung in der Zeit. In: E. L. Rossi (Hrsg.): Gesammelte Schriften von Milton H. Erickson. Heidelberg (Carl-Auer-Systeme), S. 178–181.

Essen, C. u. G.-L. Baxa (1998): Hilfe, was ist Hilfe? Zur Anwendung systemischer Aufstellungsarbeit bei Supervisionen und Konsultationen größerer (Helfer-)Systeme. In: G. Weber (Hrsg.): Praxis des Familien-Stellens. Heidelberg (Carl-Auer-Systeme), S. 377–393.

Essen, S. (1990): Vom Problemsystem zum Ressourcensystem. In: E. J. Brunner (Hrsg.): Von der Familientherapie zur systemischen Perspektive. Berlin et al. (Springer).

Essen, S. (1998): „Woher hab ich das nur?“ Ein Rückgaberitual für die Einzeltherapie. In: G. Weber (Hrsg.): Praxis des Familien-Stellens. Heidelberg (Carl-Auer-Systeme), S. 135–141.

Fischer, H. R. (1991): Sprache und Lebensform – Wittgenstein über Freud und die Geisteskrankheit. Heidelberg (Carl-Auer-Systeme).

Fischer, R. (Hrsg.) (1998): Also sprach Mulla Nasrudin. München (Droemer Knaur).

Franke, U. (1996): Systemische Familienaufstellungen. München (Profil).

Franke-Griksch, M. (1998): Vom Paar zur Familie – wenn sich ein Kind ankündigt. Systemische Arbeit und Familienstellen mit „schwangeren Paaren“. In: G. Weber (Hrsg.): Praxis des Familien-Stellens. Heidelberg (Carl-Auer-Systeme), S. 230–238.

Fynn (1998): Hallo, Mr. Gott, hier spricht Anna. München (Scherz).

Garnier, J.-P. (1965): Nasreddin Hodscha, der türkische Till Eulenspiegel. München (Heimeran).

Gendlin, E. T. (1993): Die umfassende Rolle des Körpergefühls im Denken und Sprechen. *Deutsche Zeitschrift für Philosophie* 41: 693–706.

Gilligan, S. G. (1991): Therapeutische Trance. Das Prinzip Kooperation in der Ericksonschen Hypnotherapie. Heidelberg (Carl-Auer-Systeme).

Gilligan, S. G. (1999): Liebe dich selbst wie deinen Nächsten. Die Psychotherapie der Selbstbeziehung. Heidelberg (Carl-Auer-Systeme).

Hayakawa, S. I. (1990): Language in Thought and Action. San Diego (Harcourt).

Hellinger, B. (1995): Ordnungen der Liebe. Heidelberg (Carl-Auer-Systeme).

Hellinger, B. (1997a): Die Mitte fühlt sich leicht an. Vorträge und Geschichten. München (Kösel).

Hellinger, B. (1997b): Familienstellen mit Kranken. Dokumentation eines Kurses. Heidelberg (Carl-Auer-Systeme).

Hellinger, B. (1997c): Ordnungen der Liebe. Ein Kursbuch. Heidelberg (Carl-Auer-Systeme).

Hellinger, B. (1997d): Schicksalsbindungen bei Krebs. Ein Kurs für Betroffene, ihre Angehörigen und Therapeuten. Heidelberg (Carl-Auer-Systeme).

Hellinger, B (1997e): Verdichtetes. Heidelberg (Carl-Auer-Systeme).

Hellinger, B. (1998a): Haltet mich, dass ich am Leben bleibe. Lösungen für Adoptierte. Heidelberg (Carl-Auer-Systeme).

Hellinger, B. (1998b): In der Seele an die Liebe rühren. Familien-Stellen mit Eltern und Pflegeeltern von behinderten Kindern. Heidelberg (Carl-Auer-Systeme).

Hellinger, B. (1998c): Wo Schicksal wirkt und Demut heilt. Ein Kurs für Kranke. Heidelberg (Carl-Auer-Systeme).

Hellinger, B. u. G. Ten Hövel (1997): Anerkennen, was ist. München (Kösel).

Kim-Berg, I. u. S. D. Miller (1993): Kurzzeittherapie bei Alkoholproblemen. Heidelberg (Carl-Auer-Systeme).

Hoflehner, (i. Vorb.): Systemische Strukturaufstellungen in der Theaterpraxis.

Kim-Berg, I. u. S. D. Miller (1997): Die Wunder-Methode. Ein völlig neuer Ansatz bei Alkohol-Problemen. Dortmund (Modernes Lernen).
Korzybski, A. (1958): Science and sanity. An introduction to non-Aristotelian systems and general semantics. Lakeville, CT (International Non-Aristotelian Library).
Lange, R. (1998): Kreativität und Problemlösen. In: H. Tremel u. M. Ohmann (Hrsg.): Studiengang Öffentlichkeitsarbeit. Studienband Kreation. Frankfurt a. M. (Gemeinschaftswerk der evangelischen Publizistik).
Lauterbach, M. u. E. Pfäfflin (1998): Familienaufstellung und Psychodrama. In: G. Weber (Hrsg.): Praxis des Familien-Stellens. Heidelberg (Carl-Auer-Systeme), S. 352–359.
Ludewig, K. (1992): Systemische Therapie. Stuttgart (Klett-Cotta).
Matzka, R. u. M. Varga von Kibéd (1994): Motive und Grundgedanken der „Gesetze der Form". In: D. Baecker (Hrsg.): Kalkül der Form. Frankfurt a. M. (Suhrkamp), S. 58–85.
Milz, H. u. M. Varga von Kibéd (1998): Körpererfahrungen – Anregungen zur Selbstheilung. Zürich (Walter).
Molzberger, P. (1993): Synergetische Zusammenarbeit – ein Schwimmkurs für Führungskräfte. (Reihe Edition, Nr. 3) München (Graphic-Consult).
Moreno, J. L. (1991): Die Grundlagen der Soziometrie. Opladen (Westdeutscher Verlag).
Nagel, G. (1995): Radikal denken, sensibel umsetzen. *Blickpunkte* 1: 7. München (Graphic Consult & Nagel Corporate Marketing).
Neuhauser, J. (1998): Wie Liebe gelingt. Bert Hellingers Rundenarbeit mit Paaren. In: G. Weber (Hrsg.): Praxis des Familien-Stellens. Heidelberg (Carl-Auer-Systeme), S. 217–229.
O'Hanlon, W. H. (1991): Eckpfeiler. Hamburg (ISKO).
O'Hanlon, W. H. u. A. L. Hexum (1994): Milton H. Ericksons gesammelte Fälle. Stuttgart (Klett-Cotta).
Peirce, C. S. (1983): Phänomen und Logik der Zeichen. Frankfurt a. M. (Suhrkamp).
Prekop, J. (1998): Von der geglückten Verbindung des systembezogenen Ansatzes mit der Festhaltetherapie. In: G. Weber (Hrsg.): Praxis des Familien-Stellens. Heidelberg (Carl-Auer-Systeme), S. 257–265.
Prekop, J. u. B. Hellinger (1998): Wenn ihr wüsstet, wie ich euch liebe. München (Kösel).
Satir, V. (1996): Kommunikation, Selbstwert, Kongruenz. Konzepte und Perspektiven familientherapeutischer Praxis. Paderborn (Junfermann).
Satir, V., J. Barmer u. J. Gerber (Hrsg.) (1995): Das Satir-Modell. Familientherapie und ihre Weiterentwicklung. Paderborn (Junfermann).
Scheiblich, W. (Hrsg.) (1999): Bilder – Symbole – Rituale: Dimensionen der Behandlung Suchtkranker. Freiburg (Lambertus).
Schlimp, K. (2000): Systemische Aufstellungsarbeit mit Musikern. Wien.
Schlippe, A. von u. J. Schweitzer (1996): Lehrbuch der systemischen Therapie und Beratung. Göttingen (Vandenhoek & Ruprecht).
Schmidt, G. (1985): Systemische Familientherapie als zirkuläre Hypnotherapie. *Familiendynamik* 10: 241–264.
Schuon, F. (1981): Von der inneren Einheit der Religionen. Interlaken (Ansata).
Schwertfeger, B. u. K. Koch (1995): Der Therapieführer. München (Heyne).
Shah, I. (1975): The Pleasantries of the Incredible Mulla Nasrudin. London (Picador/Pan books).

Shah, I. (1987): The Exploits of the Incomparable Mulla Nasrudin. London (Octagon).
Shah, I. (1992): Die fabelhaften Heldentaten des vollendeten Narren und Meisters Mulla Nasrudin. Freiburg (Herder Spektrum).
Shazer, S. de (1992): Das Spiel mit Unterschieden. Heidelberg (Carl-Auer-Systeme).
Shazer, S. de (1995): Der Dreh. Überraschende Wendungen und Lösungen in der Kurztherapie. Heidelberg (Carl-Auer-Systeme).
Shazer, S. de (1996): „... Worte waren ursprünglich Zauber." Lösungsorientierte Therapie in Theorie und Praxis. Dortmund (Modernes Lernen).
Simon, F. B. (1992): Unterschiede, die Unterschiede machen. Berlin (Springer).
Sparrer, I. (1987): Grammatik der Körpersprache. Ludwig-Maximilians-Universität München, Fakultät für Psychologie (unveröffentl. Diplomarbeit).
Sparrer, I. (1997): Modifikationen der Grundprinzipien der Systemischen Familienaufstellungen beim Übergang zu Systemischen Strukturaufstellungen. In: *Hypnose und Kognition* 4 (1/2).
Sparrer, I. (1998a): Aspekte des Systemischen – Wie systemisch ist die Aufstellungsarbeit? *Praxis der Systemaufstellung. Zeitschrift der Arbeitsgemeinschaft Systemische Lösungen nach Bert Hellinger* 2: 19–24.
Sparrer, I. (1998b): Lösungsaufstellung, Neunfelderaufstellung und Zielannäherungsaufstellung: drei Formen der Verbindung von systemischer Aufstellungsarbeit und de Shazers lösungsorientierter Kurztherapie. In: G. Weber (Hrsg.): Praxis des Familien-Stellens. Heidelberg (Carl-Auer-Systeme), S. 360–364.
Sparrer, I. (1998c): Lösungsorientierte Kurztherapie und Strukturaufstellungsarbeit als zwei Formen der Systemischen Therapie. In: J. Bley u. L. Lewitan (Hrsg.): Leitfaden Psychotherapie in München. München (Goldschmidt).
Sparrer, I. (1999a): Heilsame Rituale und systemische Resonanz. In: W. Scheiblich (Hrsg.): Bilder, Symbole, Rituale. Freiburg i. Br. (Lambertus).
Sparrer, I. (1999b): Systemische Strukturaufstellungen zu psychosomatischen Erkrankungen. *Praxis der Systemaufstellung. Zeitschrift der Arbeitsgemeinschaft Systemische Lösungen nach Bert Hellinger* 2: 30–37
Sparrer, I. (2000): Die Organisationsstrukturaufstellung und andere Systemische Strukturaufstellungen für Fragestellungen im Organisationsbereich. *Praxis der Systemaufstellung. Zeitschrift der Arbeitsgemeinschaft Systemische Lösungen nach Bert Hellinger* 1.
Sparrer, I. (i. Vorb. a): Konstruktivistische Aspekte der Phänomenologie und phänomenologische Aspekte des Konstruktivismus. In: G. Weber (Hrsg.): Derselbe Wind lässt viele Drachen steigen. Heidelberg (Carl-Auer-Systeme).
Sparrer, I. (i. Vorb. b): Vom Familienstellen zur Organisationsaufstellung – zur Anwendung Systemischer Strukturaufstellungen im Organisationsbereich. In: G. Weber (Hrsg.): Praxis der Organisationsaufstellungen. Heidelberg (Carl-Auer-Systeme).
Sparrer, I. (i. Vorb. c): Geometrie der Lösungen.
Sparrer, I. u. M. Varga von Kibéd (1995): Systemische Familientherapie: Strukturaufstellungsarbeit. In: B. Schwertfeger u. K. Koch (Hrsg.): Der Therapieführer. München (Heyne), S. 243–249.
Sparrer, I. u. M. Varga von Kibéd (1996): Theorie und Praxis der Systemischen Strukturaufstellungen (zwei Videokassetten). Dortmund (VCR).

Sparrer, I. u. M. Varga von Kibéd (1998a): Wie Systeme Systeme wahrnehmen: Körperliche Selbstwahrnehmungen bei Systemischen Strukturaufstellungen. In: H. Milz u. M. Varga von Kibéd (Hrsg.): Körpererfahrungen – Anregungen zur Selbstheilung. Zürich (Walter), S. 114–141.

Sparrer, I. u. M. Varga von Kibéd (1998b): Vom Familien-Stellen zur Systemischen Strukturaufstellungsarbeit. In: G. Weber (Hrsg.): Praxis des Familien-Stellens. Heidelberg (Carl-Auer-Systeme), S. 394–404.

Spencer Brown, G. (1997): Gesetze der Form. Lübeck (Bohmeier). [engl. Orig. (1967): Laws of Form. London (Allen & Unwin).]

Stegmüller, W. u. M. Varga von Kibéd (1984): Strukturtypen der Logik. Berlin et al. (Springer).

Steinbrenner, J. u. U. Winko (1997): Bilder in der Philosophie und in anderen Künsten und Wissenschaften. Paderborn et al. (Schöningh).

Stöger, W. (1992): Mehr als „nur" führen. Wenn Betroffene zu Beteiligten werden. (Reihe Edition, Nr. 6) München (Graphic Consult).

Sturm, H. P. (1996): Weder Sein noch Nichtsein. Der Urteilsvierkant (*catuskoti*) und seine Korollarien im östlichen und westlichen Denken. Würzburg (Ergon).

Ule, A. (1997): Operationen und Regeln bei Wittgenstein. München (Peter Lang).

Ule, A. u. M. Varga von Kibéd (1998): Transcendental Unity and the Intrinsic Connection of Logic, Ethics, and Aesthetics in the Tractatus. *Acta Analytica* 21: 31–47.

Ule, A. u. M. Varga von Kibéd (i. Vorb.): Welt und Wirklichkeit in Wittgensteins Tractatus. In: W. Vossenkuhl (Hrsg.): Wittgensteins Tractatus. Berlin (Akademie-Verlag).

Ulsamer, B. (1999): Ohne Wurzeln keine Flügel. Die systemische Therapie von Bert Hellinger. München (Goldmann).

Varela, F. J., E. Thompson u. E. Rosch (1995): Der mittlere Weg der Erkenntnis. München (Goldmann).

Varga von Kibéd, M. (1989): Wittgenstein und Spencer Brown. In: P. Weingartner u. G. Schurz (Hrsg.): Philosophie der Naturwissenschaften. Akten des 13. Internationalen Wittgenstein-Symposiums, Kirchberg 1988. Wien (Hölder-Pichler-Tempsky), S. 402–406. [auch (1991): *Acta Analytica* : 127–133.]

Varga von Kibéd, M. (1990): Aspekte der Negation in der buddhistischen und formalen Logik. *Synthesis Philosophica* 10: 581–593.

Varga von Kibéd, M. (1994): Neue Denkstrukturen erleben. In: G. Haslinger et al. (Hrsg.): Chancen in der Krise. Dokumentation zum 1. GC-Führungssymposium 1994. München (Graphic-Consult).

Varga von Kibéd, M. (1995a): Fünf Arten des radikalen Wandels. *Blickpunkte* 1: 5 München (Graphic Consult & Nagel Corporate Marketing).

Varga von Kibéd, M. (1995b): Ganz im Gegenteil. Querdenken als Quelle der Veränderung. (Reihe Edition, Nr. 9) München (Graphic-Consult).

Varga von Kibéd, M. (1997): Wiedererkennen als Kontrolle und als Quelle von Vergangenheit und Identität. In: J. Steinbrenner u. U. Winko (Hrsg.): Bilder in der Philosophie und in anderen Künsten und Wissenschaften. Paderborn et al. (Schöningh), S. 99–112.

Varga von Kibéd, M. (1998a): Bemerkungen über philosophische Grundlagen und methodische Voraussetzungen der systemischen Aufstellungsarbeit. In: G. Weber (Hrsg.): Praxis des Familien-Stellens. Heidelberg (Carl-Auer-Systeme), S. 51–60.

Varga von Kibéd, M. (1998b): Die gemeinsame Form von Zeichen, Unterscheidungen und Paradoxien. Vortrag vom 1. Weltkongreß der Psychotherapie in Wien 1996 [Tonkassette]. Münsterschwarzach (Vier Türme).

Varga von Kibéd, M (1998c). Die theoretischen Grundlagen systemischen Denkens [3 Tonkassetten]. Münsterschwarzach (Vier Türme).

Varga von Kibéd, M. (1998d): Systemisches Kreativitätstraining: Tetralemma-Aufstellungen und Aufstellungsarbeit mit Drehbuchautoren. In: G. Weber (Hrsg.): Praxis des Familien-Stellens. Heidelberg (Carl-Auer-Systeme), S. 504–509.

Varga von Kibéd, M. (1999a): Barrieren, Visionen, Strategien – der Rahmen für Innovation und Investition. In: IRD-Jahresbroschüre 1999 (Vorträge der 34. IRD-Jahrestagung, 26.–27. Januar 1999 in Luzern). Hanau (IRD), S. 41–52.

Varga von Kibéd, M. (1999b): Die Qual der Wahl – das Dilemma der Entscheidung. In: IRD-Jahresbroschüre 1999 (Vorträge der 34. IRD-Jahrestagung, 26.–27. Januar 1999 in Luzern). Hanau (IRD), S. 33–40.

Varga von Kibéd, M. (i. Vorb.): Unterschiede und tiefere Gemeinsamkeiten der Aufstellungsarbeit mit Organisationen und der systemischen Familienaufstellungen. In: G. Weber (Hrsg.): Praxis der Organisationsaufstellungen. Heidelberg (Carl-Auer-Systeme).

Walter, J. L. u. J. E. Peller (1995): Lösungsorientierte Kurztherapie. Dortmund (Modernes Lernen).

Watzlawick, P. (1974): Lösungen. Göttingen (Huber).

Watzlawick, P. u. G. Nardone (1994): Irrwege, Umwege und Auswege. Zur Therapie versuchter Lösungen. Göttingen (Huber).

Watzlawick, P., J. H. Beavin u. D. D. Jackson (1996): Menschliche Kommunikation. Göttingen (Huber).

Weber, G. (Hrsg.) (1997): Zweierlei Glück. Die systemische Psychotherapie Bert Hellingers. 10. Aufl. Heidelberg (Carl-Auer-Systeme).

Weber, G. (Hrsg.) (1998): Praxis des Familien-Stellens. Beiträge zu systemischen Lösungen nach Bert Hellinger. Heidelberg (Carl-Auer-Systeme).

Weber, G. (Hrsg.) (i. Vorb.): Praxis der Organisationsaufstellung. Heidelberg (Carl-Auer-Systeme).

Weber, G. u. B Gross (1998): Organisationsaufstellungen. In: G. Weber (Hrsg.): Praxis des Familien-Stellens. Heidelberg (Carl-Auer-Systeme), S. 405–420.

Weber, G. u. H. Stierlin (1989): In Liebe entzweit – Die Heidelberger Familientherapie der Magersucht. Reinbek (Rowohlt).

Wiest, F. u. M. Varga von Kibéd (1998): Homöopathische Systemaufstellungen. In: G. Weber (Hrsg.): Praxis des Familien-Stellens. Heidelberg (Carl-Auer-Systeme), S. 446–459.

Wiest, F. und M. Varga von Kibéd (i. Vorb.): Homöopathische Systemaufstellungen. Anwendung und Analogien zu Organisationsaufstellungen. In: G. Weber (Hrsg.): Praxis der Organisationsaufstellungen. Heidelberg (Carl-Auer-Systeme).

Wittgenstein, L. (1984a): Philosophische Untersuchungen. In: L. Wittgenstein: Werkausgabe, Bd. 1. Frankfurt a. M. (Suhrkamp).

Wittgenstein, L. (1984b): Tractatus logico-philosophicus. In: L. Wittgenstein: Werkausgabe, Bd. 1. Frankfurt a. M. (Suhrkamp).

Wittgenstein, L. (1984c): L. Wittgenstein: Werkausgabe, Bd. 1. Frankfurt a. M. (Suhrkamp).

Über die Autoren

Matthias Varga von Kibéd, * 1950 in Bremen, Studium (Philosophie, Logik und Wissenschaftstheorie, Mathematik) an der Universität München, Promotion (bei Wolfgang Stegmüller) über Universalgrammatik, *Strukturtypen der Logik* (gemeinsam mit Wolfgang Stegmüller 1984), Habilitation über die Grundlagen der formalen Wahrheits- und Paradoxientheorie; arbeitete als Professor an den Universitäten München, Wien, Ljubljana, Graz, Konstanz, Maribor und Tübingen.

Derzeit apl. Prof. am Institut für Philosophie, Logik und Wissenschaftstheorie der Universität München, Lehrbeauftragter für philosophische Grundlagenfragen der Psychotherapie und Wahrnehmungstheorie am Institut für medizinische Psychologie der Universität München, für philosophische und methodologische Grundlagenfragen der Psychotherapie an der Akademie der Bildenden Künste München (Lehrgang Bildnerisches Gestalten und Therapie), für systemische Grundlagenarbeit an der Drehbuchwerkstatt der Hochschule für Fernsehen und Film in München.

1994 Mitbegründung des ISAF, 1996 SySt/Institut für systemische Ausbildung, Fortbildung und Forschung in München. Einzelsupervision, Coaching, Institutssupervision und Seminartätigkeit sowie Lehrtätigkeit an diversen Aus- und Fortbildungsinstituten für systemische Therapie und systemische Beratung in Berlin, Heidelberg, Wien, Graz, Linz u. a.; Kooperationspartner der Unternehmensgruppe GC Gesellschaft für Consulting in München.

Forschungsschwerpunkte: Paradoxientheorie, formale Wahrheitstheorie, Nichtstandardlogik, Grundlagen der formalen Semiotik, früher und mittlerer Wittgenstein, Grundlagenfragen der Psychotherapie, systemisches Denken, Methodik der systemischen Aufstellungsarbeit.

Insa Sparrer, * 1955 in Weiden; Diplompsychologin, studierte in München Psychologie und ist seit 1989 als Psychotherapeutin in freier Praxis tätig (Einzel-, Paar-, Familientherapie, Supervision). Aus- und Fortbildungen in Gesprächstherapie, Verhaltenstherapie, Hypnotherapie, Familientherapie und systemischer Therapie.

Schwerpunkt ihrer Arbeit ist es, entgegengesetzte Therapierichtungen in Theorie und Praxis zu verbinden, wie Gesprächs- und Hypnotherapie (klientenzentriert versus strategisch) oder systemisch-konstruktivistische Ansätze und systemisch-phänomenologische Ansätze. Die „Lösungsaufstellungen", eine Kombination der lösungsorientierten Kurztherapie nach Steve de Shazer mit systemischer Aufstellungsarbeit, stellten eine solche Verbindung dar.

1994 Mitbegründerin des ISAF; 1996 gründete sie zusammen mit Matthias Varga von Kibéd das SySt/Institut für systemische Ausbildung, Fortbildung und Forschung, an dem sie zusammen unter anderem die von ihnen gemeinsam entwickelten Systemischen Strukturaufstellungen lehren.

Insa Sparrer ist Kooperationspartnerin der GC Gesellschaft für Consulting in München, gibt Aus- und Fortbildungsseminare an verschiedenen Fortbildungsinstituten in Deutschland und Österreich (MEG Heidelberg, IFS Linz, Austrian Institut for NLP Wien u. a.) sowie an der Hochschule für Fernsehen und Film in München.

Wenn Sie den Autoren etwas mitteilen möchten, schreiben Sie bitte an:

Insa Sparrer, Matthias Varga von Kibéd
SySt
c/o Praxis Sparrer
Akademiestr. 21
80799 München
E-Mail: SySt1@t-online.de

Informationen über Publikationen, Fortbildungs- und Veranstaltungsprogramme bei:

Galerie Avicenna
Helene Saal
Tel.: (0 89) 28 98-67 67
Fax: (0 89) 28 98-62 73
E-Mail: Avicenna@t-online.de

lungo tutto il soffitto per creare "un'atmosfera onirica di movimento" – parole di Tanya. Eve ne aveva altre in mente che stava sforzandosi di non pronunciare.

Tanya aveva anche depredato ogni ferramenta, supermercato e la maggior parte di internet di tutte le lucine che sarebbero state poste su ogni superficie disponibile, sia verticale sia orizzontale. Grazie al cielo quel compito esulava dalle competenze di Eve e diversi amici di Luke erano già in cima alle scale con fili di luci ingarbugliati sul pavimento, ai piedi e alle gambe dei presenti.

«Buongiorno a tutti!», salutò Eve con voce stridula mentre incespicava all'interno con le braccia cariche di stoffa. A malapena le si vedevano gli occhi dietro la montagna di chiffon. «Dove metto queste?»

«Che sono?», chiese uno degli amici di Luke in cima a una scala.

«La roba per l'atmosfera onirica», rispose Eve. «Dobbiamo appenderle alle travi del tetto». O ciò che ne resta, pensò alzando lo sguardo verso una famiglia di uccellini che avevano fatto il nido in uno dei tanti buchi sul soffitto.

«Intanto le prendo io», disse una voce profonda lì accanto. Eve impietrì. Non sentiva quella voce da quattro anni, da quando se n'era andato. «Come stai, Red?».

Aveva avuto una marea di tempo per immaginarsi quel momento, per pianificare una risposta intensa e profondamente intelligente che potesse offrire un convincente scorcio interiore di quello che provava. Aprì la bocca per parlare e tutto quello che le uscì fu: «Ben». Come saluto, non era granché.

«Non sei cambiata per niente».

«Forse non al di fuori». *Fai di meglio, Eve, fai di meglio.* Ben sembrò per un attimo bastonato da quella risposta e non fu pronto a ribattere.

«Allora, vuoi una mano o no?»

«No», poi, ripensandoci, aggiunse: «Grazie, però». Le buone maniere non costavano niente.

«Come vuoi». Ben si girò e tornò a districare una matassa di lucine. *Cazzo.* Le serviva aiuto eccome, solo non da lui. Cominciavano a farle male le braccia sotto il peso della stoffa e non aveva la minima idea di come poterle appendere da sola. E non poteva chiedere aiuto a qualcun altro ora che aveva rifiutato l'offerta di Ben.

«Okay, va bene», sbuffò. «Dammi una mano».

Con un'alzata di spalle, Ben tornò da lei a braccia tese per dividere il carico. «Dove vanno?»

«Lassù». Eve accennò con il capo al soffitto e scaricò tutta la stoffa su di lui. «Non so bene come, ma ora il problema è tuo. Io mi chiamo fuori».

Quando le pesanti porte della fabbrica si richiusero dietro di lei, ancora lo sentiva gridare. Alla fine aveva avuto ragione: era cambiata.

Quella rapida uscita drammatica, però, seppur gratificante, le pose un bel dilemma. Si presupponeva infatti che dovesse tornare difilato dentro a passare la lucidatrice. Una gran parte di lei avrebbe voluto mandare tutto a quel paese, versarsi un enorme gin tonic e prendere il sole sul balcone per il resto della giornata, ma più tardi c'erano le prove oltre che quarant'anni di grasso da rimuovere dal pavimento prima dell'indomani. Per quanto Tanya potesse essere irritante con le sue pretese, non poteva rovinarle il giorno più bello della sua vita con un pavimento appiccicoso.

«Mi servono rinforzi», disse Eve non appena Becca rispose al telefono. «Sono alla fabbrica che, tra parentesi, è un posto ridicolo per fare una festa, e c'è Ben». Eve udì Becca trattenere il fiato. «Ho fatto un'uscita brillante, ma

ora devo tornare dentro per pulire i pavimenti e non voglio fare la figura dell'idiota».

«Non rientrare, allora. Goditi il momento, aspetta e ci torniamo insieme dopo le prove».

«Oddio, le prove. Quindi lo rivedrò lì». Eve si appoggiò alla parete laterale della fabbrica dove si era andata a nascondere. «Ma perché non è rimasto in Nuova Zelanda?»

«Ignoralo, non hai motivo di parlarci. Ci sarò io e ci sarà Ayesha, basta che stai con noi».

«Sei fantastica».

«Lo so. Mi ricordi a che ora?»

«Cosa?»

«Le prove».

«Alle tre. Sai dov'è la chiesa?»

«No. Da qualche parte a sud del fiume, no?».

Eve sorrise. Becca sarà stata anche fantastica, ma non avrebbe mai vinto un premio per l'organizzazione. «Ti passo a prendere sotto casa con un taxi, fatti trovare pronta per le due e mezza».

«Perfetto. Ah, Eve?»

«Sì?»

«Testa alta».

Fino a quel momento Eve l'aveva visto solo nei documentari sulla natura. Passo irrequieto, occhi che saettano pericolosamente intorno, leggero movimento tra i cespugli e... BALZO. Chiunque abbia mai descritto le spose radiose di felicità e colme di incertezza e commovente romanticismo non ha mai assistito alle prove di un matrimonio.

«Siete in ritardo», le aggredì Tanya. Non era vero, ma la sposa tamburellava comunque con il dito sull'orologio. «Aspettavamo solo voi». Eve si guardò intorno nella chiesa praticamente vuota. Non c'erano ancora nemmeno i genitori di Luke. Né Ben.

«Be', adesso siamo qui», rispose allegra. «Cosa possiamo fare?»

«Hai sistemato le tende?».

Non era il momento di stare a sottilizzare. «Fatto tutto».

«E i pavimenti?»

«Sotto controllo».

«Be', è già qualcosa, immagino». Eve trattenne il fiato in attesa di una frase di ringraziamento, ma non arrivò.

«Allora, queste sono le chiavi del nostro appartamento. Andremo in aeroporto subito dopo la festa, quindi dovrai andare a dormire da noi domani sera per occuparti di Coco. Ho lasciato quintali di acqua e cibo, ma quando arrivi falle fare un giro dell'isolato. Sarà rimasta chiusa in casa tutto il giorno e la piccolina produce una quantità di cacca che basta per l'intera Inghilterra». Le lanciò un mazzo di chiavi e, con un sospiro teatrale, guardò deliberatamente l'orologio appena vide entrare in tutta fretta i genitori di Luke, poi si voltò verso il sacerdote in attesa. «Bene, penso che possiamo cominciare».

Le prove erano quasi finite quando fece irruzione Ben, profondendosi in scuse.

Eve trattenne il respiro, in attesa che la tirasse in mezzo spiegando nel dettaglio cosa lo avesse trattenuto così a lungo, ma lui diede la colpa al traffico e restò in silenzio mentre Tanya lo faceva a fette.

Poi prese modestamente posto accanto a Becca alla fine della navata.

«No, Ben, non lì!», strillò Tanya. «Devi stare accanto a Eve, lo sapresti già, se fossi arrivato in orario».

Mentre le si metteva accanto, Eve sentì odore di dopobarba mescolato a sudore maschile causato, senza dubbio, dall'aver appeso venticinque chilometri di bastardissimo chiffon. «Fatto», le sussurrò.

Non riuscì a ringraziarlo, quindi tenne gli occhi puntati su un crocifisso.

«Prego», disse Ben nel silenzio.

Eve roteò gli occhi. Aveva una bella faccia tosta. Come poteva pensare di rientrare nella sua vita a passo di valzer, farle un piccolo favore e vederla fare spallucce, cancellare il passato e fingere che non fosse successo niente?

Erano appena passate le otto quando Becca ed Eve riuscirono a tornare alla fabbrica per rendere presentabili i pavimenti. Tanya aveva prenotato, a sorpresa, una manicure alle damigelle, non tanto per carineria, quanto per essere sicura che tutte avessero unghie arrotondate e non squadrate, dipinte della stessa insignificante tonalità rosa pallido. Personalismi e individualità erano pressoché banditi dal suo matrimonio. Eve riuscì a rovinarsele subito nella prima mezz'ora di pulizia dei pavimenti.

«Sai, avresti potuto semplicemente dirle di no», le disse Becca, che la seguiva tenendo il filo fuori dalla portata dell'apparecchio.

«E chi l'avrebbe fatto?», replicò Eve, soffiandosi via i lunghi capelli dal viso mentre manovrava l'ingombrante lucidatrice in un angolo.

«Avrebbe trovato qualcuno. Nota bene che non l'ha chiesto né a me né ad Ayesha, perché sapeva che le avremmo riso in faccia. Devi imparare l'arte del dire "no"».

«No».

«Ah ah ah. Dico sul serio, lo chiede a te perché sa che lo fai. Sei così anche in ufficio? Fai il lavoro degli altri?».

Eve ci pensò su un secondo. Non è che fosse una maniaca del controllo, una perfezionista, tantomeno un'ingenua, come stava insinuando Becca; solo che trovava molto, molto difficile deludere le persone. Tuttavia, quel matrimonio stava mettendo a dura prova il limite della sua pazienza.

«Okay, ti propongo un patto», disse Eve, spegnendo la lucidatrice per non dover urlare sopra il ronzio. «D'ora in poi cercherò di trovare una nuova me. Una che non faccia niente che non voglia fare».

«Così mi piaci. Mi aiuterai però a organizzare l'addio al nubilato di Ayesha e il mio matrimonio, vero?»

«Per voi farò un'eccezione».

Si rivelò difficilissimo schermare gli occhi di Tanya per impedirle di soffermarsi sul fronte e sul retro del vestito, ma Becca aveva tenuto fede alla parola data ed era stata la sua ombra, restandole sempre a meno di un passo di distanza dalla schiena in qualsiasi momento, mentre il bouquet era fisso davanti al corpetto. Ancora non avevano esplorato le complessità di dover andare in bagno contemporaneamente, ma quel momento sarebbe arrivato. Se Eve non fosse stata terrorizzata dall'ira funesta di Tanya nel caso lo avesse scoperto, ci sarebbe stato da ridere. Avevano superato la funzione in chiesa ed Eve era perfino riuscita a rivolgere a Ben un piccolissimo e brevissimo sorriso quando le aveva dato il braccio per entrare in chiesa dietro la sposa, nonostante dentro di sé si sentiva male. C'era stato un tempo in cui aveva girato e rigirato quella scena nella sua testa, seppure con un finale diverso.

Al ricevimento un'ora dopo, Eve era rimasta senza parole dall'effetto delle stoffe eteree che pendevano dal soffitto, delle lucine sfavillanti e dei bellissimi tavoli rotondi coperti da tovagliati bianchi con al centro alti vasi straripanti di orchidee. Doveva riconoscerlo: la visione di Tanya era mozzafiato. Quando trovò il suo nome sulla grande tela poggiata sul cavalletto all'ingresso, però, trasalì. Aveva sperato di sedere accanto a Becca o Ayesha, ma non riconobbe nessuno tra i nomi al suo tavolo. Dopo tutto quello che aveva fatto per Tanya, pensava che le sarebbe stato assegnato un tavolo divertente. Appena si avvicinò al numero 13, si sentì sprofondare. Era il tavolo dei single.

«Ciao a tutti, io sono Eve». Accompagnò il saluto con un cenno della mano, nella speranza che risultasse un gesto cordiale e non smorfioso. Una rapida scorsa ai commensali aveva già confermato che difficilmente avrebbero incluso la sua futura anima gemella. Non che fosse superficiale o prevenuta – uno dei quattro uomini seduti avrebbe potuto benissimo sorprenderla con l'arguzia e il motteggio, ma le sembrava improbabile.

Dopo un giro del tavolo per stringere la mano a tutti, uno di loro tirò fuori una bottiglietta di gel antibatterico dalla tasca interna, e un altro cominciò a sniffare forsennatamente da un inalatore. Quello con i capelli neri di fronte a lei aveva estratto da una mini borsa frigo dei contenitori di plastica con lenticchie e *felafel* fatti in casa, e il brufoloso nipote dello sposo alla sua destra era già partito con gli shot, pescando una fettina di limone da quello che, Eve ne era sicura, era il *suo* bicchiere d'acqua e versandosi il sale sulla mano. Le donne si rivelarono altrettanto amichevoli.

«Quindi, cosa fai...», Eve scrutò il segnaposto dello sterminatore di germi accanto a lei, «...Peter?».

Le rispose con la stessa identica voce nasale che gli aveva già mentalmente assegnato. «Sono un botanico. Lo sapresti, se avessi letto il tuo cartoncino».

«Cartoncino?»

«Davanti a te».

Eve guardò la tavola. Alla vista di quattro set di posate si sentì sprofondare al pensiero del numero di portate che minacciavano e, sotto il tovagliolo, notò un cartoncino. Sopra, stampato in caratteri puliti, era scritto:

Benvenuti al tavolo 13 (sfortunato per qualcuno!). Speriamo che vi godiate il ricevimento, eccovi una breve presentazione dei vostri commensali, per facilitare la conversazione e aiutarvi a fare nuove amicizie. Buon divertimento!

Peter – è botanico e grande appassionato di pesca volante.

Jenny – parla correntemente il gallese e riesce a dire il nome della stazione ferroviaria più lungo del mondo al contrario.

Kevin – è autista di metropolitana e adora l'heavy metal. Più è "heavy" e meglio è.

Anne – vive nelle Orcadi e alleva le pecore delle North Ronaldsay che si nutrono principalmente di alghe.

Bernie – è un vegano ambidestro e ha portato a termine una maratona su un pogo.

Louisa – è lessicografa e trombettista provetta.

Jake – si è appena diplomato e spera di diventare famoso.

Violet – è la prozia di Luke e ha iniziato a leggere la mano all'età di sette anni.

«Mi sembri un po' giovane per essere una prozia», disse a Eve una delle donne.

«Devono aver confuso», disse Eve. «Non sono Violet».

«Allora chi sei e cosa fai nella vita?».

Con lo stesso spirito di una riunione di alcolisti anonimi, Eve recitò: «Mi chiamo Eve, scrivo articoli per una rivista di matrimoni e bevo dieci caffè al giorno».

«Una simile quantità di caffeina può essere deleteria per la tua salute», disse l'uomo delle lenticchie che Eve etichettò correttamente come Bernie.

«Mi stai dicendo che "poghi" per un'intera maratona senza aver ingerito un minimo di caffeina?», replicò Eve.

«"Pogo" non è un verbo, è un sostantivo», precisò bruscamente la donna che, come Eve indovinò, si chiamava Louisa.

«Allora, Jake». Eve ruotò sulla sedia verso il ragazzo alla sua destra. «Per cosa vuoi diventare famoso? Canti?»

«Nah».

«Reciti?»

«Nah».

«Inventi cose?»

«Nah».

«Hai un piano B per il futuro, Jake?»

«Nah».

Eve guardò il tavolo in cui aveva sperato di essere, dove Ayesha e Amit stavano riempendo i bicchieri, Becca rideva a qualcosa che aveva detto Ben e tutti sorridevano e si divertivano. Con un sospiro, si risintonizzò sul suo tavolo, giusto in tempo per sentire Jenny che diceva: «*Hcogogogoilisytnallllwbordnrywhcyregogllygnywgllwpriafnall*».

«Buon Gesù», mormorò tra sé Eve, allungandosi al centro del tavolo per prendere un panino.

«Non penso che si possa già mangiare», disse Anne, identificandosi all'istante come una che non sarebbe mai stata sua amica.

Eve staccò un pezzo di pane e se lo infilò in bocca. «Non mi pare di aver ricevuto istruzioni in merito».

Capitolo 7

«Chiedetemi com'è il mio tavolo», disse Eve a Becca e Ayesha nel momento di stasi prima che iniziassero i discorsi e servissero i dolci, quando si incontrarono per caso nel bagno delle donne.

«Com'è il tuo tavolo?»

«Buffo che tu me l'abbia chiesto. Il ragazzo di fianco a me ha appoggiato il cellulare al cestino del pane e sta guardando una partita di calcio in diretta streaming; il tizio di fronte, Kevin penso, ha delle sopracciglia che sembrano vive e cercano di comunicare con me, una donna continua a postare su Instagram le foto dei piatti, il tipo obeso a fianco a me dall'altra parte, Peter, ha un problema nasale che se non avessi una fame da lupi mi farebbe passare l'appetito, e le altre due parlano solo tra loro. Un vero spasso, davvero».

Ayesha corrucciò le labbra allo specchio per rimettere il rossetto. «È strano, però, Eve. Ho fatto io i tavoli con Tanya e tu eri indubbiamente nel nostro».

«Be', Tanya deve aver cambiato idea e deciso che meritavo di essere punita un altro po' dopo il fiasco dell'addio al nubilato».

«No, ho perfino sistemato i pennelli sui tavoli, stamattina. Il tuo è lilla come i nostri». Tanya aveva avuto l'idea di evitare la distribuzione di cartoncini con il nome e, in omaggio alla precedente funzione della fabbrica, aveva istruito Ayesha perché scrivesse i nomi degli invitati su un centinaio di piccoli pennelli, la cui estremità era stata immersa in diversi colori per indicare il tavolo al quale si sarebbero seduti. Eve aveva notato che il suo era sul viola mentre quelli di tutti gli altri al Tavolo dei Dannati erano ironicamente di un giallo canarino, ma non si era posta il problema.

«Eri tra Jack e Amit», proseguì Ayesha. «Ma quando ci siamo seduti, al tuo posto c'era la prozia Violet».

«È uno spasso», aggiunse Becca. «Ti piacerebbe un sacco. Ha letto la mano a tutti; io avrò dei gemelli un giorno e Ayesha si trasferirà in Africa».

«Sembra molto meglio di una partita del Chelsea e di un ragazzo catarroso che si svuota i seni nasali ogni due per tre».

«Spostati al nostro adesso che rientriamo», insistette Becca.

Eve aprì la bocca per dire che non poteva, che sarebbe sembrata una scortesia, ma poi ricordò il suo recente obiettivo di pensare un po' di più a sé. Di ritorno nella sala andò dritta al proprio tavolo, raccolse il bouquet da sotto la sedia e lo lanciò con un sorriso all'allevatrice di pecore, poi rivolse a tutti i presenti stupiti un sorriso a trentadue denti. «Mi sono davvero divertita, godetevi il resto della giornata». Poi si diresse tra le accoglienti braccia del tavolo lilla.

Amit e la prozia Violet spostarono le sedie in modo che Eve potesse stringersi tra loro. L'anziana donna era vestita da capo a piedi in rosa shocking, perfino il rossetto che era impegnato a colare tra le centinaia di sottili rughe intorno alle labbra era della stessa azzardata tonalità. Quanto doveva essere liberatorio raggiungere l'età in cui i tuoi gusti altrimenti definiti inadeguati vengono semplicemente accantonati come eccentrici, pensò Eve. Violet le sorrise smagliante quando si sedette e subito chiamò un cameriere perché le portasse un bicchiere per il vino. Ci saranno stati circa sessant'anni di differenza tra loro, ma Eve percepiva una somiglianza nello spirito.

Violet si chinò verso Eve con un sussurro ben udibile: «Tra poco i discorsi. Speriamo che Luke non parli a raffica come al solito».

Eve cercò di trattenere un sorriso. Parlare male dello sposo era poco cortese, soprattutto il giorno del matrimonio, ma era incline a concordare con lei. Luke era stato nello stesso gruppo di tutor di Ben e andava spesso nella loro casa da studenti, dove i problemi di umidità erano leggermente minori rispetto al suo. Inoltre c'era la TV via cavo, mentre lui e i suoi tre amici del rugby non pagavano il canone e rischiavano grosso ogni volta. C'erano furgoni con le antenne che giravano regolarmente nel quartiere per scovare e multare chi fregava il sistema. Mentre tutti loro facevano quadrare i conti lavorando al bar universitario o nelle pizzerie di zona, Luke lavorava nella società di intermediazione dello zio e passava una quantità di tempo eccessiva a raccontare a tutti loro soporiferi aneddoti di malefatte aziendali. Non potevano certo essere state le chiacchiere a conquistare Tanya, quindi le opzioni che restavano, secondo Eve, erano il possesso di un cospicuo fondo fiduciario, oppure mostruose capacità tra le lenzuola. A guardarlo ora, al tavolo principale, mentre provava a bassa voce il suo discorso in un ripasso dell'ultima ora, le mani tremanti e i capelli già radi pettinati all'indietro per coprire un'evidente calvizie, Eve rabbrividì alla seconda possibilità.

Con suo grande fastidio, invece, Ben non dimostrava affatto dieci anni di più come gli altri amici; non aveva un filo di pancia, i capelli erano ancora folti e neri, e se proprio c'era qualcosa, gli ultimi anni di passaggio ai trenta avevano smussato qualche difetto o discutibile scelta estetica dei suoi giorni da studente. Non avrebbe più trovato strampalate giustificazioni per farsi crescere il pizzetto tanto da farci una treccina – dettaglio che Eve aveva trovato bizzarramente attraente. Era sempre stato sicuro di sé, ma a vedere come si lavorava la sala ora, se avesse cercato sul dizionario la parola "incantatore" ci avrebbe trovato accanto una bollente fotografia di Ben Hepworth. In quel momento ronzava intorno al tavolo principale e chiacchierava in modo piacevole e innocuo con la sorella di Tanya. Da come Cathy si arrotolava un ricciolo intorno al dito, si capiva che quelle chiacchiere rasentavano il flirt. Poi Ben alzò gli occhi e i loro sguardi si incontrarono. Imbarazzata, Eve si affrettò a distoglierlo. Con la coda dell'occhio, lo vide raddrizzarsi e avanzare verso il suo tavolo. Eve si girò immediatamente verso Violet. «Adoro il tuo vestito».

«Grazie, cara. È quello con cui mi farò seppellire».

Eve quasi soffocò con il sorso di vino che aveva appena bevuto. Qualcuno prese a batterle sulla schiena con una forza innecessaria, e quando riuscì a riprendere fiato si accorse con rabbia che si trattava di Ben.

«Vacci piano, Red».

«Cristo, Ben, non c'era bisogno di colpire così forte». Più che cosciente che il suo viso era di una sfumatura violacea non proprio attraente, Eve cercò di nascondersi dietro i capelli.

Ben alzò le mani. «Ti ho salvato la vita».

«Macché. Mi era solo andato di traverso».

«Ti sei spostata. Non ti piaceva il tuo tavolo?», disse Ben con un familiare scintillio negli occhi. «Ho conosciuto Peter all'addio al celibato. Bravo ragazzo. Peccato per la sinusite. Belle le tende, eh? Ci avrai impiegato ore a sistemarle».

Il puzzle si ricompose. Eve si girò furiosa verso di lui. «Sei stato tu? Tu hai cambiato i nomi?».

Ben si mise una mano sul cuore. «Non so di cosa stai parlando. Oh, cielo, è l'ora del discorso».

Il tintinnare di coltelli sui bicchieri fece tornare tutti di corsa ai propri posti. Con una rabbia incontrollata che le montava dentro, Eve guardò Ben tornare allegramente al suo posto. L'ultima volta in cui si erano parlati era stato per accordarsi sul punto d'incontro all'aeroporto di Gatwick prima di imbarcarsi per New York. Lei aveva proposto nella hall delle partenze, lui al check-in. Poco importava alla fine, dato che non si era mai presentato.

Sarebbe dovuta essere l'avventura che siglava l'inizio della storia di Eve e Ben la coppia e non di Eve e Ben migliori amici. La notte che avevano finalmente passato insieme, Eve ancora non era certa se Ben sapesse che era innamorata di lui fin dall'inizio dell'università e che lo era rimasta per i quattro anni successivi, o se avesse pensato a un improvviso cambio di rotta, un accoppiamento per opportunismo, dato che erano entrambi single e brilli. Ma per Eve quella notte in cui lui aveva dormito nel letto con lei e non sul divano, dopo un deludente spettacolo di cabaret, era stata la degna chiusura di un cerchio infinito. Il filtro nebuloso sulla sua vita era stato per fortuna rimosso e tutto si era fatto più colorato, più vivace – semplicemente aveva acquistato più senso.

Si sarebbero divisi l'affitto di un monolocale a Manhattan, sarebbero andati insieme al lavoro in metropolitana ogni mattina e mangiato tranci di pizza nei ristoranti italiani dei dintorni ogni sera.

Quando non si era presentato lasciandole due righe di spiegazione su un foglietto nel passaporto, Eve era rimasta in piedi da sola nella caotica hall delle partenze, la nuova valigia scintillante accanto, stringendo un biglietto in cui le prometteva di spiegarle tutto presto. Andare comunque a New York e vivere l'avventura che era stata progettata in due o riporla nel grande archivio della vita alla voce "occasioni perse"? Trattenendo le lacrime ogni singolo minuto del viaggio in aereo, era arrivata al JFK da sola, insicura e con il cuore infranto.

Senza l'altra metà dell'affitto, aveva dovuto abbandonare l'idea del monolocale e vivere ovunque potesse permettersi, ovvero uno stanzino in corridoio pubblicizzato come "cameretta". Prendeva la metropolitana da sola ogni giorno con la borsa stretta al petto, fissando con occhi spalancati il ritmo di vita e l'imponenza delle persone, tutte che le sfrecciavano davanti diretti da qualche parte, o da qualcuno. Le sue prime cene nella nuova città furono consumate con l'unica compagnia dei propri pensieri. Ben aleggiava in superficie su tutto ciò che faceva, ogni nuova esperienza era tinta di tristezza e poi di rabbia per essere stata delusa in quel modo. Era riuscita, se non proprio a dimenticarlo, a rinchiudere i ricordi che aveva di lui in una scatolina nei recessi della mente, in un punto in cui di rado si concedeva di accedere. E ora questo. Come si permetteva di ritornare a passo di danza nella sua vita perfettamente incasellata facendo il finto tonto?

A parte l'imbarazzante esordio di Luke: «Non è la prima volta che mi alzo da una "seduta" calda con dei fogli in mano», accompagnato da un rantolo orripilato della fresca sposa e da un lieve fiorire di risatine dei suoi degni compari, il resto del suo discorso fu un semplice elenco di ringraziamenti e formalità. Alla fine, dopo l'annuncio «tromba la squillo! Cioè... squillo di tromba!», terminò con i ringraziamenti di rito alle «splendide damigelle che hanno sostenuto calorosamente Tanya nei preparativi, e in modo particolare ad Ayesha per lo splendido *tableau* e le decorazioni», che suscitarono uno scroscio di applausi per un'Ayesha leggermente a disagio e sorpresa da quella citazione solitaria. Dal canto suo, Eve non si meravigliava più di niente in quel matrimonio. Prima fosse riuscita a sgusciare fuori da quella specie di patchwork boa constrictor mascherato da vestito e infilarsi a letto archiviando negli annali il matrimonio di Tanya, meglio era. Ma per quell'utopia mancavano almeno altre sei ore.

«Ho un messaggio per te dall'altra parte», le sussurrò Violet durante il discorso del testimone dello sposo.

Nonostante la lunga esperienza nel settore giornalistico, Eve si scoprì impreparata per una risposta. «Ah, carino», mimò con le labbra.

«Dice "cacca di cane"».

«Cacca di cane?», bisbigliò Eve di rimando.

«Sì. Ti dice qualcosa?». Violet la guardava con occhi pieni di aspettativa, forse in attesa di una risposta del tipo: «Ma certo, è il mio soprannome, Eve Caccadicane», oppure: «È il mio indirizzo: via Cacca di cane 5». Le dispiaceva deluderla, però.

«Uhm… forse perché una volta avevano un golden retriever e mi incaricavo io delle sue… deiezioni?»

«Dev'essere quello». Violet si sistemò la borsetta fucsia a due manici in grembo e tornò a sedersi ben dritta sulla schiena, sorridendo.

Terminato il pranzo, i camerieri accompagnarono tutti fuori per dar modo ai musicisti di prendere posto e approntare la pista da ballo. Eve trascorse quasi tutto il tempo in bagno con Becca per evitare di imbattersi di nuovo in Ben, nonché gli occhi rapaci di Tanya che continuavano a fissare il suo abito rattoppato. Nel rientrare alla festa, furono fermate da un invadente maestro di cerimonie. «Avete il braccialetto?»

«Scusi?», chiese Eve. «Che braccialetto?»

«Per il ricevimento serale», rispose, indicando un tavolino su un treppiede dove gli ospiti erano in fila per farsi allacciare al polso dei braccialetti colorati. «Prego, mettetevi in coda, signore».

«Ma che diavolo è?», sibilò Becca mentre si trascinavano avanti.

Trapelò che, nonostante il considerevole budget stanziato per il matrimonio, la generosità di Tanya e Luke non si estendeva a dissetare gli ospiti per la sera. Un piccolo cartello sul tavolino indicava il costo dei tre diversi braccialetti: Oro quaranta sterline, Argento venticinque e Bronzo quindici.

«Non ci credo, non può averlo fatto!».

Uno studente piuttosto imbarazzato in tenuta da valletto per la serata stava spiegando pazientemente che per continuare a bere champagne bisognava munirsi di braccialetto Oro, Argento per i superalcolici, Bronzo per vino della casa e birra.

«Invece mi sa di sì», rise Becca. «Wow».

«Wow davvero».

«Bronzo, grazie», disse Becca allo studente, mentre Eve le sbuffava a fianco.

«Non fai sul serio?»

«Abbiamo scelta?», replicò Becca. «Siamo le damigelle».

«Appunto! Ci sta facendo pagare per il privilegio di stare qui. 'Fanculo, me ne vado a casa».

«Eve, non puoi, dobbiamo restare. Guarda, prendi il Bronzo e ci atteniamo al vinello della casa, poi domani ci facciamo sopra una bella risata. Mi presti i soldi?».

Si misero in fila al bar mostrando i braccialetti e ricevettero due bicchieri di vino bianco acidulo. Violet era lì a fianco con il suo braccialetto Oro ben in mostra per ammirarne il luccichio. «Immagino che ai festival musicali si provi qualcosa di simile», disse. «Che emozione. Ora non avrò più bisogno di andare a Glastonbury».

Le due amiche lasciarono il posto al bancone ad altri ospiti altrettanto contrariati.

«Vedo che avete optato per la scelta economica», disse Ben, raggiungendole. «Si possono togliere le ragazze dall'unione studentesca, ma non si può togliere l'unione studentesca da dentro le ragazze».

«Guardati tu, a sventolare il denaro con il tuo bel braccialetto d'argento», lo stuzzicò Becca mentre Eve rimase in silenzio accanto a lei con gli occhi bassi.

«Non penso che il vino o la birra sarebbero forti abbastanza per affrontare il resto della serata, e non sono un tipo da champagne».

«Be', puoi metterlo a frutto allora e rimediarci un giro di shot?», chiese Becca. «Sambuca se c'è, altrimenti tequila».

«Perché gli hai detto così?», sibilò Eve mentre Ben tornava al bar. «Adesso starà con noi per l'intera serata».

«È tutto a posto. Beviamo e poi andiamo a ballare. Senti, so che deve essere difficile per te averlo qui dopo tutto questo tempo, ma mi pare che si stia sforzando di esserci amico e mi fa piacere rivederlo. So che non siamo innamorate di lui da più di un decennio come te», Becca alzò la mano per impedirle di negare, «ma questo non significa che non dobbiamo mostrarci civili. Zitta, eccolo».

Ben aveva con sé tre piccoli shot che distribuì a ognuna di loro. «Cin cin!».

Eve lo buttò giù in un secondo e posò il bicchierino vuoto su un tavolo vicino. «Grazie. Ci vediamo dopo», e se ne andò pur non avendo né uno scopo né una meta; solo non voleva stargli vicino.

Tre ore dopo, Eve parlava con Becca, ma quella che sentiva non era la sua voce. Sembrava distorta, come chi vuole mantenere l'anonimato, rallentata e calcata su ogni sillaba. Inoltre, le tende continuavano a muoversi, alti fantasmi bianchi che danzavano per la sala. Era riuscita a sfrecciare via dalla traiettoria di Ben ogni volta che sembravano sul punto di incrociarsi e, in un'enorme capannone senza angoli bui né divisori che non fossero di cotone trasparente, era stata un'impresa encomiabile. Ma diverse ore a chinarsi dietro le tende, abbassarsi tra le sedie e perfino rifugiarsi nel gabbiotto del DJ avevano presentato il conto ed Eve era esausta, ubriaca e rischiava una crisi isterica se non fosse andata subito a letto. «Ho bisogno di andare a casa, Becs».

«Anch'io. Sono distrutta. Ci dividiamo un taxi? Intendo che tu paghi e io te li restituisco appena posso».

«Certo». Era fin troppo provata per tentare anche solo di discutere.

«Dove andate, ragazze? La notte è ancora giovane. E così noi... più o meno».

Riuscire tanto bene a evitarlo per poi cadere all'ultimo ostacolo fu troppo per Eve che scoppiò in lacrime di stanchezza. Mesi e settimane di pretese della sposa, il disastroso addio al nubilato, il terribile stato delle sue finanze, la brutale *To do list*, il vestito maciullato di cui Tanya non doveva accorgersi e Ben da evitare già bastavano da soli, se poi ci si aggiungeva qualche bottiglia di acqua ragia spacciata per vino bianco, il risultato non poteva essere dei migliori. Becca mise un braccio intorno alle spalle della sua migliore amica, guardò Ben da sopra la sua testa e con un «non fare domande» la portò via gentilmente.

I matrimoni. Ah, i matrimoni. Gioiose occasioni di celebrare l'amore. Gioiose occasioni in cui la lista degli invitati è come un sacchetto di caramelle fai da te nelle cittadine costiere. Immaginate il locale come un enorme sacchetto a strisce bianche e rosa e che, dentro di voi, si annidino gli ingredienti per un massiccio sovraccarico sensoriale. Cominciate con le star della serata, sposa e sposo, la Cherry Cola frizzante, se volete. Agrodolci bocconcini deliziosi. Poi i genitori degli sposi, le uova al tegamino gommose: nessuno ne mette in discussione la presenza, devono esserci e basta. Poi gli zii ubriachi, il fudge: tutti li amano, ma che non siano troppi o finiranno per rubare spazio. I confetti: i colleghi di lavoro inutili, che non sanno di niente e durano all'infinito. Così i dischi volanti: il sacerdote che ti senti obbligato a invitare – bidimensionale e dal vago sapore di ostia. Le gommose ripiene: ovviamente la famiglia allargata. Un miscuglio di diversi gusti, forme e dimensioni, per lo più gradevoli, alcuni favolosi; di tanto in tanto incappi in una quadrata perché non puoi scegliere tu il pacchetto. E vai con le jelly beans, i vecchi compagni di università che non vedevi da secoli. Di solito sono dolci, te ne possono capitare anche un paio alla frutta, ma a volte, solo a volte, sfortunatamente sono alla cannella, che ti fa venire la nausea e ti lascia in bocca un orribile retrogusto.

Capitolo 8

Eve rimpiangeva le sbronze dei vent'anni, che duravano il tempo di assumere paracetamolo e far entrare in circolo una lattina di Red Bull. Quella attuale, al contrario, ancora perdurava il lunedì mattina, nonostante tutto il giorno prima si fosse ingozzata di cibo spazzatura restando in pigiama per trenta ore di fila.

Tutti gli occhi erano puntati su di lei nella settimanale riunione di redazione e si rese conto che Fiona stava pazientemente attendendo una sua risposta alla domanda che non ricordava le fosse stata diretta.

«Davvero, Eve? Niente? Nessuna idea per riempire le pagine extra che ci servono?»

«Scusa, non mi sento molto bene. Non ho avuto il tempo di pensarci, ho fatto da damigella lo scorso fine settimana e sono prosciugata».

«E non è un'idea questa?». Fiona aveva in mano un pennarello che si mise in azione per tracciare le parole "come essere una damigella perfetta" sulla lavagna bianca appoggiata al cavalletto. «Okay, fatto. La scadenza si avvicina, però, quindi scrivila oggi e tu, Stephanie, lo impagini più tardi. Bey, tieniti pronta a mandarlo, okay? Allora siamo a posto per l'andata in stampa di mercoledì».

Eve accolse con gratitudine il bicchiere di Starbucks e il muffin al mirtillo pieno di grassi offertole da Kat e sedette alla tastiera. La damigella perfetta, che ossimoro. Be', almeno per quanto la riguardava. Nonostante poco prima non si sentisse in grado neanche di scrivere il proprio nome, in pochi minuti le sue dita volarono sui tasti.

Come essere la damigella perfetta. Regola numero uno: comincia a rimpiangere l'amica che tanto amavi perché, non appena resterà invischiata nei preparativi del matrimonio, non esisterà più.

Eve sorrise. Scrivere il diario era una terapia liberatoria; alcuni andavano a correre, altri aprivano una confezione di gelato Ben and Jerry's, lei lasciava semplicemente che le cattiverie le scorressero via dalle dita.

E il bello è che devi spuntare allegramente ogni voce con un sorriso da Mary Poppins. Orlo alle tende? Fatto. Pulire pavimenti? Fatto. Dog-sitter per quindici giorni? Fa... Cazzo. Cazzo cazzo e ancora cazzo.

Le ci vollero due ore e l'appartamento di Tanya non era ancora lontanamente pronto a ricevere ospiti, ma per lo meno tutti i residui di feci di Coco erano stati rimossi, le lenzuola giravano nella lavatrice, il tappeto era in tintoria e le Louboutin raschiate, disinfettate e riposte nell'armadio. E, cosa più importante, la cagnolina di Tanya era ancora viva. Eve si concesse un piccolo sorriso per il bel lavoro fatto mentre tornava in ufficio a un'andatura decisamente più lenta di quella impiegata nel tragitto inverso.

Sullo schermo trovò un post-it giallo con un messaggio di Fiona che la convocava nel suo ufficio non appena fosse rientrata. Kat non era alla scrivania quindi non poté chiedere di che umore fosse quando l'aveva scritto. Con un profondo respiro e sperando di non puzzare troppo di cane abbandonato, indugiò sulla porta finché Fiona non alzò gli occhi.

«Entra. E chiudi la porta».

Era un po' insolito. Tranne che in occasione delle valutazioni semestrali, quando la gente lasciava il suo ufficio in lacrime o in pieno giubilo per avere ottenuto un aumento di stipendio pari a quattro caffè, la porta restava sempre aperta.

«Siediti». Troppo formale, pensò Eve. Rastrellò il cervello in cerca di reati minori che potesse aver inavvertitamente commesso.

«Ho visto quello che hai scritto per la colonna».

Oddio.

«Non era quello che sembrava», si affrettò a dire Eve. «Non è il vero pezzo, è il mio diario. A volte lo faccio, scrivo cose senza senso per far fluire la mia creatività, poi cancello e riscrivo in modo più consono, è giusto per divertirmi un po', non lo scrivo perché venga letto».

«Sì, lo avevo intuito, ma è un lato cinico di te che non avevo mai visto prima. E non è appropriato che tu scriva cose personali quando sei al lavoro».

Eva deglutì, suonava come un licenziamento. «Certo! Ho solo avuto un paio di settimane difficili, ho tre migliori amiche e mio fratello che si sposano questa estate e vado a mille per tutti quanti, e sono stufa di stare dietro alle loro infinite e sfiancanti pretese, così ho dato sfogo alla frustrazione scrivendo, ma ti giuro che lo stavo per cancellare».

Era difficile interpretare l'espressione di Fiona. Confusione, compassione forse, e se Eve non avesse saputo come stavano le cose, avrebbe pensato di cogliere un accenno di comprensione su quel viso solitamente indecifrabile.

«Non mi fraintendere, Eve, so benissimo quanto a volte sia difficile richiamare l'entusiasmo sulle questioni d'amore quando la tua relazione non è poi così rosea. Non lo sa nessuno, ma a Natale scorso il mio divorzio è diventato definitivo, quindi capisco perfettamente il conflitto tra il tuo lavoro quotidiano e la vita privata». Si schiarì la voce. «È di questo che ti vorrei parlare, in effetti».

Tra tutti i possibili scenari che scorrevano come un contatore nella mente di Eve su dove volesse arrivare con quella conversazione, certo non si aspettava quello che le disse.

«Una mia cara amica è la direttrice editoriale di "Venus"». Fiona fece una pausa, spronando Eve a reagire nel modo in cui evidentemente si presupponeva che reagisse, con un udibile "wow" e un cenno di ammirazione, sia per il fantastico lavoro della sua amica, sia per il legame che questa amica con il suddetto fantastico lavoro aveva con Fiona. La rivista online «Venus» aveva come sottotitolo "Per le donne moderne che non prendono la vita troppo sul serio". Era una lettura concisa, spesso ridotta all'osso, che sfatava i miti, gli standard e il *politically correct* cui spesso dovevano attenersi le riviste cartacee. Con la stessa vena ironica del blog *Slummy Mummy* che si era conquistato un'estesa porzione della rete riempiendola di storie umoristiche su cene a base di *ramen* precotti serviti in porcellane cinesi e spacciati per *pad thai* fatti in casa, il sito aveva un seguito spaventoso tra tutte quelle donne che pensavano che la vita fosse troppo breve per eccedere in buone maniere. Leggerlo era il piacere proibito di Eve. Le autrici non avevano il suo stesso senso del decoro e della convenzione e per loro provava meraviglia e invidia. Non difendeva certo la scortesia, solo il realismo, ed era un maledetto spasso. Non aveva ancora ben capito però cosa c'entrasse tutto ciò con lei.

«Ho pensato che quello che hai scritto è davvero buono. Così l'ho mandato alla mia amica ed è piaciuto molto anche a lei. Lo pubblica questa settimana e ti chiamerà per assegnarti un trafiletto periodico in questa stagione dei matrimoni, in cui parlare di tutte le stranezze che fa la gente in queste occasioni, richieste bizzarre, storie ridicole eccetera. Hanno un budget molto ampio per i free lance, che ti sarebbe di grande aiuto, ne sono certa, dato che mi hai detto di avere difficoltà a far quadrare i conti. Tutto ciò che scriverai, però, dovrà essere rigorosamente anonimo. È fondamentale non far sapere che la nostra redattrice che passa la propria vita tra le gioie dell'amore e del matrimonio sia anche autrice di una colonna intitolata *Le disavventure di una pessima damigella*. E mi devi giurare di non dirlo a nessuno, men che meno che sono stata io a proportelo».

Per tutto il monologo, gli occhi di Eve si spalancarono sempre di più, era una conversazione del tutto surreale. Era entrata lì dentro pensando di essere licenziata e si era ritrovata con un secondo lavoro e un'entrata extra.

«Non penso di essere brava a...», cominciò Eve.

«Stupidaggini».

«Voglio dire, non è da me fare a pezzi il giorno più bello della vita di qualcun altro».

«Lo fai già in privato, perché non farlo alla luce del sole? E comunque non si tratta di fare a pezzi niente, solo di osservare con umorismo, dire ciò che pensano quasi tutti. Senti, quello che ho letto sul tuo computer è esattamente quello che stanno cercando. Ti pagano cinquecento sterline a pezzo. Buttane giù un paio a settimana e ci sguazzerai».

Eve annaspò. Era una barca di soldi.

«Qui c'è il numero di Belinda, chiamala dopo il lavoro e

vacci. Ma Eve, se si dovesse scoprire che sei tu, io non so niente ed è stata una tua iniziativa personale. Capito?».

Eve aveva capito. Capiva che era proprio l'àncora di salvezza che le serviva. Non solo finanziariamente, ma per la sua sanità mentale. Se davvero l'avessero pagata per togliersi tutti i sassolini dalla scarpa, sarebbe stato il lavoro migliore del mondo.

Capitolo 9

Il Bull's Head ti catapultava indietro negli anni Venti, ma non perché fosse un locale in stile sala d'attesa dell'aeroporto. Aveva colorate vetrate originali Art Déco, un bancone in legno di quercia con sgabelli dalla seduta in cuoio e ogni centimetro disponibile di parete tappezzato di foto incorniciate dei grandi del jazz e del blues che avevano omaggiato la piccola piattaforma rialzata in fondo al pub. Ci saranno stati circa cinquecento locali tra lo sciccoso appartamento di Tanya, dove Eve e Becca soggiornavano al momento, e quello sotto casa loro, ma andare in un altro gli sarebbe apparso come una sorta di tradimento da parte di un'amante infedele.

Ci erano andate presto, in modo da riuscire a requisire uno dei frusti divani di pelle accanto alla porta da cui entrava un refolo di aria fresca a contrastare il caldo umido del pub.

«Novità?», chiese Becca con in mano del vino e la gamba ripiegata sotto di sé.

Eve faticò a non raccontarle del colloquio con Belinda che si era svolto mentre, uscita dalla metropolitana, tornava verso casa. Aveva giurato di mantenere il segreto con tutti e, purtroppo, il "tutti" includeva anche Becca. La telefonata, però, non sarebbe potuta andare meglio. Belinda l'aveva arruolata confermandole il compenso a pezzo, tanto che Eve si era quasi messa a ballare per strada. Dimenticati Roller disco e *zorbing*, era pronta a proporre Las Vegas per il prossimo addio al nubilato. Quando Belinda le aveva chiesto di cosa avrebbe voluto parlare nei suoi articoli, presa alla sprovvista, aveva iniziato a declamare dettagli sui matrimoni cui avrebbe partecipato quell'estate: un elegante ricevimento urbano in un capannone industriale; un assurdo matrimonio a tema con uccelli di plastica e corsie non convenzionali; uno in stile country e un matrimonio gay. Detti così sembravano foraggio perfetto per la sua nuova colonna e anche Belinda, per fortuna, si era trovata d'accordo. Fin quando fosse riuscita a modificare più dettagli possibile, nessuno avrebbe fatto due più due.

Eve diede un'alzata di spalle. «Non mi è successo chissà che, tranne essere stata protagonista di una puntata di *Animal Rescue*».

Becca ridacchiò dietro la mano. Era colpevole anche lei per aver dimenticato i loro obblighi di dog-sitter e quando Eve l'aveva chiamata da casa di Tanya per descrivere i nauseabondi particolari di cosa si era trovata davanti, non aveva potuto far altro che scoppiare a ridere. La parte in cui le aveva raccontato di aver dovuto grattare l'interno delle Louboutin con le salviette antibatteriche le aveva fatto uscire perfino le lacrime.

«E dire che dovremmo essere maturate con l'età».

«Come il buon vino».

«Già!», sorrise Becca, rigirandosi lo stelo del calice nella mano. «O come Ben».

Eve si era giusto chiesta quando Becca avrebbe tirato fuori il discorso. Per l'intero tragitto verso casa dal matrimonio e per tutto il giorno successivo, quando erano rimaste entrambe in posizione orizzontale sui divani del soggiorno per dieci ore filate, non era stato nominato neanche una volta.

«Maturo non direi proprio. Ha invertito i nomi al tavolo e ho avuto una giornata orrenda».

«Intendevo d'aspetto. È ancora bellissimo».

«Se ti piace il genere».

«Sì, infatti. Alto, scuro, lineamenti cesellati, spalle larghe, sicuramente un gusto acquisito nel tempo».

Eve alzò gli occhi al cielo. «Non l'ho notato. Per me è ancora viscido e fastidioso».

«Quattro anni fa non lo trovavi viscido e fastidioso».

«Ero ingenua e stupida allora. Con un pessimo gusto in fatto di uomini».

«Gli hai mai chiesto perché se n'è andato così di punto in bianco? Senza lasciare neanche un recapito?»

«No. E non mi interessa».

«Ti è interessato abbastanza da restare nascosta a New York per due anni».

«Non mi stavo nascondendo! Stavo lavorando!».

«E nascondendo».

«No».

«Hai ragione, no. Ti divertivi da matti. Nella tua stanzetta senza finestre con coinquilini fumatori di marijuana che non parlavano inglese».

«Senti, avermi piantato in asso in quel modo ha solo dimostrato la sua completa immaturità, proprio come il suo trucchetto al matrimonio di Tanya».

«Ma voi due vi facevate sempre scherzi una volta. Scommetto che è stato il suo modo di ricostruire un ponte», ragionò Becca.

«Facendomi passare ore e ore di disagio?»

«Allora ripagalo. Inventati qualche scherzo per fargli capire che la mano vincente è la tua. Oppure parlagli e basta, ascolta la sua spiegazione. Ne hai bisogno».

«Non mi abbasso al suo livello, Becca, e già che ci siamo,

non ho il minimo interesse a parlare con lui. Né di questo né di niente. E neanche a parlare *di* lui, quindi basta. Tu, novità?»

«Vive a Wimbledon, adesso».

«Perché continui a parlarne?»

«Non è lontano».

«C'è Jack questo fine settimana?»

«Due treni e ci sei».

«Mi farà piacere rivederlo, sono secoli che è in addestramento, ormai».

«Posso farmi dare il numero di Ben da Ayesha?»

«Se si ferma per più di due sere, contatemi per andare a bere qualcosa».

Becca scosse il capo, alzando gli occhi al cielo. «Sei esasperante».

Eve riempì i bicchieri e li fece tintinnare. «Tra simili ci si intende».

Conclusero la serata intorno alle dieci. Tanya era a un paio di fermate di metropolitana e il giorno dopo era lavorativo. Entrando nell'appartamento buio di Tanya e Luke, le due ragazze iniziarono istintivamente ad annusare l'aria.

«Giuro su Dio che ho utilizzato un intero flacone di detersivo profumato, mezza tonnellata di deodorante per ambienti e acceso ogni singola candela aromatica che mi è passata per le mani, e ancora puzza di merda».

«Tranquilla», la confortò Becca. «Staranno via per due settimane, non potrà restare così a lungo».

Eve fu grata in eterno al terzo piano che le permetteva di dormire con la finestra aperta. Le sembrava di essere ricoperta di escrementi e intrappolata in uno di quegli Arbre Magique che si appendono allo specchietto retrovisore delle auto.

«Santo cielo, Eve, guarda qui!». Becca aveva aperto la doppia anta del frigo americano argentato e la luce interna le illuminava il viso. «Hai già guardato qui dentro?»

«Ero troppo impegnata a fumigare l'ambiente, che c'è?».

Ogni barattolino, bottiglia o cartone all'interno aveva un post-it con la grafia netta e arrotondata di Tanya. Su una mezza confezione di pesto c'era scritto: CONSUMARE ENTRO IL 25/6; su un vasetto di olive artigianali chiuso con un nastrino di raffia: NON TOCCARE, su una bottiglia in fresco di Moët: NON BERE; su una di prosecco M&S: SI PUÒ BERE e su un barattolino di chicchi di caffè: USARE CON PARSIMONIA.

«Chi usa più la parola "parsimonia"?»

«Tanya. Non ti ricordi il nostro frigo a Stanbrook Road? Tu, io e Ben ci dividevamo una confezione gigante di margarina del Tesco, mentre Tanya aveva la sua Lurpak personale che non eravamo autorizzati a toccare. Ed era l'unica studentessa della storia dell'ateneo a comprare l'avocado».

«Pensi che quei biglietti siano per noi o per Luke?», fu l'impertinente commento di Eve. «Voglio dire, non può vivere così un uomo adulto».

Becca sogghignò e chiuse di scatto lo sportello. «È un miracolo che abbia trovato qualcuno da sposare».

«Per tanti motivi».

«Che succede? Eve Atwood è diventata una stronzetta? Chi sei tu e cosa ne hai fatto della mia migliore amica?».

Era vero. Eve sembrava aver subìto una scossa tellurica nella propria personalità negli ultimi anni. L'essere stata mollata senza spiegazione e doversi arrangiare a New York avevano scartavetrato molto dell'ottimismo e della gioiosità, quasi al limite del fastidioso per chi non la conosceva bene, che l'avevano sempre accompagnata; e questa sua reincarnazione era, se poteva dirlo, cinica e un po' aggressiva. E la preferiva di gran lunga.

«Tanya mi ha sfinito».

«Doveva succedere, prima o poi», le disse Becca, stringendole la spalla. «Che ne dici, apriamo il prosecco e brindiamo alla nostra nuova casa per due settimane e alla nuova te?»

«'Fanculo, ci prendiamo il Moët di contrabbando».

Era quasi mezzanotte e dovevano andare a dormire, ma Becca le stava esponendo le sue idee per l'addio al nubilato di Ayesha. Eve sapeva che, se l'avesse fermata, avrebbe perso l'attimo e non ci sarebbero stati altri programmi fino all'arrivo, tra due fine settimana, di dieci donne pronte a far festa senza che fosse stato prenotato niente.

«Quindi siamo d'accordo che il tour dei bagni pubblici di Londra potrebbe essere divertente ma non adatto a un addio al nubilato?»

«Per quanto mi piaccia l'idea di una visita guidata nei più bei vespasiani della città, non lo direi appropriato», replicò incoraggiante Eve. Era la prima volta che Becca cercava di organizzare una serata e le sue proposte viravano dall'anticonformismo al grottesco più assurdo. Quel suggerimento stava grossomodo nel mezzo.

«Cosa ci metteremo? Pensavo a giacche da Pink Lady con i nostri nomi sopra».

«Decidiamo prima che fare, quanto costa e poi vediamo se resta qualcosa per i vestiti». La vecchia Eve avrebbe preso il sopravvento, dissotterrando qualche nuovo quadernino, penne ed evidenziatori per guidare Becca verso la perfezione, ma la Eve attuale lasciava che l'amica arrivasse da sola a destinazione. Per quanto la situazione la stesse uccidendo.

«Che ne dici di una lezione di sesso con qualche esperto che ci insegni i trucchi del mestiere?», arrischiò Becca all'improvviso.

«Ayesha non ha detto che vuole che ci sia anche la mamma?»

«Giusto. Quindi questo esclude lap dance, disegno di nudo dal vivo, cabaret di Adone, nappe ai capezzoli e il mio preferito, la maratona della Sirenetta, dove ci facciamo le code e il reggiseno di conchiglie». Becca si abbandonò sul divano a occhi chiusi, sconfitta. «Non rimane niente».

Era il momento per Eve di intervenire. Non un intervento pesante del genere "ho io la soluzione", ma un buffetto gentile, altrimenti all'alba sarebbero state ancora a parlare di nappe ai capezzoli. Un titolo abbastanza comico per un rozzo film western. «Dai, pensiamo», disse Eve con il mento sulla mano, fingendo che l'idea cui stava per dare voce le si fosse accesa nel cervello in quel preciso istante e non dopo affannose ricerche rimboccandosi le maniche nel caso servisse un piano d'emergenza. «Ayesha non è la migliore delle cuoche e avrà bisogno di un solido repertorio quando arriveranno i parenti dall'India, quindi che ne dici di una lezione di cucina asiatica? Poi potremmo mangiare quello che abbiamo preparato noi stesse, in un delizioso Airbnb da affittare per il fine settimana, magari un bizzarro loft lungo il fiume».

Becca saltò su a sedere, gli occhi pieni di entusiasmo. «Sì! È perfetto! E dopo cena la seduta spiritica!».

«La cosa?»

«È un'idea di Ayesha. È rimasta così colpita dalle doti divinatorie di quella pazza prozia Violet che le ha chiesto di fare da intrattenitrice per la serata».

«Violet le ha detto che si sarebbe trasferita in Africa e a te che avrai due gemelli. Difficile parlare di doti divinatorie».

«Ma se è scritto nel futuro, non hai modo di sapere che non sia vero».

«Ma neanche che lo sia!», ribatté Eve esasperata.

«A te aveva detto "cacca di cane". Devo ricordarti che giornata hai avuto?».

Eve aveva completamente dimenticato la dichiarazione di Violet fino a che Becca non gliela ricordò. E comunque era una mera coincidenza. «Una seduta spiritica ha tutto il potenziale per finire malissimo», insistette Eve. «E se dicesse a ognuna di noi chi morirà e chi no? O che il marito la tradirà e divorzieranno... tutti sproloqui di una vecchia signora».

«Penso che facciano giuramento di non dare brutte notizie».

«E dove? Al college dei chiromanti? Non c'è mica un albo professionale o roba simile».

«Comunque, è un'idea di Ayesha e l'addio al nubilato è il suo».

«Bene, metti a verbale che per me è un'idea ridicola».

«Solo perché non l'hai avuta tu?»

«Chi è adesso la stronzetta?».

Becca raccolse i due bicchieri vuoti e la sua montagna di noccioli di olive nella mano. «Come non detto. È tardi, dobbiamo andare a letto, domani si lavora».

«Scusa», disse Eve. «Non volevo litigare, sono solo distrutta per aver corso dietro a sua signoria e arrabbiata con me stessa per aver acconsentito a fare tutte le cose che ho fatto e che mi hanno esaurito, e per averle detto che saremmo state qui, e perché voglio dormire nel mio letto dove so, con una buona dose di certezza, che nessuno ci ha mai fatto la cacca sopra».

Di comune accordo avevano deciso di condividere il futon, che si era rivelato la scusa più infelice per un materasso. Becca era già sveglia, distesa immobile a fissare il soffitto quando si ridestò Eve.

«Pensi sia tutto frutto di un piano arguto?», cominciò Becca. «Se rendi scomodissima la loro stanza apposta, gli ospiti sicuramente ti criticheranno alle spalle, ma altrettanto sicuramente non torneranno. Se invece ci trascorrono le notti più belle della loro vita, non te ne libererai più. Molto furbo in effetti».

«Mi prometti di avere una stanza degli ospiti comoda quando verrò a trovare te e Jack? Per poi spogliarla a cella monacale quando me ne sarò andata?», mugugnò Eve non ancora pronta ad aprire gli occhi e cominciare la giornata.

«Va bene, ma a una condizione. Che vai a portare quel maledetto cane a fare una passeggiata prima che apra la porta principale a forza di unghiate».

Capitolo 10

«Scriviamo anche per lo sposo adesso e nessuno me l'ha detto?», chiese Kat scrutando lo schermo del computer di Eve. Con la scusa di trovare idee per l'articolo sugli addii al nubilato, aveva fatto ricerche sulle serate maschili per le prime due ore del giorno, ma in realtà si stava chiedendo se Becca non avesse ragione e che, per lasciarsi alle spalle la relazione, amicizia o qualunque cosa ci fosse tra lei e Ben, dovesse dimostrargli che non si lasciava calpestare. Di nuovo. Non avendo la minima voglia di andare a Wimbledon o di trovarselo tanto vicino da respirare la sua stessa aria, aveva pensato di farlo da lontano. Doveva solo scoprire come. E cosa. E quando.

«È una lunga storia. Un mio amico festeggia l'addio al celibato questo fine settimana e voglio fare uno scherzo al suo testimone».

Gli occhi di Kat si accesero di curiosità. «Oooh, alla nostra Eve piace il testimone dello sposo?»

«Assolutamente no», replicò brusca Eve. «È estremamente fastidioso e mi piacerebbe proprio vederlo in un mankini». Pausa. «È uscita malissimo. Mi piacerebbe ridicolizzarlo con un mankini, non che vorrei vederlo con uno addosso».

«Non mi pare che certi scherzi si estendano al testimone, però».

«Sì, invece, guarda questo sito». Eve ruotò leggermente lo schermo in modo che Kat potesse vedere la pagina aperta su scherziallosposo.com. «Sembra che il testimone venga spesso coinvolto nelle gag. L'unico problema è come essere certa che accada».

«Ti servirebbe qualcuno all'interno».

Kat aveva ragione. Eve passò in rassegna l'elenco dei possibili cospiratori ma, dal momento che non conosceva nessuno degli attuali amici di Amit, l'unico cui potesse ricorrere era Luke, che depennò all'istante, sia per la sua sincerità e la mancanza di senso dell'umorismo, sia perché ogni suo movimento doveva prima passare al vaglio della moglie, che ne avrebbe decretato l'eventuale autorizzazione o divieto. Ci doveva essere un modo, lo sapeva, doveva solo venirle in mente. Nel frattempo, però, sarebbe stato meglio tornare al lavoro per cui veniva pagata: placare il panico delle spose.

Ciao, Eve,

ho un problema gigantesco con una delle mie damigelle, che è anche la sorella del mio ormai prossimo marito. È molto più bassa delle altre, molto molto bassa, e le foto verranno stranissime. Le ho comprato delle scarpe tacco dieci, ma si rifiuta di indossarle. Posso chiederle di fare un passo indietro e rinunciare al ruolo?

Jackie, Edimburgo

Ciao, Jackie,

di certo intendi fare un passo verso l'alto, non indietro. Da persona che odia i trampoli, non riuscirei mai ad aggirarmi in tacchi a spillo da dieci centimetri senza sembrare una Bambi ubriaca e di certo non è questo che vuoi neanche per la tua damigella. Ma hai ragione, una damigella bassa rovinerebbe tutto e francamente ti farebbe fare la figura della sciocca di fronte a tutti quelli che conosci.

Penso però di avere la soluzione perfetta per te: trova un'altra persona bassa, falle prendere sulle spalle tua cognata e coprila con la gonna del vestito. Altezza giusta e niente vesciche.

Mentre selezionava tutto per cancellare, a Eve sfuggì una risatina. Poi scrisse la vera risposta.

Ciao, Jackie,
essendo anch'io una persona che odia i tacchi, simpatizzo con tua cognata, ma è una faccenda spinosa e la guardo da entrambi i punti di vista. Parlerei prima con i fotografi, in modo che lo sappiano in anticipo e possano studiare una coreografia mettendovi magari in posa su una scalinata, un pendio o perfino sedute. Vedrai che non sarà un problema.

Eve xx

Ciao, Eve,
sei la mia ultima speranza! I miei genitori hanno divorziato qualche anno fa e mio padre ha detto che se mia madre porterà il suo nuovo compagno al matrimonio, gli spaccherà la faccia. Devo correre il rischio?

Polly, Leeds

Ciao, Polly,
le famiglie... La maggior parte dei matrimoni ha qualche dramma che incombe sullo sfondo, e nel tuo caso è ampiamente comprensibile che ti crei tanta ansia. Scegli un momento tranquillo nei preparativi per rendere partecipe tua madre dei tuoi timori e cerca di capire se il suo nuovo amante-toy-boy, che porterebbe solo per far ingelosire tuo padre, debba proprio esserci. Allo stesso modo, parla con tuo padre e ricordagli che si tratta del tuo giorno e che sarebbe un bastardo egoista a perseverare nel ruolo di Hulk in questa situazione.

Eve cancellò le ultime due frasi. Non si era neanche resa conto di averlo fatto, le era solo sfuggito. *Nota personale:*

mantieni il personaggio. Il tuo compito è alleviare l'angoscia, non aumentarla.

...è il tuo giorno e significherebbe molto se tuo padre potesse mettere da parte il suo risentimento per qualche ora. Se poi verranno entrambi, sistema i posti a tavola in modo che i loro sguardi non si incrocino e allerta qualcuno della tua cerchia ristretta perché faccia in modo che non si incontrino. Ma rilassati, sono pochissimi i matrimoni che finiscono in un bagno di sangue e nelle pagine di cronaca.

Cancella.

Rilassati e goditi il tuo giorno.

Eve controllò l'orologio, era quasi ora di pranzo e dato che Becca sarebbe rimasta a scuola tutto il giorno, doveva fare un salto a casa per portare fuori Coco. Se si sbrigava, poteva farle fare il giro dell'isolato, prendere un panino al volo e tornare in tempo per la riunione delle due. Tanya sarebbe stata fortemente in debito con lei per tutto ciò.

La porta di casa di Tanya non era chiusa a doppia mandata come Eve era certa che avrebbe dovuto essere, dato che quella mattina lei e Becca erano uscite insieme. Aprendo con cautela, la prima cosa che udì fu il televisore acceso. Aveva sentito parlare di ladri che avevano portato a termine i furti in tutta calma, fermandosi addirittura a provarsi gli abiti o servirsi una birra dal frigo, ma sorprenderne uno a guardare il telegiornale? Improbabile. Che Tanya e Luke avessero avuto un mega litigio e avessero accorciato la luna di miele a Zanzibar?

«Chi c'è?».

All'ingresso c'erano un paio di scarpe da uomo. Troppo grandi per essere di Luke, che aveva dei piedi ridicolmente piccoli – lo sapeva bene, avendo controllato tutte le scarpe in cerca di eventuali "ricordini" di Coco –, ma perché un intruso si sarebbe preoccupato di non sporcare il pavimento?

«Ciao, Red».

Eve impietrì. Cosa diavolo ci faceva lì Ben?

Quasi le avesse letto nel pensiero, o più probabilmente interpretando correttamente la sua espressione di orrore, aggiunse: «Stamattina dovrebbero consegnare i regali della lista di nozze, così Luke mi ha chiamato per chiedermi di venire, dato che ho una copia della chiave. Ha provato a chiamare te o Becca, ma avevate tutte e due il telefono spento».

«Becca è a scuola e io non l'ho riacceso dopo la riunione di stamattina». Non che gli dovesse delle spiegazioni, comunque.

«Per me non era un problema e non avevo niente da fare. E poi la loro TV è più grande della mia».

«Fai pure. Sono passata solo a portare fuori Coco».

«Già fatto, la consegna è prevista tra l'una e le quattro, ma sono arrivato prima, così l'ho portata fuori io».

A questo punto avrebbe dovuto ringraziarlo. «Allora ho fatto un viaggio a vuoto», disse invece.

«Prego».

Dio che scocciatura che era. Ma cosa ci aveva visto in lui?

Il citofono suonò ed entrambi si mossero nello stesso momento per rispondere. Eve gli si mise davanti e aprì al fattorino. Fu portata dentro una serie infinita di scatole di diverse dimensioni, lasciate senza troppe cerimonie in soggiorno. Eve firmò il documento di trasporto e furono di nuovo soli, a fissare quello che avrebbe potuto tranquillamente essere il contenuto di una casa intera.

«Porca miseria. Quanti regali», fischiò Ben.

«Non hai visto la lista di nozze? Era di sedici pagine».

«No, quella la butto sempre via. Meglio fare un regalo con il cuore».

«E quindi cosa hai preso?»

«Una maschera tradizionale maori».

«Che si accorda benissimo al loro arredamento», commentò ironica Eve, aprendo le braccia a sottolineare l'interno splendente di bianco e acciaio.

«Okay, allora, tu che hai preso?»

«Un ossigenatore da vino, era nella lista».

Ben ridacchiò. «Un ossigenatore da vino? E che diavolo è un ossigenatore da vino?».

Eve non volle ammettere di averlo dovuto cercare su Google prima di acquistarlo, quindi replicò all'istante. «Conferisce sapore al vino aggiungendo aria». Si trattenne dall'aggiungere un infantile "oh" rafforzativo alla fine della frase, che rimase comunque nell'aria, non detto.

«Stupido io, ovviamente. Quindi, cos'altro c'era di interessante nella lista oltre all'irrinunciabile ossigenatore da vino?»

«Mah, sai, il solito: un set per servire il caviale, scacchi in cristallo, pantofole di velluto con i monogrammi personali, quel genere di cose».

«Ah, bene, l'essenziale, quindi».

Eve si morse il labbro per non ridere. «A dire la verità, ho smesso di leggere dopo le prime righe».

«Dopo aver individuato l'ossigenatore».

«Dopo aver individuato l'ossigenatore. Ho trovato subito il regalo perfetto, non valeva la pena leggere oltre».

«E capisco anche perché tu l'abbia fatto. Dio, dopo questa chiacchierata, voglio un ossigenatore tutto mio».

Gli occhi di Ben avevano cominciato ad assumere quel

luccichio malizioso che Eve conosceva fin troppo bene. «Potremmo sempre aprire un po' di scatole, vedere cosa c'è dentro e poi sigillarle di nuovo».

«Ben Hepworth! La conosci Tanya, no? Ti staccherebbe le palle e se le mangerebbe a colazione».

«Non lo saprà mai. Dai, su, solo un'occhiatina».

«Non voglio averci niente a che fare». Eve incrociò le braccia al petto.

«Sì, invece. Sei curiosa tanto quanto me di vedere cosa si nasconde dentro queste scatole. Dai, Red».

«Non ci sto».

Ben prese le chiavi della macchina dalla tasca e tracciò con destrezza una riga sul nastro adesivo che teneva chiusi i lembi laterali di una scatola. «La apro di lato, così non se ne accorgerà mai».

Eve si coprì il viso con le mani. «Non posso credere che l'hai fatto davvero».

«*Et voilà!* Signore e signori, ecco a voi uno scalda asciugamani!».

Eve scrutò tra le dita. Era sul serio uno scalda asciugamani.

«Subito dopo, abbiamo una piastra da bistecca con monogrammi, così Luke potrà marchiare la sua con le proprie iniziali. Ingegnoso!».

Eve scosse il capo. Avrebbe dovuto darci un taglio, non sarebbe finita bene.

«Wow! Uno snocciolatore per ciliegie. Un pezzo davvero utile qui. A chi piace snocciolare le ciliegie? A me no di certo».

«Ben, smettila, richiudi tutto».

«Dai, Red, entra nello spirito del gioco». Le tirò le chiavi. «Apri quella vicino a te».

«Una sola», disse Eve alzando in aria un dito. «E non

perché me l'hai detto tu, ma perché voglio sinceramente trovare qualcosa che batta lo snocciola-ciliegie».

«Ecco la mia ragazza!».

Eve rimase di sasso. Era un modo di dire, lo sapeva. Anche Ben però si era reso conto di cosa aveva detto e rimasero intrappolati in un imbarazzato impasse in cui le risate di poco prima si annullarono completamente.

Ben tossicchiò rompendo il silenzio. «Ehm, mi sono portato il pranzo, ce n'è abbastanza per due se vuoi mangiare un boccone prima di tornare al lavoro».

Se c'era una cosa che Eve proprio non avrebbe voluto fare era pranzare con quella faccia compiaciuta che masticava compiaciuto il suo compiaciuto sandwich. Poi però Ben riprese a parlare. «Lavori per una rivista di matrimoni, vero? Vorrei chiederti in prestito il cervello per l'addio al celibato di Amit, se hai un minuto».

Come si dice: a caval donato…

«Certo, ma posso fermarmi solo due minuti». Eve si accomodò sullo sgabello e divise il panino a metà.

«Allora, resteremo a Londra e andremo al paintball nel pomeriggio. Lì avremo tutti come obiettivo Amit, ovvio. La sera andiamo a Covent Garden, ho prenotato al Rocatillos, ma vogliamo fare qualcos'altro di divertente. Ayesha ci ha già detto che non gli va rimosso un solo pelo dal corpo, pena la morte, e Amit si rifiuta di venire se dovrà indossare un vestito da donna o un mantello, oppure una cosa chiamata mankini che ho dovuto cercare su Google per capire cosa fosse. Spero che la mia cronologia non finisca mai nelle mani sbagliate». Eve per un attimo si distrasse e sorrise, poi si odiò all'istante per averlo fatto.

«Tutti gli scherzi online mi sembrano un po' troppo *hard*. Non voglio appenderlo a un lampione e attaccarcelo con il nastro adesivo, e di questi tempi metterci un passamontagna in testa e rapirlo ci farebbe beccare il taser a tutti, quindi sono un po' a corto di idee».

Era perfetto. Più che perfetto. Era super fantastico. «Perché non lo costringete a suonare per strada per pagarsi la cena?», suggerì Eve. «Gli rubate telefono, portafoglio, carte, tessera della metro, così non avrà modo di tornare a casa né di pagare, e poi siete a Covent Garden, quindi potrete andare già attrezzati con un tamburello o qualcosa di altrettanto esilarante. Dategli un cappello per raccogliere le offerte e restate a guardarlo mentre si rende ridicolo».

Ben scoppiò a ridere. Era la stessa risata di sempre. Ma era normale, no? La risata non cambia all'improvviso con l'età.

«È geniale. Mi piace. Grazie, Red».

Doveva smetterla di chiamarla così, perché ogni volta che lo faceva era percorsa da un fremito di qualcosa che non sapeva bene cosa fosse. «Prego. Ora devo andare. Divertitevi questo weekend».

«Sarà fatto».

Oh, non ne sarei tanto sicura, pensò Eve chiudendo la porta di casa e tirando fuori il telefono dalla borsa.

«Amit? Sono Eve. Senti, io non ti ho detto niente, ma ho appena avuto una soffiata su quello che vorrebbero farti all'addio al celibato. Penso che dovresti saperlo, così da poter preparare una controffensiva...».

A parte uno sporadico gratta e vinci, o magari un biglietto della lotteria (per rifarmi di una settimana di spese) e forse un cavallo al Gran National se si chiama come me, non sono una donna che scommette. Ma qui, in questo preciso momento, sto puntando una banconota da dieci sterline nuova di zecca sul fatto che possedete un bollitore per il tè. E altre dieci sulla presenza di un tostapane in cucina. E un altro bel biglietto arancione della regina sul fatto che non avete alcun bisogno di un altro bollitore o di un altro tostapane, perché quelli che avete già fanno il loro lavoro, grazie tante. Quindi capisco che quando vi sposate, volete ridurre al massimo il rischio di vedervi recapitare un nuovo bollitore o un nuovo tostapane con delle campane d'argento in rilievo e ben confezionato nella carta velina bianca. Comprendo anche che ci sia un limite al numero di flûte di champagne che necessita una giovane coppia e lo stesso vale per vasi, cornici d'argento e scacchiere. Qual è la soluzione allora? Bene, i futuri sposi di ogni dove hanno pensato che la risposta sia la lista di nozze. Un registro. Una lista dei desideri. Una lista "non-ci-fidiamo-della-scelta-dei-regali-di-amici-e-parenti-quindi-vi-diciamo-noi-cosa-vogliamo". E spesso e volentieri sono commedia allo stato puro. Campane tibetane? Ne vorrei tre, grazie. Kit per salse piccanti fai da te? Niente unisce due novelli sposi più dell'alternarsi sullo stesso gabinetto. Un promemoria elettronico per le uova. Sì, ecco l'oggetto chiave e se ancora non lo avete, be', francamente mi cadono le braccia. Questa piccola gemma segna quante uova vi restano in frigorifero e vi invia un alert sullo smartphone all'approssimarsi della data di scadenza o se le state per finire. Perché usare i vostri occhi per leggerla è troppo, e sappiamo tutti quanto sia fastidioso dover controllare le date di scadenza. Pensate a quanto tempo perdete nella vostra vita a controllare le scadenze: secondi interi che non toneranno più. Anche gli oggetti con i monogrammi si prendono il loro spazio sulla scena. Dopotutto, una coppia non può professarsi davvero innamorata se non ha le iniziali intrecciate ricamate su giacche da camera coordinate. Quindi, la prossima volta che sarete invitati a un matrimonio, non andate fuori pista presumendo che alla coppia felice possa servire un vaso da fiori, perché non è così. Ciò di cui hanno davvero bisogno è una campana tibetana. Tre, se vi sentite particolarmente generosi.

Capitolo 11

Di *bhaji*, *samosa* e *pakora* non rimasero altro che briciole, segno che le dieci ragazze erano molto più brave con gli antipasti indiani di quanto avessero pensato. C'è da dire che i tentativi di Ayesha erano finiti quasi tutti nel secchio, ma Asha, sua madre, era intervenuta triplicando i propri e assicurando che il vassoio al centro della tavola traboccasse di paste speziate. Fu un pomeriggio davvero divertente e perfino Tanya, fresca di viaggio di nozze, appariva molto più rilassata del solito. Eve era riuscita a togliersi dalla mente il tema dell'intrattenimento finché non suonò il campanello e si stagliò sulla soglia una visione turchese.

«Se non altro, devo ammettere che non ha paura dei colori», sussurrò Eve a Becca.

«Ssh».

Ayesha stava facendo accomodare Violet, presentandola a tutte e riempiendola di complimenti dai quali la donna si schermì con un sorriso. Le altre erano saltate su correndo a stringerle la mano, ma Eve si era tenuta in disparte fin quando gli occhi di Violet non le si erano posati addosso. «Piacere di rivederti», la salutò Eve. Per quanto cinica potesse essere circa le sue doti di chiromante, Violet era sempre una dolce vecchietta.

Spinsero i divani bianchi a formare un quadrato, con Violet seduta in mezzo a due di essi su una poltrona con lo schienale alto. Declinò la proposta di un tè e si unì alle ragazze nel bere Pimm's succhiando avidamente da una cannuccia fallica.

Ayesha fu la prima a prendere la parola. «Allora, come funziona?»

«Ho solo bisogno di un attimo di quiete per invitare gli spiriti e poi comincerò a riferirvi i loro messaggi». Violet chiuse gli occhi e portò le mani in grembo con i palmi rivolti verso l'alto. Nella stanza cadde il silenzio. C'era quasi da aspettarsi che la fiamma delle candele cominciasse a traballare o le tende sulle alte finestre a gonfiarsi. Eve represse la risatina che le solleticò la gola trasformandola in un colpetto di tosse. Nove paia di occhi la fulminarono.

Violet spalancò gli occhi di scatto e si girò a sinistra, guardando dritto verso Asha. «Ti vedo presto circondata da parenti e amici che ti dimostrano tanto amore e ti augurano il meglio». Eve fece di tutto per non alzare gli occhi al cielo: Asha aveva almeno trent'anni più di tutte loro oltre a essere l'unica altra donna indiana presente, quindi era più che ovvio che fosse parente di Ayesha, e ai matrimoni è raro che la gente lanci frutta marcia alla madre della sposa.

«Indossa il sari rosa, non quell'altro che stai valutando», le consigliò. Visto come si era presentata al matrimonio di Tanya, anche questa non era chissà quale grandiosa coincidenza.

«Gli spiriti stanno anche dicendo "biscotti", perché?»

«A me piacciono molto i biscotti», ammise Ayesha.

Eve alzò gli occhi al cielo.

Lo sguardo di Violet vagò per la stanza prima di fermarsi su Trudy, la collega incinta di Ayesha. «Dovrai ridipingere la cameretta che hai appena pitturato di un altro colore».

Trudy restò senza fiato, portandosi una mano sul pancione. «Mi sta dicendo che non è un maschio?»

«Già».

Aspetta un attimo, pensò Eve, va bene finché dici a qualcuno che ama i biscotti, ma non puoi dichiarare il sesso di un nascituro.

«Chi ha un marito che si chiama Mike o Mick?».

Una biondina che era rimasta nervosamente seduta sulle mani ne alzò una.

«Non smetterà mai di lasciare la bicicletta in corridoio, quindi stai solo sprecando fiato a lamentarti».

Un cinguettio di risate si sparse per la sala. «È verissimo!». La donna guardò Violet a bocca aperta. «Come fa a saperlo?».

Violet si limitò a sorridere e chiuse di nuovo gli occhi. «Avanti, spiriti, continuate a venire. Okay. Samantha? C'è qui tuo padre: ti sta dicendo di leggere con molta attenzione il contratto che stai per firmare».

È ridicolo, pensò Eve, chiunque ascolterebbe un simile consiglio. Fino a che Violet non se ne fosse uscita con qualcosa di concreto e impressionante, aveva tutte le ragioni di dimostrarsi scettica.

«C'è una clausola che deve essere eliminata».

«Mio padre era un avvocato», spiegò Samantha al gruppo, come a scusarsi. «E sto per cominciare un nuovo lavoro». *Ci hai indovinato, che fortuna, Violet*, pensò Eve.

«Penso che il prossimo messaggio sia per te, cara», disse l'anziana a Becca. «Tuo nonno ti suggerisce le balle di fieno invece delle sedie, ha senso? Siete all'aperto, sta dicendo, non c'è motivo di trascinare mobili giù per la scaletta, usate le balle di fieno. Dice anche che gli piace il tuo uomo, "un buon diavolo in tutto e per tutto", sta dicendo».

Becca lasciò andare la mano che stava fermando la circolazione sanguigna a quella di Eve per asciugarsi le lacrime che le scorrevano sul viso. Poi fu il turno di Tanya. Le venne detto di rallentare, respirare e godersi quanto aveva di bello. Anche in questo caso, dato che Violet era la prozia di Luke e aveva di certo assistito in prima persona a qualcuno dei suoi istrionici drammi prematrimoniali, non era un messaggio tanto profetico, come sarebbe sembrato a uno spettatore non direttamente coinvolto.

«C'è qui uno spirito che sta dicendo "lampioni, lampioni". Significa qualcosa per qualcuno di voi? No? Nessuno?».

Eve si guardò intorno, osservò tutte le facce rapite che pendevano dalle labbra di Violet come se distribuisse oro.

«Eve?».

Eve, che stava cercando di infilzare un pezzo di cetriolino nel suo drink con la cannuccia fallica, incontrò lo sguardo di Violet. «Chi è Clive?»

«Clive?».

Tutte attendevano pazienti che rispondesse, ma Eve non aveva idea di che cosa le stesse dicendo. «Non conosco nessun Clive». Dopo averlo pronunciato ad alta voce due volte, però, ci ripensò. «Il portiere dell'ufficio in cui lavoro si chiama Clive, ma non posso dire di conoscerlo».

«Devi dirgli di farsi controllare quel nodulo al testicolo da un medico. È molto importante».

«Uhm, okay».

«E qualcuno il cui nome inizia con la B giocherà un ruolo fondamentale nel tuo futuro. Vedo tanti anni felici con B».

Becca, eccitatissima, le infilò le unghie nella coscia. «Sì!», sussurrò. Dal lato opposto al suo Ayesha le rivolse due entusiastici pollici in su, mentre Tanya, con espressione meravigliata, mimò un piccolo applauso. Ma che avevano le sue amiche quella sera? Erano tutte fuori di testa.

Una volta spedita Violet sana e salva sul taxi che l'aspettava, le si fecero tutte intorno.

«Deve essere Ben», fu la stridula esclamazione di Ayesha.

«Non è Ben», chiarì Eve.

«Ma pensaci, Eve: ricompare magicamente e all'improvviso una chiromante ti dice che un uomo il cui nome inizia per B è quello giusto per te, deve essere così».

Eve le guardò esasperata. «Vi dico di no, sul serio. Potrebbe essere benissimo anche Bernie, il mangiatore di lenticchie vegano e saltatore di pogo che c'era al tuo matrimonio, Tanya».

«Senza offesa, ma Bernie non è alla tua altezza».

«Grazie tante, Tanya, sei molto d'aiuto. Comunque ovvio che non è lui e tantomeno Ben, e comunque, tornando a noi, Violet è un'adorabile vecchietta, ma a tutto quello che esce dalla sua bocca rispondo gettandomi una manciata di sale alle spalle».

Ayesha succhiò pensierosa dalla sua cannuccia fallica. «Mia mamma era indecisa tra un sari turchese e uno rosa, sapete? È inquietante».

«Non tanto, in realtà. Non hai detto che la sposa veste sempre di rosso, che nessuno porta il bianco e che più i colori sono accesi e meglio è? Avrebbe potuto benissimo dire blu e tu avresti presunto che intendesse turchese e le avresti dato comunque ragione».

«Con il destino non si discute», aggiunse Becca. «E so anche che, se fossi nella tua condizione, single e tutto il resto, cercherei di trovare più B possibili con cui avere tempi felici».

«Già lo faccio, B-ecca».

«Eve, sto solo dicendo che non ti farebbe male aprire gli occhi in cerca di tutti i B che hai intorno. Solo questo: la prossima volta che un tizio chiamato B-qualcosa ti dovesse mostrare un certo interesse – e non fare quella faccia perché lo sai che succede – non ignorarlo, vedi dove ti porta. Ti hanno appena dato un grosso scorcio sul tuo futuro, non lo sprecare».

«Becca ha ragione», intervenne Tanya. «Non te lo puoi proprio permettere arrivata a questa età».

«Di nuovo grazie, Tanya, sempre molto d'aiuto. E adesso vogliamo ancora restare attaccate al Pimm's o passiamo a qualcosa di più forte?». Eve si staccò dal capannello di amiche e andò al mobile bar, richiamata dalla datata collezione di vodka. Ecco il genere di alcolici che facevano al caso suo.

Capitolo 12

Eve ne era certa. La donna con il mezzo cuore al collo le stava senza dubbio sorridendo. Dopo sette mesi sullo stesso tragitto in treno in cui, più di una volta, l'aveva sorpresa a fissarla, aveva finalmente ricambiato il sorriso malinconico di Eve. In luglio, la nebbia umida sui trasporti pubblici evaporava e la carrozza si riempiva di amore, romanticismo e felicità. Era stato sicuramente un amante a regalarglielo, i suoi occhi brillavano troppo e la pelle era troppo luminosa per essere altrimenti. Forse il suo uomo lavorava all'estero, applicando le sue competenze di nicchia al progresso della medicina mondiale o a dissotterrare ossa di dinosauri in Tanzania. Le scriveva spesso, la sua metà ossidata dal sole, ma continuava a spuntare sul suo calendario il tempo che mancava al giorno in cui si sarebbero finalmente riabbracciati.

Cavolo. Eve aveva dimenticato di scendere. Si fece strada a spintoni nella ressa verso le porte e scese alla fermata successiva, per poi riprendere la stessa linea in direzione opposta e tornare indietro. Erano le nove e dieci quando arrivò alle imponenti porte girevoli di vetro del suo ufficio, ma invece di attraversarle di corsa e correre a perdifiato raggiungendo contrita la propria scrivania, rallentò avvicinandosi all'entrata.

«Tutto a posto, Clive?»

«Buongiorno, bellezza».
«Va tutto bene, Clive?»
«Certo. Giornata favolosa».
Eve non se la sentiva di stare al gioco quella mattina ma neanche di interrompere le consuetudini e cominciare a parlare della sua salute intima, quindi tenne tutto per sé. «Puoi dirlo forte».
«Giornata favolosa!!!».
Per tutto il tragitto in ascensore fino al quarto piano si rimproverò per non aver detto altro, ma a parte quella conversazione di quattro battute che si ripeteva ogni mattina, non sapeva nulla della vita di Clive. Difficile, quindi, mettersi a parlare di testicoli.
La riunione era già iniziata ed Eve cercò di intrufolarsi senza farsi vedere ma, non appena la porta di vetro sabbiato si aprì, Fiona smise volutamente di parlare e rimase in silenzio fin quando Eve non ebbe preso posto, continuando a scusarsi con tutte per il ritardo.
«Stavo giusto dicendo, Eve, come da mio promemoria della scorsa settimana, che il target di vendita è molto alto sul prossimo numero, quindi abbiamo bisogno di nuove idee editoriali che possano aiutare a creare nuovi inserzionisti. Dato che sei arrivata per ultima, comincia tu a dirci cosa hai pianificato».
Altra riunione, altro vuoto totale dovuto a preparazione zero.
«Gli addii al nubilato», disse di getto. Per fortuna la sua vita privata si stava dimostrando prodiga di spunti per il suo lavoro quotidiano. «Sono finiti i tempi di una semplice cena tra amiche, le spose di oggi vogliono fare qualcosa di completamente fuori dall'ordinario. A quello a cui sono stata lo scorso weekend abbiamo fatto perfino una seduta spiritica».

Se l'intera sala scoppiò in commenti eccitati a quella rivelazione, Fiona non condivise l'entusiasmo. «Molto interessante, per certi versi, e non dubito che le tue colleghe ti tampineranno di domande non appena sarà finita la riunione, ma non riesco a immaginare frotte di indovine con carriole di denaro che si mettono in coda per fare pubblicità sulla nostra rivista».

«No, certo, era solo un esempio delle cose fuori dagli schemi che accadono agli addii al nubilato. Potrei elencare una carrellata di cose divertenti e bizzarre da fare nelle città più grandi come Londra, Bristol, Manchester, Liverpool, Newcastle, Edimburgo o Dublino e richiamare così agenzie di viaggi, night club, tour operator di avventura, sale di intrattenimento, alberghi eccetera eccetera. Si potrebbe anche predisporre una directory online del divertimento e vendere banner sul sito, perfino offrire codici sconto. Penso che ci possa fruttare qualcosa».

«Mantieniti su cose di classe, però, Eve, la nostra non è una rivista scandalistica come ce ne sono tante».

«A questo proposito», disse Lucie, una delle *junior stylist* della redazione moda, «avete visto che adesso "Venus" include un nuovo trafiletto sui matrimoni? *Disavventure di una pessima damigella*. Il primo è uscito un paio di settimane fa ed è esilarante! Fondamentalmente, tutto quello che vorremmo scrivere noi, ma che non ci è permesso dire».

Eve si sentì rizzare i peli delle braccia e dovette fare uno sforzo immane per non sgranare gli occhi come un pesce.

«No. Non mi pare di averlo visto», tagliò corto Fiona. «Bene, sì, Eve, mi sembra una buona idea, ricordati di passare ogni indizio potenzialmente fruttifero ad Angie e magari prevedi anche un box *Ancora più lontano* con destinazioni europee che offrano esperienze originali, in modo da poter attirare anche compagnie aeree. Bene, passiamo alla moda...».

«Hai partecipato a una seduta spiritica?», le sibilò Kat mentre tornavano alle loro scrivanie. «Non me l'avevi detto!».

«Non era proprio una seduta spiritica, solo una vecchia signora che dichiarava di poter parlare con i morti e che riferiva messaggi sconclusionati nonché molto vaghi».

«A te ha detto niente?».

L'immagine gioviale di Clive le balzò davanti agli occhi, ma la scacciò subito. «Non proprio, ha detto che incontrerò un tipo il cui nome inizia per B e che sarà importante per me, ma sono solo stupidaggini».

«Ma che forza!», squittì Kat. «Terrò occhi e orecchie bene aperti per qualche Boris e Barry che dovessi incontrare!».

«Ma smettila. Adesso lasciami alla mia posta».

Cara Eve,

ho sempre amato gli elefanti e mi piacerebbe davvero molto arrivare in chiesa su uno di loro, ma tutti gli zoo a cui ho chiesto non li affittano, mi puoi aiutare tu?

Mia, West Sussex

Ciao, Mia,

che strana coincidenza che tu mi chieda questo. Pensa che gestisco proprio un'attività collaterale di noleggio elefanti per eventi. Prima affittavo gazebo, ma ho diversificato l'anno scorso.

In quel momento il telefono di Eve squillò con il nome di Ayesha che lampeggiava sullo schermo.

Eve rispose grata. «Ehi, futura sposa, come te la passi?»

«Alla grande. Grazie ancora per il magnifico pomeriggio».

«Non è merito mio, ha fatto tutto Becca».

«Mi ha detto che se non fossi intervenuta tu avremmo fatto il tour dei bagni pubblici, seguito da un seminario di esperti di sesso per poi creare reggiseni con le conchiglie».

Eve rise. «Metteremo in pratica le sue idee un altro fine settimana, quando non ci sarà tua mamma!».

«Affare fatto. Anche Amit si è divertito molto, me lo stava raccontando giusto ieri sera. C'è un video fantastico di lui e Ben che cantano in strada a Covent Garden. Sembra che Amit abbia avuto una soffiata su quello che gli avrebbero fatto fare, così è andato preparato e ha coinvolto anche Ben. Si è portato perfino un paio di scarpe da uomo da tip tap e Ben ha dovuto ballare e cantare *Bohemian Rhapsody* con un tamburello!».

Era molto meglio di quanto avesse sperato Eve. «Oh, mio Dio! Immagino che imbarazzo per Ben».

«Nel video è rosso come un peperone. Ha cercato in tutti i modi di farsi dire come avesse scoperto dello scherzo, ma Amit ha solo avuto una felice intuizione».

Eve inviò un silenzioso grazie ad Amit per averla tenuta fuori, anche se, da una parte, avrebbe voluto che Ben sapesse che c'era il suo zampino. È inutile vendicarsi se la persona in questione non lo sa.

«E non ci crederai, ma mi ha appena chiamato Trudy. Stamattina, come prima cosa, è andata a fare un'ecografia e Violet aveva ragione, si erano sbagliati: è femmina! Pensa che tre medici le avevano confermato che era maschio prima di stamattina, incredibile, no?»

«Mmm, incredibile».

«Invece Samantha mi ha mandato un messaggio per dire che ha fatto leggere il suo contratto di lavoro a un amico avvocato, e nascosta nella quinta pagina c'è una clausola che parla di un periodo di prova di un anno in cui non potrà chiedere neanche un giorno di ferie! Ha chiamato subito l'ufficio del personale e hanno concordato di ridurlo a tre mesi. Violet è stupefacente, vero?»

«Mmm, stupefacente. Senti, Ayesha, posso chiamarti dopo? Ti devo proprio lasciare, ho un impegno tra poco».

Con la scusa di andare a prendere un caffè al piano terra, Eve lasciò la scrivania con le ordinazioni di tutti gli altri scritte su un foglietto. C'era sempre la possibilità che Violet avesse avuto un colpo di fortuna con Trudy e Samantha, ma non sarebbe stata in pace con sé stessa se ci fosse stata anche la minima probabilità che quella donna avesse una sfera di cristallo al posto del cervello.

Clive scattò su dalla sedia per tenerle aperta la porta. «Mi sembri stanco, Clive, dovresti riposare di più».

L'uomo rise mostrando denti ingialliti da anni di sigarette scadenti fumate tassativamente quando non portava l'uniforme. «Capitasse, non sarebbe male».

«Devi prenderti cura di te, Clive, come tutti noi, non siamo più tanto giovani, no?», dichiarò con un sorriso, cercando di far passare per chiacchiere amichevoli quelle domande indagatorie, e inappropriate, sulle sue zone intime.

«Tu sei appena uscita dall'uovo, tesoro».

«Ho trent'anni, ma non è questo il punto, Clive. È importante farsi togliere qualsiasi tarlo da uno specialista. Sai, qualcosa che magari ci preoccupa, ma che rimandiamo senza fare niente in proposito. Dio solo lo sa, Clive, se non lo faccio anch'io, ma un controllino rapido metterebbe a tacere la mente, non pensi, Clive? A volte magari ci imbarazza, ci intimidisce spogliarci davanti a un medico, ma sono lì per quello, no? Per tastare le tette e palpare le palle».

Era passata da "giornata favolosa" a un attacco militare che comprendeva termini come "tette" e "palle". Era mortificata. Clive era mortificato. Eve corse a rifugiarsi nel vicino caffè e si chiese come diavolo avrebbe fatto a rientrare nell'edificio con sette caffellatte senza grassi evitando di passare per la porta principale.

Addii al nubilato. Probabilmente le vostre madri e nonne non l'hanno fatto o, se l'hanno fatto, sarà stata un'adorabile serata di gran classe con sandwich ai cetriolini e una grossa teiera a centro tavola. Mandiamo avanti veloce fino al XX secolo e gli addii al nubilato hanno subìto una trasformazione di proporzioni epiche. In Inghilterra li chiamano *hen do*, dove *hen* è un termine colloquiale che sta per "donne", coniato nel secondo decennio del Seicento e che in America viene spesso utilizzato nell'espressione *hen party* per indicare qualsiasi raduno esclusivamente femminile. Si dice che perfino la formidabile Eleanor Roosevelt abbia organizzato un *hen party* natalizio per le mogli dei capi di gabinetto e le "signore della stampa" nel 1940 – fin qui, tutto bene. Ma da qualche parte lungo il percorso, le spose hanno deciso che non dovesse toccare solo ai futuri mariti un po' di divertimento, e così siamo saltate sul carro delle feste prematrimoniali, destinazione: "A briglia sciolta". Nelle pagine che seguono, troverete alcune idee divertenti su come trascorrere le vostre ultime serate di libertà con le amiche. Le tiare luminose sono assolutamente facoltative...

Eve si stava annoiando. Ridusse a icona il documento e ne aprì uno nuovo.

Gli addii al nubilato e le serate tra donne o, termine fastidioso, "ragazze da marito" – il solo digitarlo mi blocca le dita in un vero e proprio *rigor mortis* – sono diventati un settore da cinquecento milioni di sterline nella sola Gran Bretagna. Quasi mezzo miliardo speso in confetti fallici, veli infiammabili tempestati di led e spogliarellisti di nome Gavin che di giorno lavorano da B&Q.

Il piacevole tè pomeridiano degli anni Sessanta si è trasformato in una cena da Bernie Inn negli anni Settanta, nelle discoteche degli anni Ottanta dove far ballonzolare i tuoi gioielli al ritmo degli Wham!, in una notte fuori con la P da principiante e le Skechers con la zeppa degli anni Novanta fino al top del XX secolo, dove bisogna essere pronte a rinnovare il passaporto e imbarcarsi su un volo per tre notti a Barcellona. O peggio, andare in campagna con una decina di donne che non hai mai visto prima, rinchiudersi in una casa fornita di cucina, grandiosamente e falsamente pubblicizzata come "fienile", e vedersi servire la cena da un uomo nudo col marsupio in bella mostra. No, grazie, Gav, mettilo via.

E le attività. Non voglio imparare la lap dance alle undici di mattina da sobria, né fare il tiro al piattello o partecipare a una seduta spiritica dove una chiromante di viola vestita grida nomi a caso nella sala e tutte le sempliciotte presenti chiocciano che è un genio. I workshop su flirt e preliminari mi fanno così ribrezzo che arrossisco solo a scriverlo e farsi un look da modella è talmente offensivo per la femminista che è in me che vorrei scuotere lo schermo finché non muore di una morte lenta. Per una degustazione in enoteca ci potrei stare, e una bella cena fuori troverà sempre un sì da parte mia, ma non appena il costo dovesse superare le due cifre, sarò già infastidita prima ancora di arrivare. Ma passiamo a considerare un attimo il tema. Non c'è niente di grandioso o scaltro per delle donne mature nell'indossare giacche da Pink Lady. Mai. A meno che non vi chiamiate Olivia di nome e Newton-John di cognome, e perfino in quel caso siamo state in tante a considerare una vaccata il finale, quando si unisce alla gang di Rizzo. Resta Sandy, non hai bisogno di loro.

Terapia liberatoria, pensò Eve con un sorriso. E «Venus» la pagava anche, quindi a conti fatti non era liberatoria e basta. Nessuna seduta su un lettino con una scatola di fazzoletti a fianco a fissare la cascata sul quadro di Ikea l'avrebbe curata da tutte le sue ansie e dolori, pagandole al contempo anche i debiti finanziari.

Proprio allora il suo telefono vibrò con un numero sconosciuto. Di solito non rispondeva se non sapeva chi era, dato che in passato si erano verificati un paio di casi in cui le spose prese dal panico avevano avuto bisogno del tono suadente della cara "zia Eve" per sedare la loro disperazione, ma scrivere per «Venus» l'aveva messa dell'umore giusto per togliere d'impiccio anche le spose in iperventilazione. «Pronto? Parla Eve».

«Eve, sono Ben».

Eve strinse il telefono così forte che si sbiancarono le nocche. «Ben, ciao».

«Ho avuto il tuo numero da Ayesha».

«Ah, okay».

«Com'è andato l'addio al nubilato?».

Davvero strano, pensò Eve. Dopo quattro anni di silenzio non era possibile che avesse cercato il suo numero solo per chiederle come fosse andato il fine settimana. «Ehm... carino».

«C'era anche l'addio al celibato di Amit, sai, questo weekend».

«Sì, ho saputo che vi siete divertiti molto».

«Ti hanno già detto che Amit ha avuto la "sensazione" di sapere che scherzo gli avremmo fatto e che mi ha coinvolto?».

Eve sorrise. «Sì, ho sentito qualcosa».

«Scarpe da tip tap. Ho dovuto mettere delle scarpe da tip tap, Red».

Fingersi sorpresa quando invece avrebbe voluto scoppiare in un applauso e gridare "fregato!" fu un'interpretazione da Oscar. «Veramente?!».

«Mi sto scervellando per cercare di capire come abbia fatto a scoprirlo».

«Ah sì?»

«Ma mi verrà in mente, ne sono certo. Comunque, ci vediamo al matrimonio tra un paio di settimane. Ora sarà meglio che vada, devo aggiungere un paio di cosette al mio discorso, sarà spettacolare. Ciao, Red».

Eve alzò gli occhi al cielo. Questo giochetto dell'occhio per occhio era incredibilmente da immaturi. Ben era uscito dalla sua vita senza neanche voltarsi indietro e ora si ritrovavano invischiati in una versione infantile del gioco delle penitenze.

Capitolo 13

Sposarsi a Kew Gardens

A parte urlare in un megafono il proprio stato civile, niente gridava più alla "zitella" che presentarsi a un matrimonio come accompagnatrice della propria mamma, si rese conto Eve.

«Smettila di agitarti, stai un amore», le disse Faye circondandola con un braccio mentre la ghiaia del lungo viale che portava all'aranciera in cui si sarebbe svolta la cerimonia scricchiolava sotto le scarpe.

«Allora, la sposa si chiama Leila e lo sposo Nick», ripassò Eve, prendendo il programma della funzione da un alto valletto sorridente.

«Sì, giocavate spesso insieme quando eravate piccole, ma non te lo puoi ricordare. Ti troveresti bene con Leila, ha un blog sull'essere single a Londra davvero molto divertente».

Trovarono due posti in fondo all'ampio spazio con il tetto a vetrata decorato in modo semplice per non coprire le finestre terra-cielo con affaccio mozzafiato direttamente sul giardino. Delicate ghirlande di foglie con una peonia sulla sommità si inerpicavano intorno allo schienale delle sedie bianche e affusolate. Classico e chic. Perfino una professionista del settore come Eve dovette riconoscere che rasentavano la perfezione. Una piccola banda musicale attaccò un elegante jazz che Eve riconobbe come il brano di un film famoso, mentre la sposa avanzava al braccio del padre. Nel guardarla percorrere la corsia, Eve comprese cosa intendesse sua madre nel dire che si sarebbe trovata bene con lei, perché Leila irradiava quella gioia che troppo spesso manca nelle spose, talmente concentrate sulla perfezione di ogni minimo dettaglio da dimenticarsi di godersela. Questa sposa, invece, era radiosa, salutava ogni viso conosciuto che vedeva, muoveva leggermente le spalle a tempo di musica e, in generale, appariva la persona più felice che avesse mai messo piede sulla Terra. Pur non avendola più frequentata da che erano bambine e non avendo la minima confidenza con lei, Eve non poté evitare che le scendesse una lacrima quando Nick sollevò con delicatezza il velo e si aprì nel più bel sorriso mai visto sul volto di uno sposo. Le lacrime di Eve erano per la loro gioia irrefrenabile, il loro "vissero per sempre felici e contenti", ma anche un po' per sé stessa. Per l'amore e la passione che aveva solo assaporato, ma che le erano stati strappati via in modo crudele, senza alcuna spiegazione, nessun buon motivo, nessun perché. Alle sue spalle scoppiò l'applauso dell'assemblea ed Eve vi si unì, asciugandosi le lacrime con un gesto rapido e discreto.

Nel momento in cui il celebrante chiese gli anelli, due bambini, che Eve dedusse fossero i nipoti della coppia, percorsero la corsia lanciandosi una pallina da tennis, leggero riferimento alla finale di Wimbledon che si giocava quel pomeriggio. Quando la pallina arrivò in fondo, lo sposo la aprì e ne tirò fuori gli anelli. Un tocco scanzonato che strappò a tutti un sorriso.

Gli ospiti si spostarono lentamente sul prato verso il

Princess of Wales Conservatory per drink e canapè mentre l'aranciera veniva allestita per la cena. L'ampia sala vetrata fu riempita fino al soffitto di piante e alberi, e perfino gli stagni erano ricolmi di foglie di ninfea e graticci rampicanti di lavanda. Il complessino jazz si era di nuovo posizionato e molti piedi battevano al ritmo della musica.

Eve inspirò quel *medley* di profumi e chiuse gli occhi.

«Bellissimo ricevimento, vero?», commentò Faye passandole un bicchiere di champagne appena preso da un cameriere di passaggio. «Un po' diverso da quello tra me e tuo padre, cioè una semplice torta in un pub dopo la chiesa. Ti piacerebbe una cosa del genere per il tuo matrimonio?».

Eve la guardò interdetta. «Mi hai davvero appena fatto questa domanda?»

«Tesoro, hai trent'anni. È ora che tu ti sciolga un po'. Non sei più di primo pelo. Sei riuscita a trovare il tuo "più uno" per il matrimonio di Adam? Hai conosciuto qualcuno di carino al ricevimento di Tanya?».

Un rapido flashback del Tavolo dei Dannati le fece scuotere la testa con una forza non voluta. «No, assolutamente no. Tranne che… be', c'era anche Ben».

Faye girò la testa di scatto. «Ben? Cioè Ben, il tuo Ben?»

«Non è il mio Ben».

«Ma Ben. Ben Ben?»

«È conosciuto con quel nome, sì».

«E com'è stato? Rivederlo, dico».

Da crepacuore. Emozionante. Straziante. Lancinante. Dilaniante.

«Irritante. È stato terribilmente fastidioso».

«Quindi nessun sentimento latente?»

«Nessuno».

«Bene. Se è davvero così».

«È così!».

«Be', bene allora. Non ha senso riaprire vecchie ferite. Testa alta e sguardo avanti. Mi sembra di vedere tanti bei giovanotti oggi, vuoi che faccia un giro per la sala e te ne trovi uno?»

«Oh, mio Dio, madre, assolutamente no. Sono più che capace di trovarmi un compagno da sola, quando lo vorrò cercare».

«Tesoro, quando tuo padre è morto non ho avuto altra scelta che tirarmi su e, credimi, è molto più difficile a sessant'anni. Tra te e Ben è finita quattro anni fa, è un lasso di tempo più che sufficiente per voltare pagina e andare avanti».

Inutile tentare di farlo capire. Eve sapeva di dare a tutti l'impressione di aver trascorso gli ultimi quattro anni a rimpiangere un uomo con cui era stata insieme sì e no sei mesi, ma la realtà era ben diversa. Si era innamorata di Ben nel momento in cui si erano conosciuti al primo anno di università, dodici anni prima. Amava come si piegavano le labbra quando rideva, la sua vena dispettosa e giocosa, la ruga che gli si formava in mezzo alla fronte quando era concentrato, il modo in cui le aveva fatto percepire di essere la sua anima gemella, la sua complice, l'unica che davvero lo capisse. Era un legame così forte che nessuno dei due aveva voluto rovinarlo aggiungendoci il sesso. Una rapida pomiciata a concludere una serata all'unione studentesca avrebbe potuto rovinare tutto e non valeva la pena rischiare. Ragazze e ragazzi entravano dalla porta principale e uscivano da quella sul retro per tutti e due, ma l'asticella era sempre molto alta e nessuno si era mai dimostrato all'altezza. Fu solo intorno ai venticinque anni che si ritrovarono entrambi single, a vivere a poche strade di distanza l'uno dall'altra. In quella finestra temporale, spinti da un sidro piuttosto forte e dalla consapevolezza di un "ora o mai più", avevano rischiato. Ed era andata bene. Bene davvero. Finché lui non si era dileguato.

«Faye! Sei venuta, oh, che bello vederti. Sei dimagrita, stai proprio bene, meglio, direi! Guarda, Thomas, c'è Faye!». Il padre della sposa venne tirato verso di loro da una donna che Eve indovinò essere la famigerata Judy, agghindata in un tailleur pantalone blu scuro con accessori arancioni. «L'ultima volta che ci siamo visti credo sia stato al funerale, no? Che vicenda agghiacciante. Ed ecco la piccola Eve, oh, mio Dio! Thomas, guarda, è Eve! Dimmi se non sembra un dipinto, sai, quelli con le donne con quei lunghi capelli rossi. Devo ammettere che ci era un po' dispiaciuto quando sei nata con i capelli di questo colore così acceso, ma ora che sei cresciuta ti stanno davvero bene». Judy aveva un gran sorriso e spostava lo sguardo da Faye a Thomas a Eve, per raccogliere consensi. I tre si limitarono a sorriderle educatamente.

«Un matrimonio delizioso», disse Eve, che era dell'opinione che lasciar cadere nel vuoto la dichiarazione di Judy fosse la reazione migliore. «Incantevole».

«Grazie», rispose Judy con garbo, come se fosse tutta una sua creazione. «Splendido, vero? Ma Faye mi ha detto che non ti sei ancora sposata».

Eve scosse appena la testa senza smettere di sorridere.

«Oh, ma non mi preoccuperei troppo…».

Infatti non mi preoccupo, era la frase con cui Eve era molto tentata di troncare il discorso, ma sapeva bene che non avrebbe mai potuto frenare la madre della sposa in piena eruzione.

«Prendi Leila, ha vissuto scrivendo della vita da single e

guardala ora, felicemente sposata. Verrà anche il tuo momento, ne sono certa».

«È quello che le stavo appunto dicendo». Faye si allineò ai gesti di conferma di quel coro di teste di mezza età.

Thomas e Judy passarono oltre, ma non prima che quest'ultima le stringesse il braccio con una strizzatina d'occhio.

«I matrimoni sono terreni perfetti per fecondare nuove relazioni, scusa l'espressione», cominciò Faye. «Perché non dai un'occhiata in giro e vedi se c'è qualcuno di tuo gusto? C'è là il fratello di Leila e sicuramente ha qualche amico interessante. È avvocato, mi pare».

«Mamma, smettila».

«Era tanto per dire».

«Non lo fare».

«Okay, va bene, fine del discorso. Novità?»

«Ho parlato con una chiromante la scorsa settimana e mi ha detto che qualcuno con il nome che inizia per B giocherà un ruolo chiave nel mio futuro».

«Ti sei fatta leggere il futuro? Non è da te».

«Sono stata costretta. Era l'addio al nubilato di Ayesha, te la ricordi Ayesha dell'università? E ha portato una chiromante».

«Una chiromante per l'addio al nubilato? Io feci solo un tè tra amiche con sandwich ai cetriolini».

Eve proseguì. «E questa indovina, o come la vuoi chiamare, ha detto che qualcuno il cui nome inizia per B avrebbe svolto un ruolo enorme nella mia vita, e mi avrebbe reso molto felice. Ma non credo a una sola parola di tutto ciò».

«Non avere tanta fretta di scartarla, tesoro. Vent'anni fa una medium mi disse che avrei finito per raggiungere il Nirvana con un uomo incredibilmente bello, con una montagna di muscoli e vent'anni di meno, quindi c'è speranza per tutte noi».

Eve scosse il capo rassegnata. La modalità "in cerca di un uomo" di sua madre si faceva sempre meno appetibile con il passare dei minuti. «Comunque non prenderò nota di quello che ha detto la medium, perché è solo un mucchio di stupidaggini».

«Che male ci sarebbe, però?», commentò sua madre. «Voglio dire, se anche ci fosse la minima possibilità che avesse ragione, potrebbe essere divertente mettersi sulle tracce di questo B, è una specie di caccia al tesoro».

«Con un essere umano come premio. Un po' bizzarro».

«Be', non sei stata molto più fortunata con gli altri nomi. Perché non provarci e vedere se riesci a rintracciare questo sfuggente B che ti farà felice? Non pensi che possa essere Ben?»

«Non ti ci mettere anche tu! No, non penso proprio e comunque, pochi minuti fa, mi hai detto di non guardare al passato».

«B, B, B… oh, il figlio di Ann è single e si chiama Bertie».

«Oh cielo, deve essere senz'altro lui».

«Non fare tanto la sarcastica, cara, sto solo cercando di aiutarti. Ooh, che emozione!».

Eve immaginò che Violet se la stava di sicuro ridendo mentre guardava *Countryfile* nella sua grande poltrona. Spedire la gente a fare ricerche vane solo per aver avuto un paio di fortunate intuizioni… In quel momento, magari quella donna incinta stava su una scala con un rullo a ridipingere la cameretta, Becca stava annullando l'ordine delle sedie per la cerimonia, Samantha avrebbe forse perso il lavoro per via del contratto; incredibile il potere che riusciva a esercitare una vecchietta solo parlando con disinvoltura. Naturalmente non c'era niente di vero. Non poteva essere.

Essere single mi va bene per la maggior parte del tempo. Più che bene. Mi piace non dover chiamare nessuno per appurare se posso andare a bere qualcosa con i colleghi dopo il lavoro, mi piace uno scontrino modesto al supermercato e non dover nascondere una spesa extra per una nuova borsa o un rossetto che costa un occhio della testa solo perché il nome Yum Yum solletica il mio lato infantile. Mi godo un letto grande tutto per me, dove dormo, magio, diavolo, mi ci taglio perfino le unghie dei piedi, ecco, l'ho detto. Mi piace che tutti i panni nel cesto del bucato siano miei e solo miei, e lo stesso vale per la grossa barretta di Fruit&Nut nel frigorifero. Ma sapete quando non è affatto un buon momento per essere single? Indovinate. No, non è la sera di Capodanno quando scocca la mezzanotte e tutti, sì, proprio tutti, salutano il nuovo anno mescolando la saliva e no, non è nemmeno a San Valentino, quando non riesci a vedere le tue colleghe alla scrivania, sepolte da mazzi di fiori e dichiarazioni d'amore, anche se, per una allergica al polline come me può essere fastidioso per una montagna di altri motivi. No, ve lo dico io quando fa veramente schifo essere single. A un matrimonio.

Se non per gli sguardi di malcelata compassione delle vostre amiche accoppiate, e il silenzioso schioccare della lingua e la testa inclinata dei benintenzionati parenti, è il fatto che mandate a puttane lo schema dei tavoli presentandovi da sole, dato che ogni tavolo deve alternare un uomo e una donna. O, peggio ancora, quando vi mettono a sedere lontano da parenti e amici, al tavolo dei single insieme ad altri poveri dannati che non sono riusciti a trovare un accompagnatore in tempo. In passato sono stata assegnata al tavolo dei bambini e a quello degli anziani, così insolito il mio stato civile che la sposa non sapeva proprio che farsene di me. Sono anche nota per essermi trattenuta nel bagno ben oltre quanto socialmente accettabile per tutta la trafila del lancio del bouquet che, a essere onesta, è un'usanza datata che dovrebbe essere cancellata. Subito. Radunare le zitelle in modo che tutti possano dare uno sguardo alle non sposate aspettandosi di vederle scapicollarsi per afferrare un mazzo di fiori che decreti che saranno le prossime. *Bleah.* E avete presente quel momento, a un minuto o giù di lì dal primo ballo, quando i novelli sposi si rendono conto di non poter sostenere quella lenta tortura un secondo di più e convocano tutte le altre coppie sulla pista per unirsi a loro? Ecco, quel momento lì. Decisamente un momentaccio per essere single.

Capitolo 14

Quella mattina presto la porta a vetri le venne tenuta aperta da un tipo ossuto con un'uniforme di servizio che sembrava più grande di due taglie. Si pose in modo piuttosto amichevole, sorridendo e sollevandosi un cappello immaginario quando passò Eve, ma non era Clive. Dawn, la centralinista, le disse che aveva chiesto un giorno di permesso per fare alcuni accertamenti clinici e che quindi la società aveva mandato un sostituto.

Da una parte per Eve fu un sollievo che l'uscere fosse riuscito a decifrare a cosa diavolo stesse alludendo il giorno prima, ma dall'altra si sentiva terribilmente a disagio nel caso si fosse rivelato un falso allarme e lo avesse spedito a farsi palpare i gioielli di famiglia su consiglio di una vecchia signora svitata che amava i colori accesi. Di contro, non poteva certo augurargli qualcosa di maligno appostato nell'ombra, solo per salvarsi dall'imbarazzo. Che le previsioni delle altre donne del gruppo si fossero rivelate vere era stata di sicuro un'incredibile coincidenza, in ogni caso era contenta che Clive si fosse fatto controllare.

«C'è Jack!», fu l'acuto strillo di Becca dal soggiorno non appena la sentì chiudere la porta all'ingresso. Eve lasciò cadere la borsa e si precipitò nella sala a salutarlo. L'aveva visto solo un paio di volte da Natale e Jack era una di quelle anime dagli occhi birichini in grado di illuminare da soli una stanza di fascino e bontà d'animo.

«Ciao, straniero», lo salutò Eve con un grande abbraccio. «Che bello rivederti. Ti fermi molto?»

«Stasera ho un impegno di lavoro, ma posso viziarvi entrambe con una cena fuori domani sera per aggiornarmi di tutte le novità?»

«Oddio». Eve scartò il suo invito con un gesto della mano. «Di certo non vorrete il terzo incomodo, andate voi due piccioncini e godetevi la serata».

«Be', in effetti c'è un tipo della base americana con cui sto lavorando che sarà a Londra domani sera, quindi ho invitato anche lui».

Becca cominciò a saltare sul posto. «Indovina come si chiama? Indovina? Diglielo, Jack! Te lo dico io, Eve! Blake! Cavolo, si chiama Blake!».

Jack era lì in piedi, con le mani in tasca, e guardava perplesso la sua promessa sposa saltellare istericamente su e giù. Sembrava una capra demente. «È lui, Eve, deve essere lui!».

«È americano».

«Sì, esotico!», disse Becca abbracciandosi e interpretando il sarcasmo di Eve per gioia sfrenata. «Non vedo l'ora di conoscerlo!».

Eve si rivolse a Jack. «Rispondi sinceramente: su una scala da uno a dieci, che probabilità ci sono che questo G.I. Joe americano sia la mia anima gemella?»

«Non sono bravo in queste cose, Eve. Non lo so. È un bravo ragazzo, però. Le sue armi sono sempre pulite».

«Oh cielo, è proprio la cosa che cerco in un compagno di vita». Incrociò le braccia al petto. «Io non vengo».

Se il labbro di Becca si fosse sporto in fuori un altro po', ci avrebbero inciampato tutti e tre. «Devi venire, Eve, ci divertiremo, e se Blake non è B non importa. Ma tanto lo so che è lui».

«Immagino che Becca ti abbia già raccontato del ridicolo fine settimana che abbiamo passato», gli disse Eve buttandosi a sedere sul divano e battendo la mano sul cuscino accanto perché Jack facesse lo stesso.

«Sì, e mi fa piacere di aver avuto l'approvazione di suo nonno, anche se mi toccherà sedere su una balla di fieno al mio matrimonio».

Eve rise. Aveva dimenticato quel dettaglio. Di sicuro, nel giro di qualche settimana, sarebbe stata chiamata a cercare, e pagare, le suddette balle di fieno e a organizzarne il trasporto. Bisognava agire d'anticipo.

«Allora, Eve e Blake. Blake ed Eve».

«Non cominciare anche tu, Jack», disse Eve. «Ci ha già pensato abbastanza questa qui». Indicò Becca che era appena rientrata con tre birre ghiacciate e una grossa confezione di patatine.

«Sei tra quelli che non ci credono?»

«Non so da che parte stare. Mi sembra tutto davvero poco plausibile, quindi sto mantenendo la mente aperta».

«Allora ci vieni domani a cena?», chiese speranzosa Becca.

«No, per quanto sia sicura che questo tuo amico Blake sia favoloso, stavolta passo».

«Non puoi discutere con il destino Eve, voglio dire, quante possibilità c'erano che Jack venisse mandato in Inghilterra con un tizio di nome B, proprio pochi giorni dopo che ti è stato predetto che ne avresti sposato uno?»

«Non ha detto che avrei sposato B, ma solo che mi avrebbe reso felice. Nella mia vasta esperienza di nozze – come pura e semplice spettatrice – matrimonio e felicità raramente sono la stessa cosa. Presenti esclusi. E, Jack, per quanto ti consideri un grande, non voglio sposare un militare. Né un americano, a meno che non sia Jon Stewart. Quindi, trattandosi qui di un militare americano, rientriamo in entrambe le liste nere».

Questo neutralizzò definitivamente Becca che, essendo in grado di comprendere quando era il momento di arrendersi alla sconfitta, a malincuore cambiò discorso e tornò alle balle di fieno.

«Buongiorno, Eve».

Era la prima volta che Clive la chiamava per nome.

«Buongiorno, Clive. Mi fa piacere rivederti».

«Io... ehm... ho raccontato a mia moglie cosa mi avevi detto», disse a bassa voce, facendole cenno di spostarsi da una parte per lasciar passare alcune persone che aveva dietro. «Mi ha fatto fare alcune analisi ieri e pensano che possa essere... sai... una brutta cosa, ma hanno detto che è stata presa in tempo. Lo sapremo la prossima settimana, ma se non mi avessi detto nulla l'altro giorno, non l'avrei mai saputo, quindi... grazie».

«Di niente, Clive. Spero che si risolva tutto». Non sapeva cos'altro dire, quindi tornò a uno schema testato e sicuro.

«Giornata favolosa».

«Puoi dirlo forte».

«Giornata favolosa!!!».

Eve scelse le scale per poter mandare un messaggio a Becca.

"Va bene, vengo alla cena a conoscere Blake. Cosa mai potrebbe succedere di male? Dove e quando?".

Il brutale taglio di capelli di Blake era quello di ordinanza dell'esercito, quindi non gli si poteva rimproverare niente. Sfortunatamente, però, sottolineava la forma della testa piuttosto simile a un avocado. A Eve risultò difficile guardarlo negli occhi mentre parlava dato che il suo sguardo continuava a salire dove lo scalpo si affusolava in una specie di punta.

«Allora, come ti sembra Londra?», chiese Eve briosa. Era sleale depennare un potenziale abbinamento perfetto per un criterio tanto inconsistente.

«Finora ho visto solo questo ristorante e l'ambasciata, ma mi sembra un po' sporca, se proprio devo essere sincero». Oh, Blake, pensò Eve. Su una zucca a punta poteva anche passarci sopra, ma parlare in modo poco cortese della sua amata città? Si era già disintegrato in una palla di fuoco e gli antipasti di bruschetta non erano ancora stati serviti. La chiamava anche "signora"; la prima volta, Eve lo reputò uno scherzo, ma dopo la quinta si rese conto che era proprio così che si rivolgeva alle donne. La preoccupava anche che Becca non sembrasse cogliere che fosse totalmente inadatto a lei e continuava a rivolgerle incoraggianti gesti eccitati con la spalla che Eve vedeva con la coda dell'occhio. La sua amica desiderava così tanto la sua felicità da accettare qualsiasi uomo con l'iniziale giusta? Congedandosi con una scusa nel momento esatto in cui pagarono il conto, si allontanò.

"Ancora in piedi? x", digitò su WhatsApp mentre marciava decisa verso la metropolitana.

Adam rispose subito. "Sono le otto e mezza. Non abbiamo mica sette anni. x".

"Scusa, ma dopo la serata che ho avuto un'ora mi è sembrata sette. x".

"Siamo ai 40 di un amico, al Gipsy Bar, raggiungici. x".

"Per me un doppio G&T. Con lime. x".

Il locale era pieno di uomini gay – non c'era da stupirsi dal momento che si festeggiavano i quarant'anni di un gay in un locale gay. Il buttafuori cercò di spiegarle che aveva sbagliato locale quando Adam la individuò dalla finestra, bussò al vetro e rivolse all'uomo il pollice alzato.

Eve accettò con entusiasmo l'alto bicchiere di gin consolatorio e iniziò a raccontare a George e Adam la sua serata.

«Quindi hai acconsentito a incontrarlo solo perché il suo nome coincideva con la previsione?», chiese Adam. «Non è da te. Questa chiaroveggente deve averti proprio convinta».

Eve inclinò la testa di lato considerando l'affermazione del fratello. «A essere sincera, non mi ha convinta affatto, ma tutte le previsioni fatte alle altre si sono avverate e allora mi sono chiesta se non fossi stata un po' troppo frettolosa nell'ignorare la mia. Ma alla fine si è scoperto che non era così e che avrei dovuto seguire la mia testa».

George si intromise nel discorso. «Ma questo militare non è mica l'unico B del mondo, no? Noi conosciamo due Balthazar e un Broderick».

«E a qualcuno di loro piacciono le donne?», chiese Eve con un sorriso.

«Solo madri e sorelle», replicò Adam, scoppiando a ridere. «George ha ragione, però, se un B non va bene, suona la campanella e passa al successivo».

«È un peccato che gli elenchi del telefono siano ordinati per cognome e non per nome di battesimo, mi avrebbe facilitato il compito», si lamentò Eve. Di certo affinare l'udito in attesa di un unico uomo il cui nome iniziasse per B non poteva nuocerle, per lo meno restringeva il campo a potenziali interessi amorosi, e poi Violet aveva avuto ragione per quasi tutte le altre. E così, in quel preciso istante, circondata da gioia e letizia e da più di un centinaio di omosessuali, Eve decise che sua madre aveva ragione, e che era aperta la caccia al perfetto B. Cos'aveva da perdere? A parte l'amor proprio, ma quello era appeso a un filo in ogni caso.

Capitolo 15

Il tono di voce di Tanya avrebbe dovuto darle la misura dell'assurdità della sua richiesta. Tradendo totalmente la sua natura, Tanya aveva infatti cercato di rispondere con tatto alle sue domande circa lo stato civile del saltatore di pogo Bernie, dichiarandosi poco convinta di una loro compatibilità, ma Eve aveva insistito comunque per avere il suo numero.

«Ci siamo davvero trovati al matrimonio», Eve si era sentita dire a Tanya. Non era una completa bugia, perché aveva riscontrato un certo interesse mentre parlavano del suo abuso di caffeina, e ora che con Juan era riuscita a correre per un chilometro al parco senza fermarsi, una maratona con il pogo non le appariva un obbiettivo così irraggiungibile.

«Sono certa che gli farà piacere sentirti», mentì Tanya. «Io non ci credo ma, sai, si dice che gli opposti si attraggano».

Eve capì a cosa volesse alludere Tanya. Stando alle apparenze, lei e Bernie non avevano molto in comune: lui mangiava lenticchie, lei si era appena sparata un hamburger come rimedio alla sbronza; lui si portava in giro contenitori Tupperware con snack biologici già pronti, lei aveva il numero di cinque take-away diversi specializzati in consegne rapide; lui viaggiava su un pogo, lei non si teneva in equilibrio su una bicicletta. Erano però solo differenze veniali, facilmente superabili con l'amore e la comune passione per gli animali. Le piaceva? In verità non riusciva a ricordare benissimo il suo aspetto. Capelli neri, pensò, rasato con cura, sicuramente, ma era un bene che non fosse subito presa dal desiderio. Significava che la loro relazione si sarebbe basata su qualcosa di più significativo e duraturo.

"Non credo", fu la brusca risposta all'allegro messaggio di Eve: "Ciao, ti ricordi di me? Ti va di incontrarci da qualche parte?". Imperterrita – dopotutto nessuno ha mai detto che l'amore è una corsa facile –, Eve insistette. "Non credi di ricordarti chi sono o non credi che ti andrebbe di vedermi? E".

"Scusa, sei molto carina, ma non penso che abbiamo molto da dirci. B".

"Mi sto allenando per una maratona".

Cosa? Ma che scrivi, ridicola che non sei altro. Staccati da quella tastiera, metti giù il telefono e datti un paio di schiaffi. Non aveva idea del perché fosse così sfrontata, insistente o poco sincera. Neanche le piaceva quel tipo, aveva solo il nome giusto. Avrebbe fatto così con tutti i B? *Cosa? Vesti solo di nero, dormi appeso agli alberi a testa in giù e non sopporti l'odore dell'aglio? Sei perfetto per me, dove andiamo a cena?* Adam aveva ragione, c'erano B in abbondanza nel mare e uno di loro doveva pur avere un interesse in comune con lei e senso dell'umorismo. Doveva solo trovarlo.

Era passata una settimana da quando i trafiletti di Eve sull'essere single e sugli addii al nubilato erano stati pubblicati sul sito di «Venus» e sembravano aver intercettato un sentimento comune, suscitando l'approvazione di numerose donne su e giù per il Paese. Mentre andavano al ristorante, Becca le aveva chiesto se avesse letto l'ultimo perché conteneva molte delle cose divertenti di cui avevano parlato. Eve finse di sentirlo nominare per la prima volta, ma che sarebbe andata a leggerlo alla prima occasione. «Spero solo che non lo legga Ayesha», aveva detto Becca. «Parla male delle chiromanti all'addio al nubilato e potrebbe prenderla male».

Eve non aveva detto nulla. L'ultima cosa che voleva era offendere le sue migliori amiche, ma d'altro canto le stavano involontariamente fornendo materiale comico per i suoi pezzi. Non era possibile che la collegassero all'autrice, quindi non avrebbero mai potuto prenderla sul personale.

Nel fare il suo nome, però, si rese conto di non sentire Ayesha ormai da qualche giorno, e a una settimana scarsa dal matrimonio aveva probabilmente i nervi a fior di pelle. Decise di chiamarla per chiedere se poteva darle una mano in qualcosa. Digitando il numero, ignorò il senso di colpa latente che l'aveva spinta a fare quella telefonata offrendosi di aiutarla.

Ayesha rispose al primo squillo, senza fiato e parlando a un ritmo due volte più rapido di quello normale. «Eve! Grazie al cielo hai chiamato! Il fornitore da cui ho ordinato gli smeraldi mi ha mandato dei rubini!».

Eve aggrottò la fronte. «Non capisco, Ayesha, quali smeraldi?»

«Avevo ordinato duecento smeraldi di plastica da legare ai segnaposto, come nella Città di Smeraldo in cui vive Oz, ma mi hanno mandato delle gemme di plastica rossa!».

«Ma Dorothy non ha le scarpette rosso rubino?»

«Oh, mio Dio, Eve, hai ragione! Fantastico! Grazie a Dio, non ti dico che stress!».

«Be', puoi rilassarti adesso», disse Eve. «Avevo giusto chiamato per sapere se posso darti una mano in qualcosa».

«Non riusciamo a far stare dritti i fenicotteri. Il prato è troppo irregolare e continuano a cadere».

«Ah, quindi alla fine hai scelto i fenicotteri?»

«Sì, li adoro». Poi cambiò subito tono. «Perché? Pensi siano stupidi?».

Procedere con cautela, si disse Eve. Ad Ayesha era stato chiaramente iniettato lo stesso squilibrio ormonale obbligatorio per tutte le spose da settimana-prima-del-matrimonio che induceva alterazioni cerebrali e ansia. «No, adoro i fenicotteri», si affrettò a risponderle. «Solo non sapevo che alla fine ti fossi decisa per quelli. Meravigliosi! Bene, puoi bilanciarli alla base con una grossa pietra o magari spostarli lungo il sentiero, così ogni ospite ci passerà in mezzo spostandosi dall'aperitivo al ricevimento. Sarà carino anche per le foto, non so in quanti rifiuterebbero di farsi immortalare insieme a un fenicottero con il proprio nome scritto sopra».

«Sì! Che idea. Okay, bene, ora devo solo risolvere per il DJ, sta diventando un po' un incubo».

«Perché, che succede? Ti posso essere utile?»

«Be', è una faccenda un po' delicata. Lui e la sua ragazza sono entrambi DJ e lavorano in coppia, ma lei lo ha appena lasciato, quindi sarà da solo. È depresso e nella playlist che intende suonare ci sono molti più titoli come *Since U Been Gone* che non brani da *You Make Me Feel Like Dancing*. Se capisci cosa intendo».

«Quindi hai paura che possa entrare in puro stile blues "la mia ragazza mi ha lasciato duh duh duh duh duh, non so che fare duh duh duh duh duh, mi scolo il whisky duh duh duh duh duh"».

«Più o meno».

«Okay, fai così: non lasciare nulla al caso e mandagli tu la playlist. Se vuoi posso preparartene una io, piena di brani allegri, di quelli che riempiono la pista. Imponigli di attenersi strettamente a quella. Digli anche che non c'è bisogno di parlare al microfono e che, se proprio dovesse servire, lo farò io o Becca o...», le mancò appena la voce, «Ben. Durante la serata, comunque, mi accamperò dalle parti della console in modo da poter intervenire e strappargli il microfono in caso di bisogno e mettere su un *Come on Eileen*. Okay?»

«Sarebbe magnifico». Ci fu una pausa in cui Eve capì che Ayesha stava formulando la richiesta successiva nella sua testa prima di dirla ad alta voce. «Ehm...», attaccò, «potresti... ti prego di' di no se pensi che non sia il caso, il fatto è che... mi faresti un grosso favore se la mattina del matrimonio potessi accompagnare Ben a ritirare la torta. Non può farlo da solo perché serve qualcuno che la tenga mentre guida. Ho detto ad Amit che per te sarebbe un po' strano, ma a quanto pare Ben gli ha assicurato che non c'è niente tra voi, e tu hai detto lo stesso a me, quindi volevo chiederti se per te andrebbe bene».

Eve non avrebbe potuto dire di no dopo una tale premessa, ma il pensiero di stare seduta in macchina così vicina a lui le dava la nausea.

«Ah, un'ultima cosa».

«Spara», rispose Eve un po' titubante. Doveva essere abituata ormai alle liste infinite di cose da fare delle sue amiche.

«Sai per caso dove ordinerà Becca le balle di fieno?».

Quella non se l'aspettava proprio. «No. Perché?»

«Devo imbottire lo spaventapasseri da posizionare sul cancello dell'hotel».

Eve serrò le labbra così forte da fermare il sangue. «La

cosa migliore è rivolgerti a un negozio per animali», riuscì a squittire prima di mettere giù il telefono e appoggiare la fronte al legno freddo della sua scrivania.

«Ciao».

«Ciao».

Ben si staccò dal tettuccio della macchina su cui era appoggiato per andare ad aprirle lo sportello del passeggero. Eve però lo ignorò e andò dritta al bagagliaio a posare il porta abiti bianco del suo vestito da damigella sopra a quello di Ben.

«Sai dov'è questo posto?», le chiese Ben.

«No, tu?»

«Ayesha ha detto dalle parti di Wandsworth, quindi non dovrebbe essere difficile trovarlo».

«Sarebbe meglio avere l'indirizzo».

«Quanti negozi ci saranno mai a Wandsworth che si chiamano Dolci Torte?»

«Bene, allora andiamo». Eve sbatté la portiera e allacciò la cintura, girandosi leggermente con tutto il corpo verso il finestrino. Non sopportava quella vicinanza. Prima avrebbero ritirato la torta e raggiunto il matrimonio e meglio sarebbe stato. Wandsworth era a soli dieci minuti di macchina, mentre l'albergo a mezz'ora, non sarebbe certo stato un problema ridurre al minimo l'interazione per quaranta minuti, dato che ci erano riusciti così bene negli ultimi quattro anni.

A quanto pareva, però, Ben non era della stessa opinione. «Allora, com'è andata la tua settimana?», le chiese allegro mentre ripartiva da sotto casa di Eve.

«Bene».

«Momenti significativi?»

«No. Una settimana come le altre».

«Ci dev'essere stata qualche cosa che ti ha fatto ridere».

«Molte, ma adesso non mi vengono in mente».

«Non mi sembra da te, di solito avevi sempre un sacco da raccontare delle tue giornate».

«Era tempo fa, no? Sono cambiate tante cose da allora».

Ben guardò nello specchietto retrovisore. «Okay, allora continueremo a giocarcela in questo modo, vero?»

«Non sto giocando proprio in nessun modo, Ben. Possiamo concentrarci a cercare la pasticceria?»

«Va bene, sto zitto». Ben accese pigramente la radio.

Si scoprì che Wandsworth non era così piccola come l'aveva fatta sembrare Google Maps, e quarantacinque minuti dopo stavano ancora girovagando.

«Non potresti chiamare Ayesha per sapere dove sta?», chiese Ben, investito da una raffica di clacson quando fece per imboccare una strada contromano.

«Non la chiamerò il giorno del matrimonio per dirle che *tu* non riesci a trovare la sua torta».

«Io? Siamo in due qui, Red».

«Non siamo in due, Ben. Io sono qui solo per reggerla, sei tu che guidi, quindi sei tu il navigatore».

«E chi ha stabilito la regola?»

«È la legge della guida, chi è al volante studia il tragitto».

«La suddivisione dei compiti in questo caso sembra alquanto sbilanciata da una parte. Non è leale. Ci siamo già passati di qua?»

«In senso reale o metaforico?»

«Ignorerò questa tua aggressività passiva e la imputerò al nervosismo del matrimonio».

«Non sono nervosa».

«Neanche in vista del mio discorso?»

«Ben, adesso smettila e troviamo questo posto. Gira qui a sinistra, di là non siamo ancora passati».

Incassato tra un meccanico e un negozio di biciclette c'era un localino su due livelli con l'insegna viola DOLCI TORTE. Ben inchiodò. «Gesù! Non fare una cosa del genere quando avrò in braccio la torta», lo aggredì Eve.

«Ehm, Red, penso che questa sia l'ultima delle tue preoccupazioni». Ben indicò quattro scatole bianche che una volta probabilmente erano impilate sullo scalino del negozio. Tre di esse erano però cadute di lato e state calpestate da alcuni gatti di strada.

«Merda!». Eve si precipitò fuori dall'auto e scacciare i randagi. Sopra le confezioni ammaccate c'era un biglietto.

Ho aspettato quasi un'ora, ma sono dovuta andare via per un'altra consegna. Qui c'è la torta di Ayesha. Quella più grande va sotto, la città di smeraldi sopra. Saluti, Linda.

Eve si accovacciò sul marciapiede e aprì con cautela le scatole una dopo l'altra, terrorizzata da quello che avrebbe potuto trovare. Ben le si inginocchiò a fianco.

«Okay, questa grande è a posto, grazie a Dio», commentò Eve. Si dedicò poi a una di quelle rovesciate ma, nonostante la massima cautela con cui la rimise nella giusta posizione, al suo interno si udì un desolante tonfo. La torta intermedia si era ammaccata da un lato e tutta la glassa era colata spargendosi nella scatola. La sezione superiore, quella più piccola, era ridotta anche peggio, scalfita da denti di gatto e impronte di zampa.

«Merda, merda».

«Non va bene», fu il superfluo commento di Ben.

«Se questa è la parte superiore, in quella cosa c'è?», si chiese Eve prendendo la scatola più piccola che era rotolata lungo il marciapiede.

Come per miracolo, la costruzione della Città di Smeraldo che andava sopra a tutto era intatta, a eccezione di un'unica torretta spezzata.

«Ti prego, Red, dimmi che hai un piano».

Eve era ancora seduta sui talloni, Ben accovacciato vicino a lei. «Ssh, sto cercando di escogitare qualcosa».

«Non puoi escogitare più in fretta?»

«Puoi stare zitto due minuti? O ti riesce proprio impossibile?»

«Sto solo dicendo che il tempo stringe».

«E io sto solo dicendo di chiudere quella cavolo di bocca e lasciami venire in mente un'idea che salvi la torta e il culo a tutti e due».

«Okay. Io metto in macchina la scatola più grande, e quell'orribile castello verde».

«È la Città di Smeraldo».

«È ovvio. Proprio quello che una torta di nozze che si rispetti deve avere in cima».

Un minuto più tardi, Eve si alzò in piedi, prese le scatole malandate e corse verso la macchina. «Okay», disse a Ben attraverso il finestrino aperto. «Forse ho un piano. Asda è proprio in fondo alla strada e hanno torte già pronte. Andiamo lì, ne prendiamo un paio e utilizziamo le decorazioni che riusciamo a salvare. Poi le piazziamo sopra quella grande e speriamo che non se ne accorga nessuno».

«Amo il tuo ottimismo».

A Eve non sfuggì che Ben le avesse rivolto quel verbo. Neanche un po'.

«Vai al supermercato e sbrigati. Ed evita le buche».

«Ricevuto, Roger».

«Poteva andarci peggio. Potevano vestirci da Uomo di Latta», disse Eve, pragmatica, quando Becca trasalì davanti allo specchio a tre quarti dell'albergo. La stoffa dei vestiti da damigella scelti da Ayesha aveva enormi e sgargianti papaveri stampati a richiamare il campo che Dorothy e i suoi amici avevano attraversato di corsa per raggiungere la Città di Smeraldo. Due di essi erano opportunamente – e un po' crudelmente, pensò Eve – posizionati all'altezza del seno, facendole vergognare abbastanza da voler tenere le braccia sempre conserte, il che avrebbe reso un po' difficoltoso reggere il bouquet.

«Sono orrendi».

Eve concordò in silenzio, ma avendo fatto da cassa di risonanza per mesi delle idee improponibili di Ayesha, sapeva che quei vestiti risultavano sobri rispetto agli altri che aveva suggerito. «C'è stato un momento in cui abbiamo rischiato di indossare calze a righe e scarpette a punta, quindi non ci dobbiamo lamentare».

Becca fece una smorfia. «Ma perché si è così intestardita con un tema? È un matrimonio, non un veglione di Capodanno».

«Anche tu avrai un tema».

«Non proprio, Eve, è in un campo, non c'è da fare chissà che per avere un'atmosfera country. Non lo definirei nemmeno un tema».

«Ci saranno balle di fieno».

«È stato mio nonno a volerle».

Non si poteva discutere una simile logica. «Sto solo dicendo che un tema vincola comunque, ma devo ammettere che, sulla scala della stravaganza, questo ha un buon piazzamento».

Eve finì di sistemarsi l'ultimo ciuffo dei lunghi capelli rossi in un morbido boccolo. «Sarà meglio scendere, tra poco si comincia».

«Come fai a saperlo?», le chiese Becca. «È arrivato il tornado? Qualcuno dovrebbe andare ad avvertire zia Emma».

C'era una linea sottilissima a dividere il buono dal cattivo gusto ma, nonostante i timori iniziali, l'ambientazione di Ayesha rientrò per lo più dalla parte positiva. Un serpeggiante vialetto dorato dalle morbide curve creato con mattoncini dipinti posizionati a zig-zag fungeva da corsia tra le file di sedie fino al tavolo al centro della sala in cui si sarebbe svolta la cerimonia sotto un arco di palloncini arcobaleno. Avevano affittato l'intero country hotel, e seppure totalmente incongruo con l'atmosfera del Sussex di una volta, il tema del Mago di Oz non era prepotente e aggiungeva un tocco di colore e divertimento senza risultare un pacchiano pugno nell'occhio. A parte i fenicotteri rosa acceso, che erano kitsch quanto c'era da aspettarsi. E forse anche l'arco di palloncini arcobaleno.

Ci fu un udibile sospiro di sollievo da entrambe le damigelle quando, prima della cerimonia, Ayesha andò loro incontro nell'atrio in un abito bianco tradizionale e non in grembiulino a scacchi bianchi e azzurri. Percependone i pensieri, Ayesha sorrise e sollevò la gonna mostrando un paio di scarpe da ginnastica rosse tempestate di lustrini e paillette.

«Non avrete mica pensato che sarei stata totalmente convenzionale?»

«Non saresti stata la Ayesha che conosciamo e amiamo», rispose Eve, stringendola forte. Poi le tre amiche si presero per mano e, con un profondo respiro, entrarono nella sala affollata sulle note di *Hai un amico in me* di *Toy Story*.

Capitolo 16

Il matrimonio del Mago di Oz

Probabilmente una delle migliori idee per le foto del matrimonio che Eve avesse mai visto, e Dio solo sa se ne aveva viste, comprendeva l'intero gruppo di damigelle a cavallo dei fenicotteri in fibra di vetro.

«Serve aiuto per scendere, Red?»

«Grazie, ce la faccio da sola». Non sapeva bene come, ma di certo avrebbe fatto a meno della galanteria di Ben e della possibilità di dargli qualche vantaggio.

«Che bel paio di papaveri».

Che palle. Per non scivolare giù, era aggrappata al collo del fenicottero con entrambe le mani e quindi non aveva potuto coprire il petto fiorito. Non c'era altro modo. Forza e orgoglio erano l'unica maniera di rispondere. Diede una scrollatina al seno. «Grazie».

Smontare dal fenicottero non fu una mossa graziosa ed Eve fu alquanto certa di aver mostrato le mutande a buona parte degli ospiti, ma per lo meno era scesa da sola e senza l'aiuto di un Ben fastidiosamente elegante nel suo tight.

«Hai già visto la disposizione dei tavoli?». Eve non aveva sentito Ayesha avvicinarsi furtiva, quindi sobbalzò appena quando l'amica le sussurrò all'orecchio.

«Non ancora, perché?», replicò con un penoso tuffo al cuore.

«Amit ha rimediato qualche amico single e carino e li ho messi tutti al tavolo con te». Ayesha le strizzò l'occhio. «Non c'è di che».

Eve sospirò. Il concetto delle sue amiche di "amici single e carini" si era già rivelato di gran lunga diverso dal suo in passato, così si preparò psicologicamente a un altro pomeriggio di raccapricciantі conversazioni e terribile silenzio che segue il reciproco disprezzo.

Quando aveva torto, però, lo ammetteva. E, ragazzi, se aveva avuto torto stavolta! Quando si avvicinò al tavolo, quattro uomini molto attraenti si alzarono in piedi con la mano tesa, uno di loro la baciò perfino sulle guance, mentre le tre donne l'abbracciarono calorosamente per darle il benvenuto. Le sembrò di essere finita in un universo parallelo di tavoli dei single, di cui prima di allora aveva ignorato l'esistenza. E stavano già tutti bevendo e mangiando i panini al centro della tavola. Erano di sicuro suoi simili.

Stretta tra un paramedico di nome Robert e Andrew, un trentenne autore di discorsi politici (nessuno dei due aveva l'alitosi, con sua piacevole sorpresa) la conversazione fluì liscia come... il vino. Un invitato del tavolo accanto fece perfino loro cenno di abbassare la voce, per quanto erano scroscianti le loro risate.

«Allora, qual è l'argomento più strano su cui ti è capitato di dover scrivere?», le chiese Andrew riempiendole il bicchiere, mentre Robert seguiva attento, con il mento poggiato sulla mano.

Crogiolandosi in quell'attenzione, Eve ci pensò su un attimo per selezionare gli argomenti migliori e lasciare il suo pubblico a bocca aperta e con tanto d'occhi. «Be', una volta scrivevo per un settimanale femminile molto trash e non ho che l'imbarazzo della scelta». Cominciò a elencare i titoli contando sulle dita. «*I nostri meravigliosi cinquanta anni di differenza; Mio marito sogna di diventare un porcellino d'India e dorme sul fieno; Sono incinta di due gemelli del mio patrigno; Il figlio di mia sorella è il fratellastro di mia figlia; Odio i bulbi oculari tatuati del mio fidanzato.* Fate un po' voi».

«Wow, fino a questo momento pensavo che salvare la vita alla gente fosse un lavoro emozionante», commentò Robert. «Grazie, Eve, per avermi rovinato la piazza».

«Vale anche per me», concordò Andrew scuotendo la testa, incredulo. «La prossima volta in cui aiuterò il consigliere del ministro dell'Economia a scrivere il discorso sulla Finanziaria, mi chiederò perché affannarsi tanto a spiegare la bontà di un decremento dell'IVA, quando invece potrei scrivere di bulbi oculari tatuati».

Eve alzò le mani. «Scusate tanto, ragazzi, che posso dire? Colpa vostra che avete scelto lavori noiosi».

Quando furono sparecchiati i piatti del dolce e ogni ospite si trovò davanti la sua flûte di champagne pronta per brindare ai discorsi, nella sala tornò il silenzio. Amit fu affettuoso e commosso fino alle lacrime mentre parlava del suo amore per la moglie, tanto che Ayesha dovette chinarsi su di lui con dei colpetti sulla mano e dirgli: «Va bene così, adesso dacci un taglio», facendo ridere a crepapelle gli amici di Amit.

Erano anni che Eve non si divertiva così tanto a un matrimonio. Poi si alzò Ben.

«Grazie, Amit. Per chi non mi conosce, sono Ben Hepworth, ero all'università con Ayesha e Amit, e pur sapendo bene che è usanza che il testimone prenda in giro esclusivamente lo sposo, farò uno strappo alla regola e metterò un po' in ridicolo prima le damigelle, con una bella passeggiata sul viale dei ricordi». Scroscio di risate tra i presenti. «Concordo con voi, sono tutte stupende, oggi, ma non è sempre stato così». Ben sollevò un telecomando e su un grande schermo bianco alla sinistra del tavolo degli sposi che Eve non aveva notato prima comparve una gigantografia di Tanya, Becca, Ayesha ed Eve in versione diciannovenni, in tutto il loro splendore di jeans a vita alta e capelli cotonati, ben prima dell'avvento dell'olio Moroccan, e rossetto color prugna, unica tonalità disponibile all'epoca.

«Vi prego, gente, tenete presente che sono foto stampate dai rullini delle macchinette fotografiche usa e getta e in un'era precedente a quella dei filtri, quindi siate clementi. Come potete vedere, però, la nostra Ayesha faceva già la sua figura». *Clic.* «Penso di essere più che corretto a inserirne anche una dello sposo, a questo punto, così che abbiate un quadro completo». Amabili risate accolsero la comparsa sullo schermo dello scatto gigante di Amit e Ben, entrambi con una polo e una floscia tenda di capelli a incorniciare il viso. Si tenevano le braccia sulle spalle, con una Marlboro in bilico all'angolo della bocca. *Clic.*

La foto seguente era di loro sei all'unione studentesca, nei giorni in cui ballare significava sudare molto e saltellare in stato di semi-coscienza più che sfoggiare abilità ritmiche. Eve appariva con i capelli appiccicati in testa e tutti quanti avevano gli occhi rossi, non necessariamente per colpa del flash. «Questa foto, invece, è stata scattata quella stessa sera, più tardi, quando la nostra timida sposina e il suo bellimbusto si sono dati il primo bacio». Era uno scatto delle prime ore del mattino, dopo essere tornati barcollando a casa. Se il soggetto principale erano chiaramente Amit e Ayesha in preda a un innegabile desiderio, subito a destra era ben visibile una Eve ubriaca, mezzo addormentata su una poltrona a sacco, la testa da una parte, le gambe aperte e la bava che le colava dalla bocca, con un mezzo kebab sul petto, maionese all'aglio e pezzetti di pollo bruciato sparsi un po' ovunque sul wonderbra rosa acceso.

Tanya, Ayesha e Becca avevano le lacrime fino al mento dalle risate ed Eve non ebbe altra scelta che fingere di trovare tutto ugualmente esilarante. Sentiva le persone dei tavoli vicini additarla. Sapeva che era un divertimento innocente, ma anche così… A quel punto doveva scegliere tra andarsi a nascondere sotto al tavolo assecondando il desiderio di ogni suo singolo muscolo, alzare gli occhi al cielo sbuffando e rassegnarsi al suo ruolo di zimbello esposto al pubblico ludibrio, oppure stare a quel folle gioco. Con un profondo sospiro, decise di superarsi nella sua magnanimità, spinse indietro la sedia e si alzò rivolgendo a tutti un piccolo inchino con tanto di svolazzo della mano. La sala scoppiò in un applauso spontaneo, e mentre riprendeva posto Eve colse lo sguardo ammirato di Ben. Se l'era giocato più che bene quel round.

Il tavolo dei single fu uno dei pochi a dover essere spostato per approntare la pista da ballo, così Eve e i suoi nuovi compagni, salvando i bicchieri di vino ancora pieni, dovettero lasciare a malincuore i propri posti per raggiungere la terrazza e permettere al personale di entrare in azione. Robert e Andrew non la lasciarono un attimo, restandole sempre a fianco tanto da farla sentire una pop star tra le guardie del corpo. Due guardie del corpo attraenti, eloquenti, premurose, apparentemente solventi e single. Becca saltò su a raggiungerli. In qualità di prima damigella aveva avuto l'onore di sedere con gli sposi. Appollaiata per tutto il tempo alla fine del tavolo oblungo accanto al padre di Amit, aveva trascorso buona parte del pranzo a bramare il ridanciano tavolo di Eve con un pizzico di invidia.

«Buonasera a tutti».

Eve fece le presentazioni, ma nel dire «lui è Robert» si interruppe bruscamente per precisare: «Bobby per gli amici».

Becca fece un gran sorriso e poi parlò scandendo ogni sillaba. «Oh, piacere di conoscerti, *Bobby* con la B».

Eve arrossì e le rivolse i classici occhi da "ti prego, no" che la sua amica ignorò totalmente. «Perché non andate a ballare? Tengo io compagnia ad Andrew».

Quando il primo brano riempì la terrazza ed Eve riconobbe il malinconico testo dei Roxette *It must have been love but it's over now*, si ricordò all'improvviso il suo incarico per la serata, e con un «magari più tardi, ora devo scappare», marciò in fretta verso la console del DJ.

Il rumore di una sedia trascinata e posizionata accanto a lei la colse di sorpresa. Aveva mantenuto fede all'impegno preso e per le ultime due ore non si era mai mossa dal gabbiotto del DJ, lanciandogli occhiate di ammonimento e scuotendo leggermente il capo tra una canzone e l'altra.

«Ciao, Red. Spero che non ti abbia dato troppo fastidio il mio discorso».

«Ma figurati. L'ho trovato molto divertente». *Neanche un po'.*

«Come io ho trovato divertente ballare il tip tap in un'affollatissima Covent Garden di sabato sera?»

«Immagino di sì, lo stesso tipo di divertimento», replicò Eve, mentre un piccolo sorriso le si disegnava sulle labbra.

«A quanto pare l'abbiamo scampata con la torta», disse Ben. «Ho sentito la mamma di Ayesha dire che non le è piaciuto molto lo strato inferiore, ma che quello di mezzo era una favola».

«Ci sono ingredienti di qualità nelle torte del supermercato».

«Ed è stata una vera ispirazione circondare tutto con il viale di mattoncini gialli».

«Grazie».

Sedevano entrambi fianco a fianco, guardando la pista affollata.

«Perché non stai saltellando lì in mezzo come una Bambi ubriaca? Con le gambe che scattano in ogni direzione e i capelli che frustano gli ignari astanti? Non è da te startene seduta e triste in disparte».

Avrebbe tanto voluto ribattere che non sapeva affatto cosa fosse da lei adesso, né tantomeno aveva il diritto di tirare a indovinare, ma fino a quel momento il matrimonio si era svolto magnificamente e concluderlo con una disputa a due avrebbe annullato il divertimento di un'intera giornata. «Sto facendo da baby-sitter al DJ».

Ben guardò il desolato giovane con gli occhi da cucciolo che osservava la pista piena di coppie intente in mosse pre-accoppiamento. «Mi sembra abbastanza grande da cavarsela da solo, direi».

«Si chiama Sam, è appena stato mollato dalla ragazza e ha una playlist da istigazione al suicidio. Quindi devo stare qui a fargli questa occhiata...», Eve strinse gli occhi in una minacciosa fessura e fece lentamente di no con il dito, «...almeno fino a che non torna in sé e rimette le Spice Girls».

Ben rise. «Wow, poveraccio. Scommetto che vorrebbe non aver mai accettato questo incarico».

«E neanch'io, ho un disperato bisogno di fare pipì e ho finito da bere quasi un'ora fa».

«Vuoi che presidi io la postazione per dieci minuti?».

Rispondere di sì, avrebbe significato accettare un favore, ma con un no si sarebbe ben presto ritrovata con una pozza sul pavimento e ancora sobria per via della mancanza di alcol. Non aveva molta scelta. «Va bene, ma fammi vedere la tua faccia cattiva».

«La mia cosa?»

«Come farà Sam Cuoreinfranto a prenderti sul serio se non gli fai una faccia cattiva come si deve?».

Pausa. Per un attimo Eve pensò che Ben non sarebbe stato al gioco, ma poi la sua bocca si contorse in un ghigno, gli occhi si chiusero a due fessure e il sopracciglio sinistro si inarcò. Il risultato fu che Eve si piegò in due dalle risate. «Dieci minuti». Fece un passo, poi si girò, più ben disposta. «Ti porto qualcosa quando ritorno?».

Se ne fu sorpreso, Ben non lo diede a vedere, perché rispose con disinvoltura. «Una birra andrà più che bene».

Capitolo 17

«Cin cin». I bicchieri tintinnarono e Ben spostò leggermente la sedia per permettere a Eve di intrufolarsi lì accanto. Il volume della musica era aumentato e, stando così vicini alle casse, dovevano gridare per parlarsi e avvicinarsi un po' troppo perché Eve non provasse disagio. Le ricordava troppe serate all'unione studentesca, quando gli si premeva addosso con la scusa di sentire meglio, senza che ce ne fosse un vero bisogno.

Il suo dopobarba non le risvegliò alcun ricordo, era un profumo che non riconobbe. All'epoca era più da Lynx-spruzzato-su-tutto-il-corpo, mentre la fragranza attuale era considerevolmente più sofisticata e costosa, ma così amalgamata al suo odore e calore naturali da darle un po' alla testa per la nostalgia.

«C'è stato un momento un po' spinoso quando Sam ti ha visto andar via e ha pensato che fosse la sua chance di mettere *Goodbye My Lover* di James Blunt, ma sono partito con il mio sguardo minaccioso e ho salvato la situazione».

«Mi fa piacere che tu abbia preso il tuo ruolo tanto seriamente», rispose Eve.

Rimasero seduti in silenzio fianco a fianco per un po', sorseggiando dai loro bicchieri e guardando l'enorme varietà di mosse sfoggiate sulla pista. Uno zio stava facendo il ballo degli scaffali, mimando le martellate e la pialla sulla trave, mentre la mamma di Ayesha continuava a cimentarsi nel twist su ogni brano, a prescindere dal ritmo. Un piccolo capannello di gente aveva circondato la sposa che dimenava il bacino in una sorta di danza del ventre con movimento a otto intorno a un fenicottero che qualcuno aveva portato fin lì da fuori.

«Allora, i matrimoni», disse Ben con un esagerato ed eloquente movimento delle sopracciglia.

«Già. Devi proprio amarli».

«In effetti Becca mi ha appena invitato al suo tra qualche settimana».

Questa le giungeva nuova. Era sicura che Becca ne avrebbe parlato prima con lei. Poteva presumere che l'invito fosse arrivato dopo una copiosa quantità di alcol e solo per riempire un vuoto nella conversazione.

«E ci andrai?», gli chiese spensierata senza provare la benché minima spensieratezza.

«Forse, mi piacerebbe ricominciare a frequentare il vecchio gruppo, e quel fine settimana sono libero».

Eve annuì dando l'impressione di approvare.

«A meno che tu non mi dica di no».

L'abilità di Ben di capire cosa pensasse veramente al di là del sorriso, la colse alla sprovvista. «No no, va bene. Sarà l'occasione per vendicarmi della foto con cui mi hai appena messo in imbarazzo».

Ben rise. «Oh, e quella era niente. Ne ho a bizzeffe».

L'idea che conservasse delle sue foto, che se le portasse dietro da un posto all'altro le diede una strana sensazione. Le aveva riguardate spesso? E se sì, cos'aveva pensato? Provava un po' di rimorso per essersene andato di punto in bianco? O erano solo ricordi di gioventù, senza alcun sentimentalismo allegato? Difficile chiederglielo, ma c'erano così tante cose che avrebbe voluto sapere.

«Perché non sei venuto con me a New York?». La domanda sorprese entrambi. Eve avrebbe voluto riprendersi quelle parole e rimettersele in bocca, e Ben si fece rosso in viso. La musica era forte, troppo forte. Rimbombava sul pavimento e sulle sedie, e quando Ben rispose, Eve ne percepì l'alito caldo nell'orecchio.

«Ti spiegherò tutto un'altra volta. Ma non adesso».

«E perché non adesso?», insistette lei, incoraggiata dall'alcol.

«È una storia incredibilmente lunga e abbiamo bevuto, ma voglio spiegartelo e poi…». Fu interrotto da una mano tesa con il palmo rivolto all'insù che gli passò davanti e si fermò all'altezza di Eve.

«Posso avere questo ballo?», le chiese Andrew.

Ci fu una frazione di secondo in cui Eve guardò Ben per… cosa? Il suo permesso? Lui diede un'alzata di spalle ed Eve prese la mano di Andrew, permettendogli di portarla in mezzo alla mischia. Ricordandosi poi il suo compito, sul bordo della pista si girò verso Ben e gli urlò: «Ohi, Hepworth!» e si puntò le dita contro gli occhi, poi le puntò verso Ben e infine verso Sam il DJ nel gesto universalmente noto del "ti controllo che lo controlli".

«Sei sparita», disse Andrew, facendola piroettare sotto al suo braccio.

«Scusa, dovevo fare da baby-sitter al DJ. Adesso ho passato il testimone».

«Non ti chiederò cosa significa. Ma va bene, ci ha piacevolmente intrattenuto la tua amica Becca».

Eve lo guardò stupita. «Ah sì?»

«Ci stava raccontando che esci solo con chi ha il nome che inizia per B e che dovrei farmi da parte e lasciare l'onore a Bobby».

Oddio. In quale universo, secondo Becca, sarebbe accetta-

bile un simile argomento di conversazione con due attraenti sconosciuti?

«È vero?».

Scosse il capo. «È una stupidaggine uscita fuori da una seduta spiritica. Becca non avrebbe dovuto parlarne, ignorala». Poi si ravvide. Detto così sembrava intendere che non doveva considerare quanto detto da Becca perché voleva uscire con lui. In preda all'imbarazzo dimenticò improvvisamente come si ballava e prese coscienza di ogni suo singolo passo e di ogni singola mossa, al punto che pareva seguire una coreografia prestabilita.

Andrew era un discreto ballerino; braccia e gambe lunghe corrispondevano spesso a movimenti stile polipo, invece riusciva in quello che a Eve risultò impossibile: ballare a ritmo e parlare allo stesso tempo. «Me l'ha detto solo perché le ho chiesto il tuo numero».

Eve si bloccò. «Davvero?»

«Sì. Allora mi ha detto che non ho alcuna possibilità perché mi chiamo Andrew. E prima di accettare una simile scusa – forse la più bizzarra con cui sia mai stato rifiutato – ho pensato di verificarla risalendo direttamente alla fonte».

«È questo che fa un bravo scrittore», rispose Eve con un sorriso.

«Esatto. Sapevo che avrei guadagnato punti, se non altro per la mia opportuna scrupolosità. Quindi? Ha ragione?».

Andrew era divertente e sapeva raccontare, la trovava interessante, rideva alle sue battute, era di qualche centimetro più alto di lei, sembrava pulito ma non da disinfettarsi continuamente le mani con il battericida, non aveva evidenti feticismi alimentari come portarsi ai matrimoni dei *felafel* fatti in casa nei Tupperware, era dal lato giusto della normalità e al momento la stava guardando con un ammiccante sopracciglio sollevato in attesa della sua risposta.

Una parte di lei era ubriaca abbastanza da dire sì e probabilmente pronta alla stoccata per stringere il patto: rivedere Ben le aveva fatto rendere conto che stava solo perdendo tempo a struggersi per il suo ex e che era necessario voltare pagina una volta per tutte, come d'altronde aveva fatto lui.

«Ehm... sono lusingata», cominciò.

«Non dire di no, lascia che ti porti a cena», insistette. «Viviamo entrambi a Londra... possiamo incontrarci dopo il lavoro, una di queste sere?»

«Davvero, non voglio farti perdere tempo», disse mordendosi il labbro. Era straordinariamente carino e se non fosse stato per Violet avrebbe gridato "diavolo, sì!" in quel preciso momento. Maledetta vecchietta in turchese e maledetta lei che stava perfino considerando che quanto le aveva detto potesse contenere un minimo fondo di verità.

Avevano fatto un giro a trecentosessanta gradi della pista, così che Eve si ritrovò di nuovo di fronte a Ben. Da sopra la spalla di Andrew riusciva a vederlo impegnato con il telefonino, senza dubbio per messaggiare con la donna per la quale l'aveva lasciata.

«Se può aiutare, di secondo nome faccio Bartholomew».

«Davvero?», chiese Eve, incredula, tornando subito con lo sguardo su Andrew. Se era vero, sarebbe potuta essere la connessione di cui aveva parlato Violet, altrimenti sarebbe stata una bella coincidenza. «Okay», disse Eve, decisa. *Cogli l'attimo.* «Offrimi un G&T e se ne può parlare».

«È già un primo passo».

«Esatto, il primo, dato che intendo camminare», ribatté sfrontata.

«Di bene in meglio. Torno tra un minuto. Non ti muovere».

Eve rimase a bordo pista osservando la schiena di Andrew in fila al bar. Le maniche della camicia bianca erano sollevate a mostrare un avambraccio abbronzato, che alzò per passarsi una mano tra i capelli sudati dopo il ballo. Evidentemente percepì il suo sguardo, perché si girò e le sorrise prima di voltarsi di nuovo. Potrebbe essere lui, pensò eccitata Eve, per davvero. I loro figli avrebbero avuto capelli biondo ramato con le lentiggini, immaginò. Lei sarebbe diventata una free lance, mentre lui avrebbe continuato a scrivere i suoi discorsi ascoltati da milioni di persone. Sarebbero andati a vivere sempre nei pressi di Londra, dato che a lui era richiesta la vicinanza a Westminster, ma probabilmente in un sobborgo adatto alle famiglie come Barnet. Per i bambini sarebbe stato un bene avere un giardino, ma i fine settimana li avrebbero trascorsi visitando il V&A o il Museo delle Scienze, quindi dovevano trovarsi sulla linea della metropolitana.

«Un penny per i tuoi pensieri». Gli occhi bruni di Bobby scintillarono verso di lei. «Dov'eri con la testa?»

«Scusa, sognavo a occhi aperti, è un'abitudine».

«Dov'eri finita? Ti stavo cercando».

Di solito una frase simile pronunciata da un alto e affascinante paramedico avrebbe suscitato una reazione più positiva, ma Eve era cosciente che, da un momento all'altro, sarebbe arrivato il migliore amico di Bobby, con un gin per lei. «Dovevo evitare che il DJ si tagliasse le vene e poi mi andava di farmi un ballo». *E il tuo amico.*

«Ottima idea, andiamo». Bobby la prese per mano e la tirò in pista. Si era allentato la cravatta e l'accenno di peluria scura che spuntava dal primo bottone slacciato della camicia fece sì che anche qualcosa dentro di lei cominciasse a fremere un po'. Rimase ferma, ondeggiando i fianchi e muovendo le spalle quel tanto che bastava a simulare un ballo, e intanto allungava il collo per vedere se fosse tornato Andrew. Era lì, infatti, subito fuori la ressa, con due bicchieri in mano e leggermente interdetto dalla sua assenza. Proprio dietro di lui c'era Ben, immobile sulla sedia dove l'aveva lasciato, il telefono silenzioso in una mano e un bicchiere di birra vuoto nell'altra, che la fissava ombroso. Bene. Le aveva messo in pausa la vita per quattro anni, facendole mettere in discussione ogni momento di intimità che avevano condiviso prima di allora. Non gli doveva niente.

Bobby si agitava entusiasta davanti a lei, con quella peluria invitante sul petto in cui Eve voleva all'improvviso passare la mano, mentre la sua potenziale anima gemella, Andrew, era pronta con il rinfresco al suo fianco. Un trittico di scelta in tre metri quadri di pavimento.

«Mi piacerebbe davvero rivederti», le gridò Bobby su *One Way or Another* degli One Direction. «Penso che ci siamo trovati».

Eve si contorse un altro po', poi si avvicinò proprio quando la canzone sfumava in un classico di Lionel Richie. Che diavolo, non aveva niente da perdere.

«E a me piacerebbe uscire con te, una volta o l'altra».

«Fantastico. Guardo i turni della prossima settimana e pianifico». Poi le mise una mano decisa nell'incavo alla base della schiena e sillabò eloquentemente le parole della canzone.

A salvarla dallo svenimento in stile XVIII secolo del tipo portate-i-sali fu un urlo lancinante che si levò dalla folla che ballava lì accanto. Tutti fecero spazio sufficiente a Eve per vedere lo sposo sanguinante lungo disteso sulla piattaforma rialzata dopo aver tentato la sua famosa mossa del bruco dei tempi dell'università ed essersi rotto il naso sbattendo a terra.

«Merda! Amit!». Bobby accorse in aiuto dell'amico, e le sue conoscenze mediche si tradussero in pratica sotto forma di ordini sbraitati e un'entrata in azione che Eve trovò eccitante. In pochi secondi Amit era di nuovo in sé, in piedi e con l'emorragia tamponata dalla cravatta di Bobby. Andrew era scivolato accanto a Eve e le aveva passato il drink osservando la scena con palese meraviglia. «Fa comodo un paramedico in casa».

Non lo si poteva negare. Soprattutto quando il paramedico in questione era incredibilmente attraente e conosceva a memoria il testo completo di *All Night Long*, che le aveva cantato come fosse una promessa.

Capitolo 18

Il gruppetto composto da Ben, Bobby, Andrew e altri due amici dello sposo erano davanti al taxi con il motore acceso, impegnati in una seria manche di morra cinese per stabilire chi di loro dovesse accompagnare Amit. Ayesha sarebbe stata la scelta più scontata, ma si era immediatamente tirata fuori con la motivazione di non poter «lasciare da soli gli ospiti». Una dichiarazione altruistica che soltanto le sue vere e più care amiche interpretarono correttamente con un "mi sto divertendo troppo per trascorrere la serata del mio matrimonio al pronto soccorso con tutti gli ubriachi della città e uno sposo infantile". Le risatine iniziali con cui Ayesha aveva accolto la vista del neo marito svenuto sulla pista da ballo si erano affievolite quando l'intervento di Bobby aveva tinto la scena in toni più foschi, ma, una volta appurato che non sarebbe diventata moglie e vedova nello stesso giorno, si era rasserenata.

Da quello che vide Eve, che era nel parcheggio accanto a Becca, Tanya e Luke, Ben sembrava aver perso la partita perché fu lui ad aprire lo sportello e salire a bordo, accompagnato dagli incitamenti degli altri che battevano le mani sulla macchina in partenza.

«Mai nella vita avrei fatto una cosa tanto stupida», fu il commento di Luke.

«Mai nella vita te lo avrei lasciato fare», sentenziò Tanya a braccia conserte.

«Mai nella vita saresti riuscito a fare la mossa del bruco, tanto per cominciare», replicò Eve, impassibile, per poi correre verso il taxi quando lo vide accostare pochi metri più avanti per permettere ad Amit di vomitare fuori dallo sportello aperto.

«Tutto bene?»

«Lo stai chiedendo a me o al terzo incomodo lì davanti?», chiese Ben con la testa fuori dal finestrino opposto come un cane.

«Ad Amit, ma in un certo senso a tutti e due. Mi ricordo che disastro sei alla vista del sangue».

«Mettila così, è questione di un attimo e sapremo chi sarà il prossimo a vomitare».

«Vuoi che venga anch'io? Così ti siedi davanti e io resto dietro con Mr Breakdance?»

«Davvero lo faresti? I tuoi ammiratori laggiù ne sarebbero alquanto contrariati».

Eve guardò verso l'albergo, dove Bobby e Andrew erano in piedi, fianco a fianco, le mani in tasca, a guardare il taxi. «Chiudi il becco e spostati davanti, Ben».

Non era la conclusione della festa che Eve aveva immaginato, ma sapeva anche che se avesse fatto da chaperon, Amit avrebbe avuto maggiori probabilità di arrivare in ospedale e non in un casinò.

«Eve, aspetta!».

Becca correva per la strada. Bobby e Andrew scattarono senza fiato per raggiungerla. «Cosa dovremmo fare adesso? Sono solo le dieci, è troppo presto per terminare la festa, no? Ma continuare non sarebbe di cattivo gusto?», le chiese.

«Perché lo domandi a me?», si sorprese Eve.

«Non sei la guru di tutto ciò che riguarda i matrimoni?»

«In piena onestà, devo dire che una situazione del genere non mi era mai capitata. Sono in un territorio inesplorato». Chiuse lo sportello e si affacciò dal finestrino: «Allora, Bobby, tu vai a cambiarti», disse indicando la camicia insanguinata che aveva un secondo bottone aperto a scoprire un'altra porzione di riccia peluria scura. «A guardarti si direbbe che hai appena ucciso qualcuno».

Passarono meno di quattro secondi da quando Bobby sparì all'interno e Andrew tirò fuori il telefono. «Prima che mi dimentichi, posso avere il tuo numero?».

Eve non riuscì a essere critica verso il suo opportunismo, lo slancio o il tempismo, con Ben a così gratificante portata d'orecchio. Prima, però, che potesse rispondergli, lo fece Ben per lei. «Non è proprio il momento migliore, amico, magari glielo chiedi dopo», e comunicò al tassista che poteva andare.

«Sei stato davvero scortese», gli disse Eve appena la macchina ripartì.

«Ma non è così? Chiederti il numero di telefono mentre il nostro amico sta morendo?».

Amit gemette accanto a Eve. «Non sta morendo, Ben. Be', forse di imbarazzo, ma con un naso rotto non si rischia la vita. La reputazione sì, la vita no».

«È stato un bell'idiota».

«Non essere così cattivo con Amit, è seduto proprio qui vicino».

«Intendevo il tuo bel fascinoso, come hai capito benissimo».

«Non è il mio bel fascinoso, e comunque, anche se lo fosse, non sono affari tuoi».

«Bene».

«Bene».

Il resto del tragitto verso l'ospedale si svolse in silenzio. Di tanto in tanto Eve accarezzava la schiena di Amit e, a un certo punto, sostituì anche l'asciugamano insanguinato con uno pulito dell'hotel, mentre Ben fissava risolutamente oltre il parabrezza. Eve non sapeva dire se per evitarsi la vista del sangue o per via del vivace battibecco di poco prima.

Dopo aver affidato Amit alle cure dell'infermiera del triage, Eve e Ben rimasero soli nella sala d'attesa del pronto soccorso.

«Red?»

«Che c'è?»

«Non mi sento tanto bene».

Il viso di Ben aveva assunto un colorito verdognolo, senza dubbio causato da un paio di ragazzetti che avevano fatto a botte e ora erano seduti di fronte a loro con il viso e le mani ricoperti di tagli ed escoriazioni sanguinolente.

«Vuoi prendere una boccata d'aria?»

«Mi rendo conto che suona poco dignitoso, ma mi aiuteresti a camminare? Temo mi possano cedere le ginocchia».

Eve lo aiutò ad alzarsi in piedi e a percorrere il pavimento di mattonelle sbiancate fino alla porta. Sedettero su una panchina rivolta verso il parcheggio buio.

«Meglio?»

«Molto».

«Non potevi spiegare agli altri che hai paura del sangue e che quindi non potevi accompagnarlo tu?»

«Non ho *paura* del sangue. Soffro di emofobia, una fobia riconosciuta».

«Un bel nome greco non migliora la cosa, Ben».

«Scusa tanto, Red. Tu hai paura della neve».

«Ehm, ehm. Chionofobia, se non ti dispiace».

Ben rise. «Oh, scusa, chionofobia. Questa sì che è una cosa reale».

«È assolutamente reale! Come la zemmifobia, la paura dei ratti giganti».

«Quella la posso capire. Sono dei veri bastardi. Ma la neve? Tutti amano la neve».

«Sta' a sentire, per quanto mi invalida la mia fobia? Tre giorni l'anno? Tu rischi di vomitare per un semplice taglio con la carta».

«Ecco cosa ho sempre amato di te, Red, la tua infinita capacità di empatia e compassione».

Cosa ha sempre amato di me.

«E le granite? Le mangi?», chiese Ben.

«Certo che le mangio. Se mi viene la voglia di ghiaccio lavorato e coloranti. Ho l'impressione che ti stia facendo beffe della mia sofferenza».

«Come tu della mia».

«Io no! Mi sono offerta di venire qui con te per salvarti dalla tua. Mi dovresti ringraziare».

«Grazie. E per dimostrarti quanto lo apprezzi, potrei anche offrirti un cocktail di Advocaat e succo di limone, altrimenti noto come Snowball».

«E io ti prendo un Bloody Mary, così siamo pari».

«Okay, ho fatto», annunciò Amit sulla soglia del pronto soccorso con tre grossi cerotti bianchi sul naso. «Adesso mi serve un altro drink».

Mentre il terzetto, di ritorno al ricevimento, rimetteva piede sulla moquette dell'atrio dell'albergo, Bobby scendeva dalle scale. Ben e Amit andarono avanti, invece Eve lo aspettò ai piedi della scalinata. Si era cambiato la camicia e, a quanto pareva, si era anche fatto la doccia e spruzzato di deodorante e dopobarba, il che lo mise leggermente in vantaggio su Eve che, dopo un paio d'ore di balli scatenati, corsa in taxi e assistenza al ferito, non era proprio fresca e profumata.

«Avete fatto presto», disse Bobby.

«Non volevamo perderci tutta la festa».

«Come sta Amit?».

Eve sorrise. «Dal punto di vista psicologico non posso esprimermi, considerando l'umiliazione, ma il naso si sistemerà. Hai fatto una gran bella figura prima, scattando in modalità paramedico».

«Quasi come se fosse preparata», ammiccò Bobby.

Eve annaspò. «Stai scherzando, vero?!».

«Ma sì, certo! Amit è un buon amico, ma neanche lui si sarebbe rotto il naso il giorno del matrimonio solo per aiutarmi a fare colpo su una ragazza che mi piace».

Un sorriso comparve sulle labbra di Eve. «Una ragazza che ti piace?».

Bobby sogghignò di rimando. «Sì, c'è una brunetta là dentro su cui ho messo gli occhi».

«Ah, brutte notizie per te. Se n'è già andata, ma puoi offrire qualcosa da bere a me, se ti va». Eve non aveva idea di cosa le fosse preso, normalmente non era così civettuola… per non dire altro.

«Mi piacerebbe molto», rispose lui.

Nell'istante in cui entrarono nella piccola sala da ballo, percepirono che l'atmosfera era cambiata e non solo per via della lesione subita dallo sposo. Lasciato ai suoi strumenti, Sam Cuoreinfranto aveva messo su una playlist così deprimente da drappeggiare infelicità per la sala intera, spingendo tutti fuori sulla terrazza.

«La festa è finita, a quanto pare», commentò Bobby.

«Cerchiamo Ayesha e sentiamo qual è il programma».

Il programma di Ayesha era di sbronzarsi il più possibile. La trovarono distesa sulle ginocchia delle cugine su un divano all'esterno. Aveva gli occhi aperti ma vitrei e perfino una sigaretta in mano, quando Eve era sicura che non ne avesse più toccata una da quando aveva lasciato l'università.

«Ehi, Ayesha». Eve si accovacciò lì accanto. «Siamo tornati, sono le undici e mezza, quasi tutti gli ospiti sono ancora qui e il DJ è pagato fino all'una. Che cosa vuoi fare? Posso mandare tutti a casa o possiamo riprendere la festa. A te la scelta».

Ayesha si tirò su a sedere, con l'aiuto di una cugina che la tirava e l'altra che la spingeva. «Riprendere la festa. Assolutamente riprendere la festa. Un drink?». Porse a Eve un bicchiere con dentro un crostino e una mosca morta.

«No, e neanche per te. Questo lo tengo io. Okay, si riprende la festa, nessun problema». Eve spedì Becca a persuadere il barman a preparare caraffe di cocktail e di portare ad Ayesha un'acqua tonica mascherata da qualcosa di più potente. Poi, insieme a Bobby, si mosse verso la console del DJ per dare un taglio alla melanconia e trovare qualunque cosa degli Wham!

«Posso aiutarti in qualcosa?», le chiese dolcemente Tanya, sbucata dal nulla. «Che disastro». Non fece alcun tentativo di convogliare nelle parole una tinta tragica, anzi, trasudava gioioso divertimento.

«Appena rimettiamo la musica, potresti cominciare a far rientrare la gente da fuori, se vuoi».

«È questo che amo di te, Eve, il tuo ottimismo di fronte alla catastrofe. Puoi cambiare tutte le canzoni che vuoi, ma non c'è modo di salvare questa festa. Faremmo meglio ad andarcene tutti a casa».

«Non sono d'accordo», replicò Eve a denti stretti, passando disperatamente in rassegna il laptop di Sam in cerca di ritmi allegri. «Ayesha e Amit sono nostri amici e dobbiamo aiutarli a risollevare l'atmosfera, glielo dobbiamo».

Tanya si controllò la manicure perfetta. «Arrenditi, Eve. Stai frustando un cavallo morto. So che tutte voi avete riso per il livello organizzativo del mio matrimonio, ma questo è esattamente quello che succede quando lasci fare al caso».

«Vedi, è qui che siamo diverse, Tanya, non penso che tu possa orchestrare qualcosa come il divertimento. Ma non starò certo qui a fermarti se davvero vuoi andar via».

«Una tua amica?», chiese Bobby quando Tanya si allontanò impettita.

«Tu hai amici di un tempo che se li incontrassi ora non potresti mai, in tutto l'universo creato, diventarci amico? Ecco, queste siamo io e Tanya».

Ci vollero quattro caraffe di Cosmopolitan, cinque di Flamingo e i brani più sdolcinati che riuscì a trovare, oltre a coercizioni forzate degli ospiti perché abbandonassero la tranquillità della terrazza, ma finalmente la festa resuscitò.

«Non mi ero mai reso conto di che lavoraccio fossero i matrimoni», osservò Andrew qualche ora dopo, mentre insieme a Eve aiutava il DJ a caricare le sue apparecchiature nella piccola Toyota. «Sono venuto solo per bere gratis e per la compagnia brillante, ma adesso sono distrutto».

Erano all'esterno, proprio davanti all'hotel ricoperto di edera. Il villaggio oltre i cancelli era buio, l'aria fresca a frizzante. Non per la prima volta quel giorno, Eve desiderò avere uno scialle o un cardigan – prima per coprire quei ridicoli papaveri sul seno, ora per scaldarsi un po'.

«Penso che possiamo essere molto fieri di noi stessi», concluse Eve strofinandosi le braccia. «Sono sicura che ci sarebbe mercato per questo genere di servizi: pianificazione di feste quando la tua festa fallisce».

«La potremmo chiamare "Feste, Piano B" e pubblicizzarla con un'auto dove, invece della sirena, mettiamo una palla stroboscopica», aggiunse Andrew.

Eve rise. «Mi piace».

«Sono stato molto bene, comunque».

Eve non poté che concordare. Pur avendo corso qua e là a spegnere incendi, era stata una giornata molto divertente. Divertente ed estremamente faticosa.

«Vuoi la mia giacca? Stai tremando».

Eve scosse il capo. Sapeva troppo di festa scolastica accettare la giacca di un uomo dopo aver ballato. «Sto bene, in effetti mi fa piacere prendere un po' d'aria».

«La festa non finisce, se non vuoi», disse Andrew. «Bobby e io stavamo giusto pensando di restare alzati ancora un po', se volessi farci compagnia. Festeggiare ancora per conto nostro».

«Sarei molto tentata, ma l'unica festa a cui andrò sarà quella nel mio letto».

Mentre si allontanava da Andrew, Eve si ripeté nella testa l'ultima frase e rabbrividì. Era stata davvero scortese ma, grazie a Dio, Andrew non sembrava averci fatto caso.

Le porte dell'ascensore di Eve si erano appena richiuse quando Andrew si precipitò nel bar quasi vuoto gridando: «Bobby, via alle danze!».

Anche Ben era uno degli ultimi ritardatari al bar, e a quella interruzione sollevò lo sguardo dal bicchiere di brandy che aveva in mano. Mandò giù ciò che ne restava e si avviò all'ascensore insieme ad Andrew, che aveva un costoso champagne nel secchiello del ghiaccio, e Bobby che portava tre bicchieri.

«Dopo di voi», disse Ben, tenendo aperte le porte per farli passare.

Una volta dentro, Bobby si chinò verso Andrew. «Non

riesco a credere che Eve ci stia, questo sì che è un bel modo di concludere un matrimonio. È la prima volta che lo fai in tre?».

Ben tese le orecchie.

«No, la terza. Tu?»

«È la prima volta per me, amico. Ti va di tenere la luce accesa per evitare di toccarci tra noi per sbaglio?»

«Sì, assolutamente».

Ben rimase a capo chino, gli occhi fissi sui suoi piedi per tutto lo scambio. Dovevano parlare di un'altra Eve, non era proprio possibile che la sua facesse una cosa del genere.

«È anche la mia prima rossa», disse Bobby. «Chissà se è naturale».

«Be', lo scopriremo presto».

L'ascensore si fermò con un sussulto e le porte si aprirono rumorosamente. I tre uomini uscirono, due di loro a un passo più rapido e spensierato del terzo. Ben aveva la camera proprio accanto all'ascensore. Rassegnato, infilò la chiave nella toppa e, sentendo cedere le spalle, osservò in silenzio la coppia avanzare sicura lungo il corridoio.

Capitolo 19

Fu uno dei pochi matrimoni in cui Eve si era ritrovata sufficientemente sobria da struccarsi prima di andare a letto. Mentre passava con calma il batuffolo di ovatta sugli occhi, si rese conto che non era stata solo una scusa per sganciarsi da Andrew quella di aver bisogno di andare a letto. All'improvviso le si era posato addosso uno sfinimento generale e ogni parte del corpo e del cervello doleva per l'abuso subìto. Tornando in camera scalza, Eve si distese sul letto a fissare il soffitto, ancora con indosso l'accappatoio bianco dell'hotel e i lunghi riccioli rossi sparsi sul cuscino. Dopo due anni vissuti sopra un locale di musica dal vivo, era avvezza a addormentarsi con il ritmo attutito dei bassi in sottofondo, ma quella sera il rimbombare incessante non faceva che ricordarle che un semplice pavimento si frapponeva tra lei, il suo passato e il suo futuro.

Stava cercando di capire perché avesse istintivamente declinato l'invito di Andrew a bere ancora qualcosa insieme, dal momento che lei era single, lui era single e sarebbe stata una divertente chiusura di una divertente giornata. Andrew e Bobby erano attraenti, simpatici, interessanti e uno dei due poteva anche essere un potenziale ragazzo. Invece eccola lì, in una sciccosa stanza d'albergo, da sola. E, di fatto, era proprio così che le andava. Aprì il laptop e cominciò a scrivere.

Non ho mai partecipato ai ritrovi di ex compagni di classe, né mai lo farò. Tutti quei visi, familiari eppure sconosciuti, che attestano il successo che hai avuto nella vita da come ti vesti e se ti presenti con un compagno e un mucchio di peli di cane/rigurgiti di neonato/chiazze di cibo non meglio identificato sugli abiti. Nessuno va a questi ritrovi per incontrare gli amici. Se fossero tuoi amici avresti continuato a frequentarli negli anni. Di certo non sceglieresti mai di passare una serata nell'aula magna piena di spifferi della tua vecchia scuola. No, diciamo le cose come stanno, ci si va per mettersi in mostra e impicciarsi degli affari degli altri. I matrimoni, invece, sono la tombola dei ritrovi. A meno che tu non sia in intimità con la sposa e quindi con libero accesso alla lista degli invitati, sapere chi altro si presenterà in chiesa è una vera e propria lotteria. C'è la possibilità che la tua amica, la sposa, sia rimasta in contatto anche con Esther, la ragazza cattiva dell'anno avanti al tuo, o forse Harriett, la sirena con i capelli fluenti e l'abilità di sottrarre superalcolici dal mobile bar di suo padre che ti aveva soffiato anche il primo ragazzo. Potresti perfino incappare nel tuo primo amore che ora, con ogni buona speranza, è grasso, pelato e con uno o due tatuaggi facciali, ma quello che voglio dire è che a un incontro tra ex compagni di scuola una cosa del genere te l'aspetti e la puoi evitare. A un matrimonio, dove tutto il passato e il presente della coppia viene ammassato nella stessa stanza per dieci ore o giù di lì, non hai alcuna scelta su chi ti capiterà vicino al bancone. Nessuna proprio.

Un leggero bussare alla porta la sorprese. Eve si strinse l'accappatoio addosso e aprì la porta. Si ritrovò davanti agli occhi un secchiello argentato con una bottiglia di Moët offerto da un sorridente Andrew mentre, alle sue spalle, Bobby sollevò tre bicchieri. Sembravano eccitati e speranzosi.

«Ecco qui, ti abbiamo portato la festa, proprio come ci hai chiesto».

«Ehm». Eve non capì. «In realtà stavo andando a letto, è molto tardi».

«Infatti! Dovremmo andare tutti a letto», aggiunse Andrew con un allusivo cenno del sopracciglio.

«Sono quasi le tre».

«Sono le tre e lo facciamo in tre».

Eve sgranò gli occhi orripilata. Nervosa, spinse il secchiello del ghiaccio tra le mani di Andrew con un deciso «buonanotte!» e gli sbatté la porta in faccia. Appoggiandovisi poi con tutto il peso come se temesse che la forzassero a spallate, piegò la testa all'indietro e scoppiò a ridere. Che giornata, che giornata assurda, dall'inizio alla fine!

Qualcuno bussò delicatamente, richiamandola all'azione. Erano davvero insistenti quei due.

«Che volete ancora?», sibilò Eve attraverso la porta. «No significa no. Levatevi dalle palle».

«Siamo noi, Ayesha e Becca», fu il sussurro in risposta.

Eve aprì la porta e si trovò davanti le sue due migliori amiche. Ayesha si era tolta il velo e il suo caschetto nero era un po' scompigliato, a dimostrare quanto fosse stato sballottato di qua e di là sulla pista per ore. «Siamo appena risalite e volevamo darti la buonanotte. Sono tuoi questi?». Ayesha stava indicando la bottiglia ancora intatta di champagne e i tre bicchieri che erano rimasti sul tappetino fuori dalla sua stanza.

«Un omaggio per me dagli amici dello sposo», rispose Eve. «Il perché non lo vorreste sapere».

«Be', sarebbe un peccato sprecarlo. È pur sempre il mio matrimonio».

«A questo proposito», la interruppe Eve, «non dovresti stare con tuo marito?»

«Il cocktail di farmaci che ha ingerito, mischiato con il brandy che ha insistito per offrire a tutti, lo ha reso praticamente inabile per qualsiasi cosa che non sia dormire. Per fortuna che non mi sono conservata intatta per la prima notte di nozze, sai che delusione!».

«Povero Amit», aggiunse Becca con un sorriso caustico.

«Povero Amit, un corno. Solo un cretino come lui poteva pensare di essere ancora capace di fare il bruco. Non provo la minima compassione, guarda».

«Occhio, Ayesha, sembri un po' Tanya in questo momento», la mise in guardia Eve.

Ayesha rabbrividì in modo teatrale. «Mi ricordate perché le siamo ancora amiche?»

«Si chiama nostalgia», rispose Eve.

«Si chiama masochismo», la contraddisse Ayesha. «Mi ha detto che con quell'arcobaleno di palloncini il matrimonio somigliava a una parata del gay pride».

«Bello essere inclusivi», ribatté Eve, passando alle amiche una flûte piena di champagne.

«E ha anche detto che è rimasta sorpresa di non aver visto gambe finte con le calze a strisce sbucare da sotto i tavoli, ma che quello sarebbe stato troppo perfino per me. Che voleva dire con "perfino per me"?»

«È tutta invidia, perché non ha la tua stessa immaginazione né la personalità per mettere in piedi un ricevimento come questo», disse Becca.

«Tu credi?». Ayesha inclinò la testa verso Becca. «Non era troppo astruso o fuori luogo?».

Eve scosse il capo. «È stato unico. C'è una bella differenza con fuori luogo».

«Non ce l'avrei mai fatta senza di voi, né avrei voluto».

«Onestamente è stato il migliore matrimonio a cui sia mai stata da tantissimo tempo», disse Eve. «Becca deve inventarsi qualcosa di davvero serio per competere con quello di oggi».

«Ohi», esclamò Becca puntandole contro il bicchiere. «Sappi che ci sono alcuni dettagli del mio matrimonio di cui non sai niente neanche tu».

«E non ti dimenticare di aggiungere il "più uno" di Eve, o "più due", a giudicare da oggi». Ayesha le strizzò l'occhio.

«Com'è stato l'ineffabile duo? Chi dei due ha fatto breccia?», fu la domanda di Becca cui Eve rispose sospirando.

«Nessuno». Esitò prima di continuare. «Lo champagne che state bevendo è stato acquistato perché mi fosse sparso addosso e cerimoniosamente leccato via da tutti e due». All'espressione esterrefatta delle amiche scoppiò a ridere e aggiunse: «Ma state tranquille, me ne sono liberata prima che ciò potesse accadere».

«È male che io sia un po' invidiosa?», piagnucolò Ayesha. «Eccomi qua, sono una donna sposata e non mi capiterà mai più una proposta simile da due uomini nella stessa sera».

«Neanche a me», intervenne Becca.

«Da come parlate sembra che prima succedesse sempre!», rise Eve.

«Be'», sorrise Ayesha. «Sempre sempre no».

«A me non era mai successo di avere due uomini che si contendessero la mia attenzione».

«Tre», precisò Ayesha. «Ben ha chiesto ad Amit se eri sposata».

Eve alzò gli occhi al cielo sentendo immediatamente un peso allo stomaco.

«Che gli ha risposto?»

«La verità, che sei single».

«Perché gliel'ha chiesto?»

«Che ne so, lo sai come sono gli uomini. Non credo che Amit abbia indagato su che sentimento nascondesse quella domanda. Perché? Stai pensando di ravvivare qualcosa?»

«Certo che no! Parliamo di secoli fa, di un'altra vita. Posso affermare categoricamente di non provare sentimenti di nessun tipo verso di lui, a parte una lieve irritazione per gli scherzi che continua a farmi».

«Fiuu», sospirò di sollievo Becca. «Perché mi sono ritrovata a invitarlo al matrimonio. Stavamo chiacchierando dei vecchi tempi e mi stava chiedendo se fossi rimasta in contatto con altri e ho detto di sì e che un sacco di ex compagni di università sarebbero venuti al matrimonio, e poi ho sentito la mia voce fargli l'invito. Scusami, Eve, sicura che vada bene per te?»

«Non potrebbe andare meglio, va bene, l'ho superata del tutto».

«Meno male», commentò Ayesha. «Perché quell'uomo si porta dietro un bagaglio più pesante della moglie di un calciatore in partenza per i Mondiali. Un altro bicchiere?».

Eve non avrebbe potuto chiederle di spiegarsi meglio senza dare l'impressione di interessarsi alla sua storia, dopo la perfetta interpretazione di totale disinteresse. Tutte e tre diedero fondo alla bottiglia raccontandosi aneddoti divertenti della giornata su chi aveva detto cosa e chi aveva ballato con chi, ma la mente di Eve rimase per tutto il tempo a milioni di chilometri e qualche anno di distanza.

Capitolo 20

Più tardi quello stesso giorno, dopo aver ripreso il treno di ritorno al loro appartamento, Becca ed Eve erano stese in soggiorno ad ascoltare la sessione pomeridiana di jazz che dal piano di sotto risaliva in volute melodiche verso di loro. Qualche classico di Nina Simone incluso nella playlist fece loro battere il piede a tempo e mugolare dai rispettivi divani. Eve aveva imposto a Becca di fare il punto delle risposte agli inviti per il matrimonio e scrivere una lista definitiva di tutti quelli che avrebbero partecipato. Becca aveva cominciato alla grande, ma ora, meno di sei minuti dopo, si era addormentata. Dopo averle delicatamente tolto di mano la penna e rimesso il tappo, Eve si era stesa sul suo divano con il laptop aperto sulle *Disavventure di una pessima damigella* di quella settimana.

Pur scrivendo di professione da dieci anni ormai, trovò molto difficile reperire un sostantivo che potesse sostituire i fenicotteri in fibra di vetro. Quanto sarebbe risultato esilarante se avesse potuto riportare parola per parola il matrimonio di Ayesha, dall'eccentricità del tema alla frattura del setto nasale: era commedia allo stato puro per il suo nuovo trafiletto... solo che non avrebbe mai potuto fare una cosa del genere a un'amica. Quindi stava cercando di camuffare ogni dettaglio con descrizioni alternative. I fenicotteri divennero cigni, la frattura non era al viso ma a un piede e il DJ depresso si chiamava Larry. Mentre scriveva Eve non riusciva a trattenere le risate per l'assurdità di quella giornata. Nessun tentativo di inventare di sana pianta un matrimonio tanto drammatico avrebbe avuto un risultato a così alta comicità come l'originale.

«Perché ridi?», chiese Becca sbadigliando. «E quanto ho dormito?»

«Solo venti minuti e niente, roba di lavoro». Eve chiuse il laptop.

«Non ho mai saputo che il tuo lavoro fosse particolarmente divertente. Commovente sì, ma da sghignazzare in quel modo... non proprio».

«Be', sai, ogni tanto capita. Come va la lista delle risposte?»

«Non benissimo. Avremo mandato circa una sessantina di inviti, ma ho ricevuto duecentottantadue risposte, il che è un po' strano».

«Quando dici di averne mandati *circa* una sessantina, cosa intendi di preciso? Dov'è la lista?»

«Non ho fatto una lista. Ho semplicemente mandato l'invito quando mi veniva in mente una persona che mi sarebbe piaciuto invitare».

«Bene, e quanti biglietti di invito hai ordinato, tanto per cominciare?»

«È questo il punto. Non ti ricordi che il cartoncino l'ha impostato mia cugina Janine? Quindi ogni volta che mi veniva in mente una persona ne stampavo una copia. Non è che abbia proprio tenuto traccia di chi e quanti».

«Ovvio».

Becca si tirò su a sedere. «Ovvio cosa? Che significa?»

«Significa, ovvio, va bene, faremo ora una lista di tutti quelli a cui ricordi di aver mandato l'invito, poi li sommiamo a quelli che ti hanno risposto e cercheremo di scoprire quelli che ancora non ti hanno fatto sapere».

Becca gemette e appoggiò la testa al divano. «Ma è proprio questo il problema. Non riesco a ricordare, ho continuato a invitare chi incontravo, come ho fatto con Ben, e ne ho distribuiti un po' a Jack, mia mamma e le mie sorelle perché invitassero i loro amici...».

«E hai invitato gente a caso come mia mamma», la interruppe Eve.

«Non è gente a caso, è tua mamma, ma ho anche fatto una sorta di invito aperto al lavoro. Ho affisso il cartoncino nella bacheca in sala professori».

«Non stiamo parlando di volantini per vendere una macchina usata, Becca! È il tuo matrimonio, devi smetterla di mandare in giro inviti!».

«Lo so, mi sono fatta un po' prendere la mano».

«Okay, dammi la lista di tutti quelli che hai invitato e i loro indirizzi e-mail e cercherò di contattarli per la conferma. Nel peggiore dei casi, quanta gente pensi che potrebbe venire?», chiese Eve.

«Per peggiore dei casi intendi il numero più alto o più basso?»

«Dipende dai punti di vista. Per me il peggiore dei casi sarebbero seicento persone che si presentano in cerca di cibo e bevande gratis».

«Che sono anche un bel po' di balle di fieno», disse Becca.

Eve non rispose, era troppo impegnata a contare per dieci nella mente. Becca prese quel silenzio come segno che il discorso era concluso e tutto risolto, quindi chiuse gli occhi e scivolò di nuovo in un sonnellino senza sogni.

Nel tardo pomeriggio le due amiche erano di nuovo amabilmente fianco a fianco a preparare l'insalata per una cena anticipata. Proprio mentre Eve allungò la mano davanti a Becca per prendere il cestino dei pomodorini, i loro cellulari, che erano in carica uno accanto all'altro sul piano della cucina, si illuminarono e vibrarono contemporaneamente.

"Il fotografo ci ha appena mandato il video del matrimonio! *Premiere* domani sera da noi – venite alle 19:30, proiezione alle 20, abito scuro".

«Immagino che anche il tuo sia da Tanya», disse Eve.

«Già, convocazione per la *premiere*».

Le due donne si guardarono con lo stesso pensiero in testa: "Che palle".

«Ci dobbiamo proprio andare?», chiese Becca arricciando il naso a dimostrazione di quanto poco gradito fosse stato quel messaggio.

«Ci sono tante altre cose che mi piacerebbe fare invece», ammise Eve. «Ma non ho impegni domani».

«Allora diciamo di sì?»

«Sì, ma le dirò che vado direttamente dopo il mio allenamento nel parco, che è di fronte casa loro, quindi o mi accetta in tuta o niente».

«In questo caso, dirò anch'io così, in modo che non sarai la sola in tuta quando saranno tutti eleganti».

«Mica si aspetterà che vengano tutti in abito scuro?»

«Tanya può fare quello che le pare».

«È proprio vero», confermò Eve. «Bene, senti, visto che verrai comunque in tenuta sportiva, perché non mi raggiungi dopo il lavoro e ti unisci all'allenamento? A Juan non importerà, penso che le mie chiacchiere lo annoino un po'».

«Potrei. Immagino che dovrei fare almeno una lezione prima di sposarmi, non è questo che fanno le future spose?».

Eve non volle dirle che la maggior parte delle spose che aveva incontrato nel suo cammino indossavano fasce snellenti almeno due volte alla settimana e che si nutrivano di soli cubetti di ghiaccio già nei sei mesi precedenti alle nozze.

Juan aveva appoggiato una gamba muscolosa rivestita di lycra ad angolo retto sulla recinzione, creando un quadrato perfetto con il terreno.

«È lui?», bisbigliò Becca mentre raggiungevano quella parte del parco in cui aveva già approntato piccoli coni e una varietà di strumenti di tortura mascherati da corde per saltare e bilancieri.

«Già».

«Non mi avevi detto che era così attraente».

«Ah. È attraente?»

«Eve, perfino tu non puoi esserne immune».

«Che sia notevole lo vedo, ma è così dispotico».

«È per questo che lo paghi. Scommetto che nella vita reale non è così».

«Aspetta e vedrai».

Nel giro di dieci minuti Juan aveva fatto fare alle due donne squat e affondi laterali. Le loro magliette erano chiazzate di sudore nei medesimi punti, e nonostante avesse raccolto i lunghi capelli in un voluminoso chignon, Eve continuava a soffiar via dal volto paonazzo per la fatica alcun ciuffi che erano sfuggiti.

«Non è affatto divertente», ansimò Becca.

«Ho tentato di dirtelo».

«Signore, meno chiacchiere e più squat», sbraitò Juan. «Adesso è il momento giusto per scattare fino ai segni, pronte? Via!».

«Non credo che mi piaccia molto», disse Becca a Eve passando il piccolo asciugamano sotto le braccia e intorno al collo mentre Juan raccoglieva i paletti una decina di metri più in là.

«Visto? Che ti avevo detto?»

«Be', avevi ragione, e non è la prima volta».

Juan si avvicinò e Becca gli tese la mano. «Grazie, Juan, è stato magnifico».

«Prego. Torna quando vuoi».

«Potrei pianificare un altro paio di lezioni prima del mio matrimonio tra qualche settimana».

«Ah, ti sposi?»

«Sì, il 6 agosto. Vuoi venire?».

Eve alzò gli occhi al cielo e mormorò poche parole scelte tra sé mentre si voltava dall'altra parte.

«Non avevo previsto di emanare questo odore», disse Becca annusandosi le ascelle e rabbrividendo. «Tanya darà di matto».

«Gliel'avevamo detto che non ci saremmo presentate in vestiti di paillette», rispose Eve fermandosi proprio davanti alla porta d'ingresso di Tanya per allacciarsi le scarpe.

«Sì, ma non penso che si aspetti una coppia di vagabonde sudate sul suo zerbino, non la sera della *premiere*».

«Non è una cavolo di *premiere*, Becca, è il video di un matrimonio. Basta prendere sul serio il suo battage pubblicitario. Se ci vuole, ci prende così come siamo».

«Amen».

«'Sera, ragazze. Vi siete perse?». Maggie, l'amica di Tanya che aveva sabotato l'addio al nubilato alla Roller disco, stava uscendo da un taxi. Il profondo spacco sul suo abito da sera rivelò una gamba dall'abbronzatura perfetta e ricordò a Eve di comprare un nuovo rasoio.

Eve le rivolse un sorriso forzato. «Siamo qui per lo stesso

tuo motivo: la grandiosa presentazione del video del matrimonio».

«Oh, imbarazzante. Tanya ha fissato un dress code, chiaramente non ne eravate al corrente». Il labbro inferiore si protese in un ridicolo broncio come a dire "poverine, preparatevi a una continua umiliazione".

«Sì che lo sapevamo», si intromise Becca. «Abbiamo semplicemente deciso di non rispettarlo».

Le loro risatine infantili accompagnarono lo scricchiolio delle suole delle scarpe da ginnastica sul lucido parquet che conduceva alla porta di Tanya. Maggie rimase a bocca aperta accanto al tassista che aspettava pazientemente di essere pagato.

Il campanello di casa trillò. Suonava più come un gong che un campanello quotidiano acquistato da DIY. Conoscendola, Tanya l'aveva probabilmente ordinato dagli anni Venti e teletrasportato nel 2018. La porta si aprì e rivelò Luke in smoking.

«Eve, Becca, entrate». Quando gli cadde l'occhio sui loro vestiti, però, crollò anche la sua faccia. «Anzi, no, aspettate. Non potete entrare così, Tanya si arrabbierà da matti».

«Sapeva che saremmo venute subito dopo l'allenamento, le ho mandato un messaggio».

Ancora non le aveva fatte entrare e lo scambio di battute si svolse sullo zerbino con i monogrammi che Eve aveva visto sulla lista di nozze chiedendosi, all'epoca, chi mai lo avrebbe comprato.

«Possiamo entrare, Luke? Avrei bisogno del bagno», disse Becca.

«Non lo so». Appariva nervoso. «Si è impegnata tanto per questa serata e questo la rovinerebbe».

«Con "questo" intendi il nostro arrivo?», chiese Eve con espressione eloquente.

«Non potete andare a casa a cambiarvi e poi tornare?», disse Luke sottovoce, accostando leggermente la porta in modo da ridurre la visuale.

«Ciao, Luke», disse una voce sofisticata dietro di loro. «Scusate, ragazze, vi potreste spostare così da farmi raggiungere la festa?». Maggie si intrufolò nella porta semichiusa mandando baci aerei a Luke nel passaggio.

«Luke, smettila di fare lo stronzo», disse Eve con la pazienza che evaporava in fretta. «Apri la porta e facci passare, dacci un po' di vino, qualche snack, ci guardiamo il vostro stupido video e poi vi lasciamo in pace e torniamo alla nostra vita».

Nessuno gli aveva mai parlato in quel modo, be', a parte Tanya, e Luke si era spaventato così tanto da sposarla. Era in alto mare sul da farsi, inchiodato tra due donne volitive e si rammaricò di essere stato il più vicino alla porta quando avevano suonato.

«Che succede?». Ben apparve nel corridoio alle spalle di Luke. Da quello che Eve riuscì a vedere, anche lui indossava uno smoking. «Eve, sei tu?»

«Sì, ma all'ingresso ci dicono che i nostri nomi non sono sulla lista».

«Luke? Perché non le fai entrare?».

Luke aprì la porta per mostrare Eve e Becca in tutto il loro sudato splendore, capelli tirati all'indietro, tute bucherellate, magliette extralarge stinte con chiazze di sudore ben visibili sotto le ascelle e sul petto.

«Ah».

«Ma è tutto a posto. Ho mandato un messaggio a Tanya per dirle che saremmo venute direttamente dall'allenamento. Lo sapeva».

«Be', se è così, falle entrare, Luke. Non vorrai metterti nei guai con Tanya così fresco di matrimonio, no?».

dopo ci siamo sposati. Quattro figli abbiamo. Mai una brutta parola».

A forza di scrivere di matrimoni e relazioni Eve aveva sempre più la sensazione che se il destino metteva insieme le persone era sempre per una ragione. Se Clive avesse preso l'autobus più tardi ogni mattina, avrebbe sposato qualcun altro? Sarebbe stato ugualmente felice? Perché trovare qualcuno con cui voler condividere il resto della vita era tanto facile e allo stesso tempo tanto difficile?

Mentre si distaccava dalle sue fantasticherie su Clive e sua moglie e tornava al presente, si accorse di una e-mail non letta da Belinda di «Venus» nella sua casella privata di Gmail. Aveva ricevuto l'ultimo pezzo e si diceva "oltremodo delusa". Man mano che continuava a leggere, Eve sentiva il cuore farsi sempre più pesante. L'accusa di Belinda secondo cui Eve aveva utilizzato il proprio spazio per scusarsi del trafiletto precedente era sfortunatamente fondata.

Hai contraddetto tutto ciò che avevi scritto nel tuo pezzo della settimana scorsa, facendo marcia indietro.

Non capisco come tu abbia potuto cambiare opinione nel giro di una settimana, ed è destabilizzante per chi legge. Un pezzo simile su «Il mio meraviglio matrimonio» non sarebbe assolutamente fuori luogo, ma non è adatto a «Venus». Noi siamo pungenti, insolenti e schiette. Diciamo quello che la gente pensa ma non dice e tu sei stata perfettamente in linea fino a quest'ultimo pezzo. Spero davvero che sia un evento unico, Eve, e che tu possa ritrovare dentro di te quella tua divertente franchezza, perché voglio tenerti come autrice. Durante il nostro primo colloquio ricordo che hai fatto menzione di un matrimonio in stile festa country e un matrimonio gay, due terreni molto fertili da cui trarre spunto per osservazioni velenose, quindi concentrati su quelli per i prossimi articoli e bando alle remore.

Bando alle remore, prendi bene in giro la tua migliore amica e tuo fratello, pensò Eve. Be', non se ne parlava proprio, ma neanche di perdere il lavoro con «Venus». Prima che arrivasse faticava molto a far quadrare i conti e quella entrata le aveva dato una stabilità economica di cui aveva un disperato bisogno. Aveva pensato di essere stata abbastanza astuta nel mascherare il matrimonio di Ayesha nel trafiletto precedente, ma evidentemente si era sbagliata, quindi, se doveva farlo anche per Becca e Adam, avrebbe dovuto impegnarsi di più.

Capitolo 26

«Quale avevamo detto che ci piaceva?», biascicò Ayesha stendendo il braccio davanti a Becca per farsi versare un intenso Sauvignon. Le ciotoline che erano state distribuite a ognuna di loro perché vi sputassero il vino che stavano assaggiando da circa due ore erano ancora asciutte e pulite, mentre le tre amiche erano sulla via di una sbronza colossale.

«Questo non mi piace», annunciò Eve dopo un altro grande sorso. «No, aspettate». Corrugò la fronte. «In effetti è delizioso».

«Fammelo provare», disse Becca, togliendole il bicchiere di mano. «No, c'è un sentore di limone».

«Ah ah ah! Sembri una checca!», rise Ayesha. «Al prossimo parlerai di bouquet e olfatto».

Scoppiarono a ridere, Eve perse addirittura l'equilibrio sullo sgabello e si aggrappò ad Ayesha per sostenersi. Il proprietario dell'azienda vinicola francese le guardava bonariamente, disorientato. Non erano il primo gruppo di turisti inglesi che trasformavano una degustazione in una sbronza, ma per lo meno queste tre donne erano giovani e carine e non pensionati arrivati in pullman o giovanotti all'addio al celibato che si era trovato a ospitare in precedenza.

«*Mademoiselle*», disse avvicinandosi al tavolo e rivolgendosi a Eve che sembrava la persona di riferimento. «Presumo che vogliate assaggiare anche *rosé*, *vin rouge* e *champagne*?»

«Oh, mio Dio!», esclamò Eve. «Avevo dimenticato gli altri colori! Io odio il vino rosso, quindi a quello ci pensano loro due, per quanto riguarda me, invece, riempimi di rosa e bollicine».

L'uomo si allontanò scuotendo il capo con un sorriso. «Mi sembra carino. E non porta neanche la fede», fu il commento di Becca.

«Basta», disse Eve. «Basta davvero. Non ho tutta questa fretta di rimediare un appuntamento, con nessuno».

«A meno che non sia Ben», disse Ayesha con un singulto mentre Becca cercava di zittirla. «Perché pensi che l'abbiamo invitato l'altra sera alla cena?»

«Ma che dici?», chiese Eve. «Ha fatto da testimone ad Amit, ho pensato che fosse venuto per quello».

«Un po', ma principalmente perché, durante il viaggio di nozze, abbiamo continuato a dire che voi due dovreste tornare insieme. Amit mi ha raccontato di averti organizzato l'incontro con Bryn, ma poi abbiamo concordato entrambi che Ben è molto più adatto a te».

Eve alzò gli occhi al cielo. «È un po' tardi ormai. Troppe cose sono successe da allora».

«Quindi te l'ha raccontato?», si informò Ayesha.

«Di Kate?», accennò Eve, sperando che la sua risposta vaga portasse Ayesha a divulgare ulteriori informazioni non ancora in suo possesso.

«È stato tragico ritrovarsi proprio mentre stava morendo e il suo sacrificio successivo, quello di rimanere anche dopo per il bene della famiglia, ti spezza il cuore. Mi dispiace, Eve, so che dev'essere dura vederlo in continuazione ora», disse Ayesha allungando la mano sul tavolo per prendere quella dell'amica. «Ma ne ha passate tante e non ha altri amici a Londra, ha solo noi».

«Personalmente non mi definirei sua amica», replicò Eve con un velo di tristezza.

«Lui penso di sì». Ayesha protese il labbro inferiore. «Mi dispiace, non avrei dovuto nominarlo. Ho rovinato l'atmosfera».

Eve scosse il capo. «No, figurati, non dire sciocchezze, non è che sia ancora innamorata di lui o che. È tutto a posto».

«Il suo nome, però, comincia per B», sottolineò Becca mentre Ayesha annuiva solennemente.

«Oddio, smettetela, tutte e due! Basta con questa storia della B. È stato solo uno strampalato proclama di un'anziana in pensione, non c'è niente di reale. Bandisco qualsiasi altro appuntamento al buio o incastro e perfino qualsiasi menzione di nomi con la B. Finito. *Game over*».

Proprio in quel momento il sommelier francese si avvicinò al tavolo spingendo un carrellino con una mezza dozzina di bottiglie di rosso e champagne. «*Mademoiselles*, a voi il *vin rouge* e lo champagne. Posso suggerirvi di non mandare giù anche questi?», propose con un sorriso.

«Scusa. Siamo troppo chiassose e indisciplinate?»

«Indisciplinate?». Il giovane le guardò, interdetto da quella parola sconosciuta.

«Indisciplinate, cioè... senza controllo», spiegò Eve. «Rumorose, disturbiamo».

L'uomo rise mostrando denti bianchissimi. «Assolutamente no, siete molto divertenti. È un piacere per me avervi qui. Siete molto più carine della maggior parte delle persone che vengono di solito, è sorprendente quanta gente sia convinta di intendersi di vini. Posso spiegarvi qualcosa della varietà del vitigno di questi prima di farveli assaggiare?», propose.

«Ma certo, perché non ti siedi e ti unisci a noi? Non c'è nessun altro in questo momento», rispose Eve. «Scusa, com'è che ti chiami?»

«Bruno». E all'udire quel nome, quelle tre strane ragazze inglesi si sganasciarono dalle risate, lasciandolo leggermente interdetto e confuso.

Capitolo 27

Ayesha era ubriaca, Becca non si sentiva bene ed Eve era ben sveglia e sorprendentemente sobria perciò, quando Bruno le propose di andare a cena con lui mentre le altre due già parlavano di tornare in albergo, non vide motivi per dire di no. Non aveva niente a che vedere con il suo nome, così continuava a ripetersi, ma molto con i suoi modi affascinanti, alquanto insistenti, e con le sue amiche che l'avevano costretta. Eve le guardò prendersi a braccetto e barcollare lungo l'acciottolato verso il loro alberghetto a gestione familiare, lanciandole sorrisini e strizzate d'occhio da sopra la spalla. Eve rimase fuori dall'azienda vinicola buia e chiusa, e per una frazione di secondo desiderò essere andata con loro.

«Mio cugino gestisce un piccolo bistrot a pochi minuti da qui. Ci andiamo?», propose Bruno porgendole il braccio. Eve non gli aveva prestato granché attenzione prima che la invitasse, ma di aspetto era molto gradevole, con i capelli neri perfettamente pettinati, la camicia bianca inamidata con una piega su entrambe le maniche e un maglioncino di cachemire posato con disinvoltura sulle spalle. Era simpatico, europeo e con un accento incredibilmente sexy.

«Hai un ottimo inglese», disse Eve. «Molto meglio del mio francese», precisò senza alcun motivo.

«Grazie, ho lavorato a Londra in un albergo di lusso per

tre anni dopo l'università, quindi, come dite voi, l'ho acquisito sul campo».

Mentre camminavano per la cittadina medievale, ogni persona che passava sollevava una mano a salutare Bruno, o in silenzio o con qualche amichevole battuta.

«Conosci tutti, a quanto pare».

«La mia famiglia vive in questa cittadina da cinque generazioni», le spiegò. «La maggior parte degli abitanti ha una storia centenaria. Guarda quella donna lì», le indicò una bella ragazza mora che con un grembiulino bianco su una minigonna che serviva gli aperitivi a un gruppo di uomini più anziani seduti all'esterno di un bar, «il suo bisnonno era anche il mio. E quella signora lì...», stavolta era una donna avanti con gli anni, dall'aspetto scorbutico, seduta su una panchina con un piccolo terrier bianco in braccio, «...ebbe un brutto litigio con mia nonna quando erano a scuola insieme e, a oggi, ancora non saluta mai né me né mia sorella».

«È come una soap opera», disse Eve, divertita.

«Una cosa?»

«Sai, una serie televisiva».

Rise anche Bruno. «Sì, precisamente. E ben presto in tutta la cittadina si parlerà di Bruno Dupont a passeggio con una bellissima donna rossa di capelli che nessuno ha mai visto prima».

«Non credo proprio di essere la prima donna insolita con cui sei stato visto in giro», rispose Eve, respingendo il complimento rivoltole con tanta nonchalance.

«Come ho già detto, non è così abituale avere clienti giovani e carine. Non è che mi piaccia molto invitare a cena vecchi grassoni scesi da qualche pullman».

Eve rise. Dava un senso di freschezza trovarsi in compagnia di qualcuno dal fascino così disarmante e, almeno per quella sera, se la sarebbe goduta. Non conosceva nessuno in quella cittadina collinare della Provenza e non aveva niente da perdere.

«Eccoci qua». Si fermarono davanti a un ristorantino con cestini di fiori colorati appesi sulla porta. Dalle finestre Eve intravide il piccolo ambiente a lume di candela. Bruno le tenne aperta la porta e la seguì all'interno, salutando lo staff con entusiastiche strette di mano e baci su entrambe le guance. Evidentemente aveva telefonato senza che Eve se ne accorgesse, perché furono accompagnati all'istante a un tavolino per due in un'ottima posizione vicino alla finestra da cui fu discretamente rimossa la targhetta RISERVATO. Bruno le spostò la sedia, facendole tornare in mente quando lo aveva fatto Ben alla mensa dell'università e si era ritrovata con il sedere per terra. Stavolta, però, il gesto fu di cavalleria e senza malignità.

«Vino bianco?», chiese Bruno. «Sicura di non voler provare un eccellente rosso? Forse sei convinta che non ti piaccia solo perché non hai mai assaggiato i migliori».

Pur avendo trascorso la giornata a bere poco altro, Eve si ritrovò comunque a declinare. «Resterei sul bianco, ma lascio scegliere a te, se non ti dispiace, anche se ormai sono un'esperta, naturalmente».

«Naturalmente», sorrise Bruno, leggendo la lista dei vini e procedendo con l'ordinazione in un seducente francese che le fece formicolare la schiena. Anche se agli esami finali di lingua Eve era riuscita a scucire una C e non riusciva nemmeno a ricordare come si prenotava una camera d'albergo o come spiegare che bisognava cambiare la gomma (frasi che sapeva benissimo di aver scritto innumerevoli volte su bigliettini bianchi), in quel momento fu abbastanza certa che Bruno avesse parlato di "gamberi" e "anatra" mentre ordinava il vino.

«Hai troppo freddo, Eve?». Pronunciò il suo nome come fosse zucchero.

«Sto bene, fuori fa caldo. Che posto delizioso».

Entrambi si guardarono intorno, Eve per la prima volta, mentre Bruno osservava quei luoghi familiari attraverso i suoi occhi. «Di giorno lo gestisce mio zio come *creperie* e di sera mio cugino come bistrot. C'è una cantina in cui il mio bisnonno ha nascosto molte famiglie della città durante l'occupazione».

Era sempre impressionante per Eve pensare che così tante cittadine e borghi storici francesi, oggi luoghi di grande fascino e purezza, conservassero storie tanto tristi avvenute solo qualche decennio prima.

Arrivò il vino e Bruno si attenne al rito di controllare l'etichetta, farlo roteare sul fondo del bicchiere e assaggiarlo, prima di servirlo. «Allora, raccontami cosa ha portato te e le tue amiche qui oggi», disse Bruno. «Aspettavo due uomini e ho avuto una piacevole sorpresa».

«A fine agosto ci sarà il matrimonio di mio fratello con il suo compagno, su allo chateau, e avevano in programma di venire qui a testare il menu e scegliere il vino, ma non sono riusciti a partire, quindi sono subentrata io con le mie amiche. La ragazza mora più bassina si sposerà tra un paio di settimane, quindi è una sorta di weekend di addio al nubilato per lei».

Se Eve notò un lievissimo lampo di sorpresa in Bruno al suo accenno al matrimonio gay, non ne fece parola.

«E tu? Sei sposata? Spero di no, altrimenti il tuo uomo potrebbe arrabbiarsi con me».

«Oddio, no. Quello lo lascio fare a parenti e amici».

«Non ti vuoi sposare?».

In tutti gli appuntamenti che aveva avuto, anche se mai prima d'allora con un giovane francese, nessuno le aveva mai chiesto cosa pensasse del matrimonio. Bruno non sapeva neanche il suo cognome, dov'era nata, i suoi hobby o le idee politiche, ma le stava chiedendo se intendeva sposarsi o no.

«Non sono contro il matrimonio in sé, penso che sia perfetto per alcuni e non tanto per altri». Le vennero in mente i suoi genitori, Tanya e Luke, ma poi anche Becca e Jack, Ayesha e Amit.

«Io mi sposerò entro un paio di anni», annunciò Bruno con la sicurezza di chi sceglie cosa ordinare. "Domenica mangerò l'arrosto". "Per me hamburger e patatine". E a tale proposito, pensò Eve, come mai ancora non erano stati portati i menu e prese le ordinazioni? Non che avesse granché fame, ma dopo la montagna di pane e formaggio che era stata loro servita con i vini, non avrebbe detto di no a una bella insalata.

«Sai già chi sarà la fortunata?», chiese Eve, trasalendo a quanto provocante e sfacciata apparisse quella che voleva essere una pura e semplice domanda.

«Dipende da come andrà stasera», rispose Bruno che, al contrario di lei, fu volutamente provocante e sfacciato.

Il lume di candela gettava sui suoi lineamenti le ombre giuste per evidenziarne gli zigomi, le ciglia lunghe e scure, il collo liscio e abbronzato – c'erano visioni ben peggiori accanto cui svegliarsi per il resto della vita. Eve sperò che quella fiammella avesse lo stesso effetto sul suo viso.

«Credi in Dio, Eve?».

Caspita, pensò lei, sta sparando tutte le grandi domande. «Ehm...», balbettò. «Non sono atea. È la stessa cosa? Voglio dire, non vado in chiesa, tranne che per la quantità immensa di matrimoni cui mi tocca partecipare, ma penso che sarebbe molto triste se la vita si limitasse a questo».

«A questo? Non ti stai divertendo?», le sorrise Bruno, prendendo un po' in giro il suo rossore.

«Con "questo" non intendevo dire *questo*». Allargò le braccia a comprendere l'ambiente quasi colpendo il cameriere alle sue spalle che si stava avvicinando con un grosso piatto di gamberoni rosati. «Intendevo questa vita, la Terra, insomma hai capito, tutto questo».

«Ho capito cosa volevi dire, ti sto solo stuzzicando. Spero ti piacciano i gamberoni».

Per fortuna sì, ma la irritò leggermente che non se ne fosse accertato prima di ordinare. Di positivo c'era che le sue reminiscenze di francese si difendevano bene.

«Cosa avresti fatto in caso contrario?»

«Scusa?»

«Se non mi fossero piaciuti i gamberoni o fossi stata allergica?»

«Mi dispiace». Bruno diede un'alzata di spalle e stavolta fu lui a sentirsi un po' a disagio. «Alle donne di solito piace se si occupa di tutto l'uomo».

«Non credo sia più così», commentò Eve. «Ma ti sto un po' stuzzicando anch'io. La prossima volta, però, mi piacerebbe scegliere da sola il cibo».

«La prossima volta?»

«Sì», rispose Eve decisa, fissandolo con il sorriso negli occhi. «La prossima volta».

Prima ancora che Eve fosse riuscita a togliere una sola coda da un crostaceo, Bruno aveva fatto un cenno alla cameriera perché riportasse il menu, che passò subito a Eve. «Ho ordinato per entrambi l'insalata di anatra, ma potresti volere un'altra cosa».

Con suo grande fastidio, dopo una rapida scorsa alle portate principali, l'insalata di anatra sarebbe stata proprio la sua scelta se gliene fosse stata data la possibilità. Il che le creò un lieve dilemma: ordinare altro solo per dimostrare il punto così faticosamente sostenuto, o accettare il suo suggerimento, diluendo un po' l'atteggiamento femminista? Alla fine concluse che un appuntamento galante non era il luogo per fare politica e, con un sorriso, restituì il menu alla cameriera in attesa. «L'anatra va benissimo, grazie».

«Allora», riprese Eve. «Dio».

«Puoi chiamarmi Bruno».

Eve aveva sempre sentito definire discutibile il senso dell'umorismo dei francesi, ma Bruno faceva chiaramente eccezione. Aggiunse quindi "divertente" alla crescente lista di attributi brillanti.

«Allora, come dicono i Monkees... sei un *believer*, un credente?»

«I "Monkeys"? Le scimmie?»

Avrà pure avuto senso dell'umorismo, ma di certo non conosceva quel gruppo musicale degli anni Sessanta dal nome un po' bizzarro. «Non importa. Sei tu che hai fatto la domanda: Dio, *oui* o *non*?»

«*Oui*. Deve esserci una ragione per tutto. Tutto ciò che si impara, ogni persona della nostra vita, ogni tristezza, ogni felicità, ogni traguardo, tutto accade per una ragione. Deve essere così. Nella vita ci sono troppe coincidenze, troppe strade che si incrociano perché non ci sia una logica superiore».

Eve masticò pensierosa, era proprio ciò che pensava anche lei, o per lo meno che pensava una volta; ora non sapeva più dirlo con precisione. Di una cosa, però, era certa: preferiva di gran lunga i discorsi di Bruno a quelli di Blake o Bryn.

«Anche il fatto che sia venuta tu qui invece di tuo fratello. Non è successo per caso».

«Forse no».

«Come sono i gamberi?»

«Fastidiosamente deliziosi». Eve e Bruno si scambiarono un sorriso. Allungarono la mano sul vino allo stesso momento per servirsi e le dita si sfiorarono. Fu come una scossa elettrica che li fece ritrarre entrambi e guardarsi negli occhi. Era lui. Era B.

Capitolo 28

Il bistrot aveva chiuso al pubblico già da un'ora, ma Eve e Bruno erano ancora seduti nel loro angoletto accanto alla finestra, con due grossi bicchieri di brandy ambrato davanti. Lo zio di Bruno e due cugini li avevano raggiunti dalla cucina ancora con indosso i pantaloni a scacchi da chef. Eve stava assistendo a una lezione di cavalleria francese di prima mano e non si era mai sentita così bella o interessante. Bruno era l'interprete designato, quindi qualsiasi cosa avesse riferito delle parole di Eve, aveva risvegliato grasse risate e palese adulazione.

Si erano già accertati che, sì, era una rossa naturale e sì, non era così comune soprattutto se abbinato a brillanti occhi verdi; no, non era sposata, sì avrebbe voluto, forse; era un po' preoccupata per l'ascesa del Fronte Nazionale in entrambi i loro Paesi; sì, Bruno era un uomo adorabile. Se non avesse cominciato a lamentarsi un po' dell'ora inoltrata, era certa che sarebbero riusciti a scoprire anche la sua opinione sui cambiamenti climatici, l'identità di genere e il fascino immortale di Édith Piaf.

«Ti riaccompagno in albergo», disse Bruno, alzandosi per andare a scostare delicatamente la sedia di Eve per far alzare anche lei. Seguì un turbinio di baci e di promesse di passare a salutarli quando fosse tornata per il matrimonio di Adam. Poi Eve si ritrovò con Bruno sulla via completamente deserta, a parte qualche ragazzino su una panchina dove era stata seduta poche ore prima l'anziana bisbetica.

Bruno la fece stare dalla parte più interna, in modo che fosse lui a camminare più vicino alla strada. Poi le prese la mano e le loro dita si intrecciarono alla perfezione, come Eve aveva presentito.

«È stata una serata incantevole», cominciò lei. «Grazie per avermi invitato».

«Grazie a te per aver detto di sì».

«Di solito non esco a cena con gente che non conosco». Non era proprio vero, solo la settimana precedente era uscita con un uomo che non aveva mai visto prima, ma non c'era bisogno che Bruno lo sapesse. E comunque, a volerne fare una questione di semantica, pensò Eve per giustificare la frottola a sé stessa, con Bryn aveva solo passeggiato, quindi non c'era stata alcuna cena.

«Mi fa molto piacere saperlo. Spero che continui così».

"E tu?", avrebbe voluto chiedere Eve. "Hai l'abitudine di terminare una degustazione di vini con una romantica cena *a deux*?". Ma non ne ebbe la possibilità. Si fermarono davanti all'hotel. Una normale casa senza pretese con il doppio ingresso, dove l'unica indicazione che non fosse un'abitazione privata era una modesta placca con tre piccole stelle sulla porta.

«Eccoci qua», disse Bruno, portandosi alle labbra le loro mani unite e posandovi un bacio. Quando le riportò in basso, sempre intrecciate, i suoi occhi scuri rimasero fissi in quelli di Eve. L'intenzione era chiara e complici il vino, il brandy, la Francia, il cuore ferito, il desiderio e la solitudine... be', qualunque cosa fosse, Eve si trovò ad avvicinare lentamente la bocca a quella di lui.

Aveva labbra morbide, una lingua gentile che passò sulla sua mentre con la mano intorno alla schiena la stringeva ancora di più a sé. Pochissimi appuntamenti per Eve erano arrivati a quel punto dopo Ben e aveva dimenticato la scarica di adrenalina che provocava un bacio simile.

«*Monsieur Dupont*», una scontenta voce femminile giunse dal portico alle loro spalle. «Stavo per chiudere e mi stavo chiedendo dove fosse la mia ospite».

«Mi perdoni, *Madame Villeneueve*», si scusò Bruno, per poi passare subito al francese per le poche frasi successive, pronunciate così velocemente che fu impossibile per Eve seguirlo. Qualunque cosa avesse detto, comunque, fece sparire la tremenda proprietaria di nuovo all'interno, con un tassativo «*deux minutes*».

«Dove eravamo?», mormorò, tornando a incrociare le mani dietro la schiena di Eve.

«Che cosa le hai detto? Non è educato parlare in una lingua che non tutti i presenti comprendono».

«È divertente quando ti arrabbi con me».

«Non è mia intenzione essere divertente».

«Mi piace. Sei fiera. È la parola corretta? Hai del fuoco dentro. È... dolce».

Non voleva dire dolce, pensò Eve. Forse incantevole, seducente, perfino. Non si aspettava che cogliesse le sfumature della lingua inglese, ma del resto era sempre chilometri avanti a lei per quanto riguardava le lingue straniere. Dal canto suo era ancora molto soddisfatta per essersi ricordata che *canard* significava "anatra".

«Ora devo andare».

«Posso rivederti domani?»

«Partiamo nel pomeriggio», disse Eve. «E pranziamo con il catering, ma prima sono libera, se puoi». Sentì una punta di senso di colpa a pianificare di trascorrere l'ultima mattinata di quel mini break tra amiche con un uomo, ma sapeva anche che Becca avrebbe squittito di gioia per lei.

«*Bon*. Ti passo a prendere per un caffè domani mattina intorno alle undici? Buonanotte, Eve».
«Buonanotte, Bruno».

Eve percorse i gradini di accesso a due a due e perfino l'occhiata di rimprovero e il verso di disapprovazione che le rivolse la rigida albergatrice quando le passò davanti di corsa nel corridoio non modificarono l'ampiezza o la luminosità del suo sorriso. I primi baci erano meravigliosi. Molto più degli ultimi, perché raramente sai quando un bacio sarà l'ultimo. I primi baci sono ricchi di aspettativa, novità, e nuovo inizio. Non portano con sé il peso dell'esperienza e della storia, ma solo potenziale e promesse. E il bacio di Bruno abbondava di entrambi.

Il corridoio era silenzioso. Lei, Ayesha e Becca, avevano stanze vicine nel sottotetto di quella casa alta ed Eve aveva una gran voglia di svegliarle per commentare l'appuntamento come solevano fare all'università. Si fermò con l'orecchio contro ognuna delle due porte chiuse, ma ebbe la conferma che le amiche stavano dormendo e, con ogni probabilità, non sarebbero state ricettive se anche fosse saltata sui loro letti. Doveva limitarsi a saltare sul suo. Da sola. Se non ci fosse stata la proprietaria a incombere di sotto, Eve probabilmente avrebbe agito fuori dal suo personaggio e avrebbe fatto intrufolare Bruno in camera sua. Pensandoci, però, si chiese se davvero le dispiacesse non averlo potuto fare.

Si era perfino fatta una ceretta completa pochi giorni prima di partire per la Francia, quindi il corpo era preparato anche se non sapeva se poteva dire lo stesso della mente. Non aveva un brutto corpo, lo sapeva. Era alta e snella e grazie all'autorevolezza di Juan aveva anche trasformato diverse parti flaccide in muscoli. Non era quindi stato il pudore a fermarla dallo spogliarsi e roteare il reggiseno sulla testa tipo lazo. Era solo che raramente aveva incontrato qualcuno che la facesse sentire incline a farlo. Non dopo Ben. Ma quella sera, quella sera era successo davvero.

«Penso di essermi innamorata», si confidò Eve protendendosi sul suo croissant. «Be', okay, non amore, non ancora, ma nel senso che mi piace molto». Staccò un pezzetto di croissant, lo spalmò di marmellata e se lo infilò in bocca.

Come c'era da aspettarsi, una simile dichiarazione suscitò urletti femminili e saltelli sulla sedia da parte delle due compagne di colazione che le sedevano di fronte. «Eve ha un ragazzo, Eve ha un ragazzo!», cantilenò Ayesha.

«Quindi adesso ti serve un "più uno" per il mio matrimonio?», le chiese Becca con una strizzatina d'occhio.

«Non essere sciocca».

«Perché no? È perfetto! Chiediglielo, il volo non costa molto e non è che mi stia facendo problemi di numeri, no?»

«Preferirei che lo facessi, invece, ma questa è un'altra storia».

«Pensaci un attimo, Eve, la prima volta con Bruno potrebbe essere sotto una tenda».

«Non andrò a letto con lui sotto un telo di stoffa».

«Oh, che romantico!», esclamò Ayesha con una mano sul cuore. «I matrimoni tirano fuori il meglio delle persone».

«Tranne che delle spose», rispose sarcastica Eve. «Presenti assolutamente escluse», si affrettò subito ad aggiungere.

«Io lo faccio sempre», disse Becca, «finché non fai rumore e non lasci le luci accese nella tenda, in effetti è molto divertente».

«Non credo che Bruno sia il tipo da campeggio», ammise Eve. «Ha le scarpe di vero cuoio».

«Le mie scarpe preferite quand'ero bambina erano nere di vero cuoio», affermò Ayesha.

«La differenza è che lui è un maschio eterosessuale sui trent'anni», replicò Becca.

«E francese», ribatté Eve in modo un po' più arrogante di quanto intendesse. «Il che significa che le normali regole dell'abbigliamento non si applicano a lui».

«E che mi dici delle regole ordinarie degli appuntamenti?», disse Becca, accennando con il capo al di là della schiena di Eve, costringendola a girarsi. Bruno era in anticipo di un'ora e mezza sull'appuntamento per il caffè. Eve ringraziò silenziosamente gli dèi per aver deciso di vestirsi in maniera decente e di spazzolarsi i capelli prima di scendere a fare colazione – era stata a un passo dal presentarsi con i pantaloni del pigiama zebrati e felpa.

«Ciao, Bruno», lo salutò con molta più disinvoltura di quella che provava.

«*Bonjour*, Eve. Signore», rispose. «Spero che non ti dispiaccia se interrompo la vostra colazione, ma abbiamo avuto una prenotazione dell'ultim'ora per una degustazione alle undici. Non volevo perdere l'occasione di rivederti questa mattina, ma mi sono reso conto di non avere il tuo numero».

Non voleva perdere l'occasione. «Nessun problema. Ti unisci a noi?», propose Eve, indicando il posto vuoto accanto a sé.

«Sicuro che per voi va bene?». E fece un cenno alla giovane cameriera di portargli un caffè.

Becca e Ayesha risposero in coro con un «certamente» e poi cominciarono a dare i calci a Eve sotto il tavolo.

«Eve ci stava giusto raccontando della bellissima serata che avete passato ieri sera», disse Ayesha, sbattendo le ciglia. Se Eve non l'avesse conosciuta bene, avrebbe detto di non essere la sola incantata dai modi affascinanti del francese.

«E ho detto a Eve che potresti essere il suo accompagnatore al mio matrimonio tra un paio di settimane», disse Becca scegliendo di ignorare l'espressione orripilata di Eve. «È il 6 agosto, nel Devon, Inghilterra. Dovrai dormire in tenda, però. Va bene? Ti piace il campeggio?».

A quel punto fu il turno di Bruno di mostrare orrore, subito, però, camuffato da un'espressione blasé. «In tenda?»

«Sì», confermò Becca. «Va bene?»

«Non devi rispondere di sì, pensaci su», intervenne Eve.

«Se Eve mi vuole lì con lei, penso che potrebbe essere divertente».

Eve si chiese perché parlasse di lei in terza persona quando erano spalla a spalla, ma di nuovo, forse era una questione di lingua. Doveva imparare a perdonare di più la grammatica se voleva dar loro una possibilità per il futuro. All'improvviso si rese conto che tre paia di occhi la stavano fissando.

«Oh, sì, certo, Eve… cioè io, mi piacerebbe molto averti lì. Con me. In una tenda».

«È deciso, allora. Sarà meglio che mi dia il tuo numero ora, così potrai comunicarmi i dettagli».

Eve digitò il numero sul telefono che le porse e glielo restituì. Lui la chiamò immediatamente perché memorizzasse il suo. Con Bruno sembrava non esserci alcuna etichetta per quanto riguardava gli appuntamenti, niente dei soliti "ha il mio numero, ma io non ho il suo" o "devi aspettare almeno tre giorni tra un appuntamento e l'altro". Ritrovarsi Bruno come accompagnatore al matrimonio della sua migliore amica quando il giorno prima, a quella stessa ora, non sapeva neanche della sua esistenza, vinceva ogni logica degli appuntamenti.

Un'ora dopo, quando la locandiera meno ospitale nella storia delle locandiere fece capire chiaro e tondo che il tempo della colazione era scaduto, i quattro lasciarono a malincuore la sala da pranzo. Ayesha e Becca dissero di dover preparare le valigie e batterono in rapida ritirata lasciando Eve e Bruno a disagio nella hall dell'albergo.

«Alla luce del giorno sei ugualmente bellissima», le disse Bruno.

«Difficile», arrossì lei.

«Sembri un dipinto pre-raffaellita, con la pelle bianca e i capelli arancioni».

«Ramati». Eve si pentì all'istante della sua pedanteria linguistica.

«Sono davvero felice che tu mi abbia invitato al matrimonio della tua amica». *Non ti ho invitato*, pensò Eve, ma poi si rese conto che, ancora una volta, la semantica non importava. Se Becca non gli avesse dato quella spinta, Bruno non sarebbe mai andato nel Devon a condividere una balla di fieno con lei, per non dire dormire in un sacco a pelo. Becca aveva velocizzato ciò che Eve voleva veramente. Mentre Bruno si chinava per baciarla di nuovo, Eve chiuse gli occhi con un involontario brivido di eccitazione al pensiero che, la volta successiva, sarebbero stati probabilmente nudi in mezzo alla campagna.

Capitolo 29

La maggior parte delle persone ammetterebbe di avere un "tipo ideale". Molte delle celebrità di cui scriveva di solito Eve passavano da un modello alla sua copia conforme, con il solo cambio di nome: stessa altezza, stessa costituzione, stessa pettinatura, stessa espressione languida. Eve invece non aveva mai pensato di attenersi a quella regola e non aveva mai preferito un dettaglio a un altro in materia di uomini. Colta in un momento di massima onestà, avrebbe ammesso che, dopo l'uscita improvvisa di Ben dalla sua vita, aveva smesso di guardare gli uomini in quel modo, prestando cioè attenzione al loro aspetto fisico o al modo in cui si presentavano. Ma se avesse avuto la possibilità di descrivere la sua anima gemella, probabilmente non sarebbe stato un carismatico francese con mocassini ai piedi. Questo non voleva dire che non fosse disposta ad ampliare i propri orizzonti in ciò che trovava attraente, ma aveva sempre dato per scontato che il suo compagno ideale sarebbe dovuto essere più disinvolto e un po' disordinato. Un uomo spiritoso che non prendesse la vita, o sé stesso, troppo sul serio.

Qualcuno non tanto diverso da Ben.

Ben. C'era stato un tempo in cui avevano fatto progetti per la loro futura famiglia. Avevano perfino scelto i nomi dei figli: Rosie e Stella per una bambina, Harry o Oliver per un maschio. Al pensiero che Ben avesse detto tutte quelle cose, sollecitato conversazioni sul loro futuro, Eve si rese tristemente conto di aver sprecato gli ultimi quattro anni a struggersi per un uomo per il quale non valeva la pena.

Il telefono segnalò un nuovo messaggio. Suppose che fosse di Adam o George. Li stava aspettando al caffè dove si sarebbero dovuti incontrare per pranzo da più di mezz'ora, ma erano in ritardo.

Non erano loro, però, era Bruno.

"Non riesco a smettere di pensare a te".

Eve era incerta sul passo successivo: digitare subito un messaggio analogo, aspettare un po' e poi rispondere rispecchiando i sentimenti di lui, o ignorarlo e fare la preziosa? Del tutto novizia nelle relazioni personali, non sapeva decidersi. Grazie al cielo i rinforzi arrivarono in quel preciso istante sotto forma di fratello e George. Erano carichi delle tipiche buste gialle di Selfridges. L'irritazione per il fatto che fossero andati a fare shopping invece di raggiungerla le passò non appena George pescò da una delle buste un paio di enormi orecchini d'oro a forma di piuma e con la clip, apposta per lei.

«Li abbiamo visti e abbiamo pensato a te», le spiegò. «Ti staranno una meraviglia con i capelli sciolti. E sembrano penne da scrittore».

«Grazie, ragazzi, sono stupendi», disse Eve, indossandoli immediatamente.

«Allora, com'era la Francia? Hai scelto i vini e assaggiato il menu?»

«Sì e sì. E ho conosciuto un uomo».

George iniziò ad agitarsi mentre Adam, da bravo fratello minore, sbadigliava fingendo disinteresse, quando invece fremeva per mostrare lo stesso entusiasmo del suo compagno.

«Raccontaci tutto!».

«Allora, il gestore dell'azienda vinicola dove mi avete mandato...».

«Oh, mio Dio, ma stiamo parlando di Bruno?», disse all'improvviso Adam, raddrizzandosi sulla sedia. «È notevole!».

George annuì. «L'abbiamo conosciuto quando abbiamo trovato lo chateau. È lì che ci hanno consigliato la sua azienda per il vino e siamo rimasti entrambi... wow».

«Sì, quindi siamo andate lì per la degustazione, Ayesha e Becca si sono ubriacate e sono tornate in albergo, e lui mi ha portato a cena fuori».

«*Squittio!*», disse George, preferendo usare la parola invece che fare il verso.

«E poi ci siamo baciati».

«E si chiama Bruno, che inizia con la B!», esclamò Adam che fece due più due. «Avrai dei figli francesi!».

«Datti una calmata, è stato solo un bacio. Be', due. Poi però Becca l'ha invitato al matrimonio e lui ha risposto di sì e ora me la sto un po' facendo sotto».

«Sì! Così lo rivedremo anche noi!».

Eve parve interdetta. «Venite al matrimonio di Becca?»

«Sì, ci siamo già comprati i vestiti».

Becca era una battaglia persa. Era più che probabile che il fine settimana successivo si spostassero in migliaia, zaino in spalla, verso le campagne del Devon. Sotto sotto, a Eve fece piacere che fossero stati invitati anche Adam e George, perché quantomeno avrebbe avuto dei volti familiari intorno in caso di problemi.

«Sapete che verrà anche mamma?», chiese Eve.

«Certo, siamo andati a comprare la tenda insieme lo scorso weekend».

«Ecco una frase che non avrei mai pensato di sentir pronunciare da mio fratello», rise Eve.

«Non vedo l'ora. Cioè, non ho mai voluto fare campeggio per più di una notte alla volta, ma ora che abbiamo il kit completo dovremmo farla diventare una cosa regolare».

«Vorrei ben vedere, maledizione!», borbottò George. «Tutta quell'attrezzatura da campeggio ci è costata più di un weekend lungo all'Hotel du Vin, adesso dovremo usarla per forza».

«Scommetto che avete comprato brandine e tutto», li prese in giro Eve. «Niente materassini di foam da srotolare per voi due».

Adam rabbrividì. «Piccoli passi, sorellina, piccoli passi. Perché poi la gente spenda tutti quei soldi per fingere di essere senzatetto ancora mi lascia perplesso».

«Ma da bambini andavamo sempre in campeggio, ti piaceva».

«Era prima che acquisissi il gusto per la bella vita».

«So cosa intendi, però», continuò Eve. «Il senso di una vacanza è fare una vita migliore di quella che si fa normalmente, no?».

George e Adam si scambiarono un'occhiata.

«E come è il tuo "normalmente"?», chiese George con lo stesso tono di uno psicologo di fronte al proprio paziente.

L'ultima volta che aveva visto George, Eve gli aveva rovesciato addosso tutte le sue angosce e lo ricordava bene, quindi quella domanda era comprensibile, seppur poco benaccetta.

«Buono. Va bene. Ho baciato un uomo e mi è piaciuto».

«E non un uomo qualsiasi», le ricordò Adam. «Ma l'uomo con la U maiuscola».

«Forse». Eve diede un'alzata di spalle. «Quindi la mia vita amorosa è potenzialmente in salita, il lavoro è okay, per l'estate mi sono rimasti solo il matrimonio di Becca e il vostro e la stagione è finita».

George allungò la mano verso un biscotto e si prese uno schiaffo sulla mano da Adam. «E il meglio viene alla fine, ovvio».

«Ovvio».

«Questo mi ricorda che abbiamo bisogno del tuo aiuto per mettere insieme il programma del matrimonio», disse Adam tirando fuori dalla busta una grossa cartellina, un taccuino e una nuova confezione di penne. Passò a Eve il taccuino. «Per te. Okay, allora, vogliamo una mini guida da distribuire all'arrivo a ogni ospite. Niente di troppo lungo, giusto una decina, quindicina di pagine o giù di lì. Dovrebbe contenere un itinerario per il fine settimana, una mappa della zona, una guida su cosa fare nel tempo libero, alcuni fatti interessanti sullo chateau e sul villaggio, qualche espressione base di francese, un qualcosa su di noi e come ci siamo conosciuti, e anche un *Whos' Who* di tutti i presenti al matrimonio».

«Okay. E il mio compito sarebbe?», chiese Eve.

«Pensavamo che potessi aiutarci a prepararlo», le rispose il fratello.

«Sì, ma mica lavoro per l'ufficio locale del turismo».

«Per te è facile, però. Noi ci impiegheremmo secoli, non siamo scrittori. Tu puoi buttare giù una cosa del genere in una serata».

Eve finalmente capì. «Aspettate un attimo. Volete che predisponga un'intera guida per il vostro matrimonio?».

George si contorse un po' a disagio. «È più che altro un opuscolo».

«Quindici pagine non sono un opuscolo, George».

«Sinceramente credevo che volessi aiutarci, Eve, considerato che abbiamo appena offerto un viaggio tutto pagato in Francia a te e alle tue amiche, e ti abbiamo fatto conoscere l'amore della tua vita», disse Adam, allontanando leggermente la sedia da quella di Eve, a sottolineare la propria irritazione nei suoi confronti. Era una tattica che aveva perfezionato quando erano bambini. Bastava girarle appena le spalle e sollevare il naso di pochi centimetri perché Eve cedesse l'ultima fetta di torta o il conteso pezzo di Lego.

«È molto più che una serata di lavoro, però, Adam. Lo capisci anche tu, George?». Eve si rivolse anche al cognato, notoriamente meno esigente.

«Ci daresti una grossa mano. Abbiamo ancora un sacco di cose da fare e non gli renderemmo mai giustizia come faresti tu».

«Diciamo che la faccio...», Eve sollevò la mano a frenare il prematuro giubilo, «...diciamo che la faccio, chi è che la impagina e si occupa della stampa?».

Di nuovo i due sposi apparvero evasivi.

«Fatemi capire, volete che la scriva, la impagini graficamente e la faccia stampare?».

Il primo a rispondere fu George. «Scrivi per le riviste, hai tutte le nozioni».

«E i contatti», aggiunse Adam.

«E tante informazioni te le forniamo noi, tu devi solo renderle migliori».

«E più argutc».

«Ah, ecco, nessuna pretesa. Migliori e più argute. Gesù, ragazzi, grazie per avermi levato fino all'ultimo minuto di tempo libero da qui al vostro matrimonio», si lamentò Eve.

«Quegli orecchini ti donano molto».

«Chiudi il becco, Adam».

«C'è Ben».

Il grido di Becca dal soggiorno bloccò Eve in corridoio. Dal tono leggero di Becca, Eve capì che era più un avvertimento che un annuncio. Indossava un impermeabile di plastica viola che aveva comprato in una bottega per una sterlina quando, di ritorno dal lavoro, si erano aperte le cataratte del cielo. I lunghi capelli fradici gocciolavano sul tappeto e il mascara le si era sicuramente sciolto in due piccoli rivoli lungo le guance. Come faceva Ben a sapere dove abitava? Rimase di sasso chiedendosi freneticamente come fermare il tempo per potersi cambiare, asciugare i capelli e rifarsi il trucco prima di entrare nel soggiorno.

Ben apparve all'improvviso sulla soglia. «Ciao, Red, l'indirizzo di Becca era sul RSVP dell'invito e mi trovavo in zona. Diluviava, così ho pensato di salire un attimo, salutare e aspettare che finisse il temporale. Bell'impermeabile».

«Vai a quel paese».

«No, davvero, come si chiama quel colore? Pulce? Magenta?»

«Cremisi, direi», intervenne Becca, comparendo sulla soglia accanto a Ben.

Lui dissentì con un cenno del capo. «È più prugna che cremisi, ma sembra esserci anche un tocco di fucsia».

«È viola». Eve alzò gli occhi al cielo. «Un maledetto viola, e lo so che è ridicolo, ma sta diluviando un casino là fuori e c'era solo questo al negozio per una sterlina».

«Una sterlina? Ma è un furto».

«Ti farà piacere sapere che la pioggia è diminuita e che quindi puoi andare, Ben», lo aggredì Eve.

«Becca mi ha invitato a mangiare qualcosa al pub qui sotto con voi due, quindi godrai della mia compagnia un altro po'. Per le otto devo andar via, però».

«Non ho fame, andate voi. Volevo comunque stare un po' a mollo nella vasca. Divertitevi senza di me». E detto questo voltò le spalle a entrambi, dirigendosi a grandi passi verso il bagno dove sbatté la porta e la chiuse a chiave. Era livida. Come aveva potuto Becca invitare Ben a casa loro tanto per cominciare, e poi proporgli perfino di cenare insieme? Restò lì in silenzio per qualche minuto, fissando le fughe tra le mattonelle sopra al lavandino, per poi spostarsi alla vasca e aprire rabbiosamente i rubinetti in modo che Becca e Ben sentissero scorrere l'acqua. Si rese conto che l'accappatoio ce l'aveva in camera e non voleva rovinare l'effetto della sua uscita burrascosa sgattaiolando fuori per recuperarlo. Doveva solo aspettare che se ne andassero.

Guardando in cagnesco il mostruoso impermeabile viola da quattro soldi ammucchiato sul pavimento, Eve si immerse nella vasca, trasalendo per il troppo calore. Si distese a occhi chiusi e si costrinse a svuotare la mente. Ben non aveva alcun diritto di riapparire magicamente nella sua vita e turbarla tanto. Nessun diritto proprio. Aveva preso la sua decisione all'epoca ed entrambi avevano dovuto farci i conti. Ricomparire, fare scherzi, stuzzicarla, fingere che fosse tutto a posto non andava bene. Non andava bene per niente. Grazie a Dio aveva Bruno adesso. Oddio, si era dimenticata di rispondergli dopo il messaggio a pranzo. Be', l'avrebbe fatto non appena sentito Ben e Becca lasciare l'appartamento e recuperato l'accappatoio.

Come dietro sua imbeccata, sentì le voci in corridoio e la porta che si chiudeva.

Si tirò fuori dall'acqua bollente e, guardandosi, vide che il corpo era tutto arrossato. Si asciugò gocciolando sul tappetino il più possibile per non bagnare troppo la moquette quando fosse corsa in camera. Scrutò fuori per controllare che avesse via libera e, avuta la conferma, si mise a correre.

Aprendo di scatto la porta della sua camera, però, restò senza fiato: c'era Ben al centro, scioccato tanto quanto lei nel trovarsela completamente nuda sulla soglia.

«Bagno troppo caldo?», le disse infine con un sorriso.

Le mani di Eve corsero a coprirsi il seno e un po' più in basso. Il viso, anche se era rimasto asciutto, era scarlatto tanto quanto il resto del corpo. «Oh, mio Dio, Ben, che ci fai qui?». Spostò una mano per afferrare la vestaglia appesa dietro la porta e la legò rapidamente in vita.

«Ti stavo lasciando questa lettera», disse indicando una busta con il suo nome sul cuscino. «Hanno continuato a interromperci quando cercavo di spiegarti perché sono andato via così all'improvviso e volevo raccontarti tutto».

«Ben, non devi», disse Eve mentre l'imbarazzo lasciava il posto alla rabbia cieca nel ritrovarselo nel suo spazio privato. «Puoi uscire dalla mia stanza, adesso?»

«Leggila», rispose, andando verso la porta. «E capirai».

«Non penso, Ben, e comunque ti ho già detto che non mi interessa. L'hai detto tu stesso: ti sei innamorato di nuovo di lei dopo avermi piantato in asso all'aeroporto. Fine della storia. Riprenditela».

«Eve, io...».

«Tieni». Eve prese la busta dal letto e la porse a Ben. Era più pesante di quanto avesse pensato, sembravano molti fogli. «Prendila».

«Ti prego, Eve, solo...».

L'agitò davanti a lui. «Prendila».

Ben prese la lettera a malincuore e se la infilò nella tasca della giacca. «Va bene, se è questo che vuoi».

«No, Ben, non è questo che voglio. È molto lontano da ciò che voglio. Quello che volevo era che noi due ci sposassimo, magari avere un paio di bambini e vivere i nostri sogni nello Stato di New York. A quest'ora ci saremmo potuti permettere una casa di arenaria, di decorarla con meravigliose opere comprate dagli studenti di arte e mobili acquistati ai mercatini delle pulci da riverniciare da soli ascoltando i nostri vecchi vinili. Tu saresti stato capo della fotografia o direttore creativo in un'agenzia di livello, magari insegnante di fotografia alla New York Film Academy. Io avrei scritto i miei romanzi che sarebbero stati in vetta alle classifiche dei best-seller. Avremmo affittato un camper per le nostre vacanze e viaggiato in Canada, o magari preso in affitto un piccolo cottage sul lago. Ma sai, non si può avere tutto, no?»

«No», disse Ben, voltandosi per andar via. «Non si può».

Capitolo 30

Il matrimonio country

Tra i gusti di Bruno non rientravano le compagnie low-cost. Lo pensava Eve, lo pensava buona parte degli altri passeggeri sull'aereo, e dalla smorfia nauseata e il modo in cui si tirava dietro la sua costosa valigia uscendo dall'aeroporto di Exeter era abbastanza chiaro che lo pensasse anche Bruno.

«Com'è andato il volo?», chiese Eve allegra. Domanda retorica, più che altro. L'importante era essere arrivato sano e salvo. Chiaramente Bruno era della stessa opinione, perché ignorò del tutto le sue parole, scegliendo invece di baciarla con un tale trasporto da farle quasi perdere l'equilibrio. *Allora è così che funziona*, pensò Eve con un sorriso. *Okay.*

Si tennero per mano fino alla Fiat Panda che Eve aveva noleggiato e che risultò del tutto inadeguata per uno come Bruno che, in jeans firmati, impeccabile camicia salmone e maglioncino crema con scollo a V, si adattava più a infilare le lunghe gambe in una Aston Martin che non in una piccola utilitaria tre porte.

«Mi spiace», disse Eve. «Era l'unica opzione rimasta, ci entri?»

«Sono sicuro di riuscirci», replicò Bruno, tirando indietro al massimo il sedile del passeggero.

Percorsero i primi trenta chilometri di centodieci in assoluto silenzio. Per quanto Eve continuasse a schiudere le labbra per riempire il vuoto di banali informazioni sul fine settimana che li attendeva o di aneddoti sui villaggi che superavano, finiva sempre per ripensarci e restare zitta.

«Allora», disse infine Bruno, «la tua amica Becca si sposa».

«Sì».

«È la tua migliore amica?»

«Sì. Eravamo insieme all'università. La maggior parte della gente che conoscerai oggi è dell'università».

«E lo sposo?»

«Jack. Adorabile. È nell'esercito. Non ha studiato con noi, l'ha incontrato qualche anno fa in un pub».

«Chi altro conoscerò?»

«Oddio, praticamente "tutti con le rispettive mogli"», commentò Eve e subito le venne il dubbio che Bruno non comprendesse quel modo di dire. A ogni modo, proseguì. «Ci saranno mia madre, Faye, mio fratello Adam con George, il suo compagno, che dovresti già conoscere».

«Sì, bella coppia… strano, però, che si sposino».

«In che senso strano?»

«Un po' strano, non so, bizzarro».

«Perché? Perché sono due uomini?»

«Non lo pensi anche tu?».

Eve non riusciva a credere alle sue orecchie. «Assolutamente no. L'amore è amore. Per me chiunque si vuole sposare, deve farlo. Davvero pensi che sia sbagliato?»

«Non ho detto che è sbagliato. Ho detto che è strano».

Eve sentì l'irrefrenabile e infantile bisogno di rispondere con un "e io penso che sei strano tu a pensarlo". Ma non lo fece. «Poi ci sarà il mio personal trainer, Juan, che riconoscerai perché sarà quello che beve acqua minerale e fa fare i sollevamenti sulla panca alle damigelle».

«Hai un personal trainer di nome Juan?». Il tono freddo nella domanda di Bruno fu inequivocabile.

«Sì. È argentino».

«Ed è omosessuale come tuo fratello?».

Eve non era ancora abituata a quella franchezza, quindi la domanda la colse un po' di sorpresa. «Ehm, no».

«Sposato?»

«No».

«Allora penso che dovremmo trovare un personal trainer più adatto, *n'est-ce pas*?»

«No, penso proprio di tenermi Juan», borbottò Eve prima di continuare il suo monologo per non dare spazio a ulteriori interruzioni. «E poi c'è una ragazza antipatica che si chiama Tanya...».

Purtroppo l'invito era partito prima che Eve troncasse i rapporti con Tanya e non c'era modo di ritirarlo, per quanto Becca avesse voluto. Soprattutto dato che qualche giorno prima Tanya aveva mandato un'e-mail, nemmeno telefonato, per dire che Luke era stato convocato all'ultimo minuto per una trasferta in Spagna e che quindi sarebbe stata da sola. Il rinfresco consisteva in cestini da picnic da consumare sul prato, quindi un'assenza improvvisa non era una catastrofe, ma anche così, a parti inverse, Tanya sarebbe stata furibonda se due persone fossero diventata una a pochi giorni dal matrimonio.

«Perché antipatica?», chiese Bruno improvvisamente interessato.

«Lo è sempre stata, fin da quando dividevamo l'appartamento all'università. È una di quelle persone che se la incontrassi oggi non ne diventerei mai amica, ma dal momento che ci conosciamo da così tanto tempo, continuiamo a esserlo tuttora. Qualche settimana fa, però, abbiamo avuto un brutto litigio e da allora non ci parliamo e... Scusa, puoi tirare indietro la testa così riesco a vedere se arriva qualcuno? Grazie. Dicevo?»

«L'amica antipatica».

«Sì». Eve esitò. Non aveva ancora nominato Ben, ma sentiva di doverlo fare, considerato che mancava ormai solo un quarto d'ora all'arrivo e, secondo la legge di Murphy, sarebbe stata la prima persona che avrebbero incontrato.

«A proposito di antipatici, ci sarà anche un tizio di nome Ben. Anche lui viveva con noi all'università».

«Un uomo e tre donne?»

«Sì».

«E questo antipatico Ben stava con l'antipatica Tanya?».

La sola idea le faceva venire da ridere e vomitare allo stesso tempo. «No, no, per niente. All'epoca non era antipatico. Solo adesso». Se Bruno era davvero l'uomo per lei, Eve avrebbe dovuto raccontargli che ruolo importante avesse giocato Ben nella sua vita e forse quello era il momento adatto, dato che erano seduti fianco a fianco e poteva evitare di guardarlo e vedere la sua reazione.

«Ehm, il fatto è che Ben e io siamo stati in un certo senso amici del cuore per tutta l'università e dopo. Per un po' siamo stati insieme e avevamo in programma di andare a vivere a New York, poi lui ha cambiato idea, non si è mai presentato all'aeroporto ed è tornato in Nuova Zelanda dalla sua ex Kate». Eve si fermò un attimo in attesa dei commenti di Bruno, che però non ne fece, quindi proseguì a raccontare i fatti ma non il minimo sentimento, che era la cosa migliore. «Così sono andata a New York da sola e ci sono rimasta due anni, l'ho dimenticato, poi sono tornata in Inghilterra e ho rivisto Ben solo un paio di mesi fa al matrimonio di Tanya. Ecco qua. Oh, guarda un cottage con il tetto di paglia. C'è un aneddoto interessante su questi cottage. Lo sai che le canne dei giunchi possono durare fino a settant'anni?». Eve prese la bottiglietta d'acqua con una mano ancora sul volante.

«Lo ami ancora?».

Per fortuna la domanda arrivò prima che avesse bevuto altrimenti avrebbe fatto la doccia a entrambi.

«No! Certo che no! È antipatico e si porta dietro più bagagli di una Kardashian in viaggio per la Fashion Week di Parigi. Ti stavo solo facendo una carrellata di nomi di chi incontrerai. Se adesso guardi sulla destra vedi il cartello per Westward Ho! che ha la particolarità di essere l'unica località delle isole britanniche con il punto esclamativo nel nome».

«Sta ancora insieme a Kate?»

«Chi sta ancora insieme a Kate?». Eve si pentì subito di quelle parole. Stava facendo volutamente la finta tonta, era ovvio che sapeva a chi si riferisse Bruno, ma fingendo il contrario finiva solo per ingigantire una cosa di nessuna importanza. Gli gettò un'occhiata in tralice, però Bruno guardava fuori dal finestrino a braccia conserte.

«Kate è morta».

«Magnifico. Allora non è soltanto di Juan che mi devo preoccupare».

Se lo avesse detto in tono leggero, perfino sarcastico, sarebbe stato un modo simpatico di rompere la tensione, ma lo disse con un'impassibile monotonia che non lasciava trasparire nulla di tutto ciò. A Eve dispiacque la totale assenza delle battute spontanee che avevano scambiato a cena in Francia. La sua intensità, che lì era stata tanto appassionata e tonificante, ora era seria e fosca. Forse era solo stanco. Era partito alle quattro di mattina ed erano le undici e trenta. A questo bisognava aggiungere la barriera linguistica, che continuava a sottovalutare. A malapena riusciva a mettere in fila una frase in un'altra lingua, figuriamoci cogliere le sfumature e le intonazioni di una battuta di spirito.

La ghiaia del vialetto scricchiolò sotto le ruote mentre svoltavano all'interno della grande fattoria dei genitori di Becca e si inoltravano per un sentiero di terra battuta. Lo fiancheggiavano alberi alti e rigogliosi dai rami incurvati sulla strada. Avevano percorso solo un centinaio di metri quando il sentiero si interruppe davanti a un cancello di metallo. Eve saltò giù per aprirlo. Dall'altra parte, un terreno era stato approntato alla buona come parcheggio. Uno dei cugini di Becca, seduto su una sedia a sdraio, a malapena alzò gli occhi dal cellulare per indicarle di fare manovra con la sua Fiat tra un camper e una Mini Cooper.

«È una fiera o un matrimonio?». La domanda di Bruno era la stessa che Eve aveva posto a Becca, ma sentirla da lui in un certo senso le diede fastidio.

«Aspetta di vedere l'allestimento. È stupendo». Mentre predisponeva la *moodboard* e lo schema del matrimonio di Becca, Eve si era quasi sentita una wedding planner e le era piaciuto tanto da considerarla come attività. Tuttavia sapeva che probabilmente dipendeva solo da quanto fosse rilassata la sposa. Non avrebbe infatti retto cinque minuti con una perfezionista come Tanya e perfino con l'adorabile Ayesha, che con le sue idee squinternate l'avrebbe costretta a ricorrere ben presto a una bottiglia di gin. Becca le aveva invece dato totale carta bianca per far diventare realtà il suo matrimonio "da fiera campagnola" ed era stato molto divertente. Prendendo come base il suo articolo sul tema, lo aveva seguito alla lettera.

Eve scese dall'auto. «Forse sarà meglio sollevare la valigia e non trascinarla: c'è un po' di fango lungo il sentiero», consigliò a Bruno che già l'aveva poggiata a terra confidando sulle rotelle. Dovette però riconoscergli che non commentò, ma riabbassò con calma la maniglia del bagaglio e lo sollevò.

«Da questa parte». Eve indicò la piccola interruzione nella siepe accanto al parcheggio che, come la porticina di *Alice nel Paese delle Meraviglie*, li introdusse in un giardino decisamente mozzafiato. Mancava ancora un'ora all'inizio della cerimonia e la gente si affrettava qua e là portando fiori, rotolando botti da posizionare e approntando il bar con caraffe di Pimm's e cocktail di fiori di sambuco. Dal punto di vista di un agricoltore era un campo piccolo, ma per un matrimonio risultava enorme. Archi di fiori selvatici e reticolati separavano l'area del ballo – con un piccolo palco di pallet e travi dove la band blues aveva già posizionato gli strumenti – dalla più fresca zona picnic con le fondamentali balle di fieno e le coperte sparse sul terreno. Becca e Jack avevano scartato il pranzo tradizionale o un buffet a favore di cestini di vimini da picnic stracolmi di insalate, affettati, formaggi e antipasti accompagnati da paste e torte rustiche della Cornovaglia di un'azienda locale, serviti direttamente dal loro camioncino ambulante addobbato di bandierine, già parcheggiato più su. Lì fuori, una donna era impegnata a riportare diligentemente su una lavagnetta il menu del giorno.

La cerimonia si sarebbe svolta nella chiesa parrocchiale in fondo a un sentierino che costeggiava il campo e a sposarli sarebbe stato lo stesso sacerdote che aveva battezzato Becca trent'anni prima. Mentre stava lì con Bruno sotto il primo degli archi a osservare tutte le persone del villaggio e i vicini che arrivavano a dare una mano per sistemare lucine, lanterne fatte con i barattoli di marmellata e disporre cuscini e poltrone a sacco sulle coperte, Eve capì all'improvviso il motivo per cui Becca aveva spalancato le porte del suo matrimonio e annunciato un gratis per tutti. Perché non avrebbe dovuto condividere con più gente possibile un momento così magico? I suoi genitori vivevano in quella fattoria da quando si erano sposati e i nonni materni prima di loro. Facevano parte di una comunità che era emozionata per quel matrimonio tanto quanto gli sposi.

«Non ho mai visto niente del genere». Bruno era senza fiato.

«Lo so», replicò Eve scoppiando di felicità e orgoglio per il piccolo ruolo che aveva giocato in tutto ciò. Sarebbe stato impossibile concepire un allestimento più romantico a meno che non ci si fosse immersi in una marea di cuori palpitanti. E aveva anche immaginato che la diffidenza di Bruno sarebbe evaporata di fronte a un tale spettacolo.

L'enigmatico francese sorrise, la prese per mano e arricciò il naso. «È carino, ma puzza di sterco di vacca».

«È venuto! È venuto davvero!», squittì Ayesha afferrando la mano di Eve mentre usciva dall'elegante bagno chimico. La cerimonia era finita e tutti andarono in cerca del proprio posto sulle coperte da picnic. «Ed è ancora più bello di come me lo ricordavo! Com'è andato il grande incontro? Vi siete già intrufolati nella tenda e dati da fare?»

«No! Non siamo ancora andati alla tenda, ha voluto prima stirare di nuovo la camicia e ci siamo cambiati in casa, in camere separate».

«Com'è eccitante, quanto ti invidio ad avere ancora una prima volta! Sono anni ormai che non vedo un corpo nudo nuovo».

Eve stette al gioco, sorridendo in tutti i momenti opportuni, ma la verità era che non sentiva la stessa connessione con Bruno che aveva provato in Francia e aspettava con terrore la fine della serata, quando avrebbero dovuto dormire praticamente uno sopra all'altra nella piccola tenda a due posti. Sapeva di non essere obbligata a dare corso quella sera stessa a ciò che Ayesha definiva il "da farsi", ma comunque doveva condividere lo spazio di una bara con lui anche se fosse accaduto qualcosa di spiacevole.

Lo aveva appena lasciato nelle imbarazzanti e adulatorie mani di Adam e George, occupati a riempirlo di complimenti per lo stupendo taglio del vestito, e si era defilata. Non aveva ancora visto Ben, ma dato che era entrata in chiesa direttamente con Becca, saltando la tappa al pub accanto per il drink pre-cerimonia per gli invitati, non c'era stata l'occasione di incontrare tutti gli ospiti. Si guardò intorno cercando di localizzare sua madre o il misogino Juan, che non conosceva nessuno. Forse un matrimonio non era l'evento ideale neanche per lui in quel momento, il che avrebbe spiegato perché non si trovasse da nessuna parte. Aveva adocchiato Tanya, che però aveva fatto finta di non vederla distogliendo rapidamente lo sguardo e scoppiando in una risata fin troppo fragorosa per qualcosa detta da qualcuno del gruppo intorno a lei, qualunque fosse.

Di ritorno alla festa, Eve vide Juan appoggiato sul lato del furgone dei dolci. Buffo, pensò, dato che con ogni probabilità era l'unico a non approfittarne.

«Ehi, Juan», lo salutò raggiungendolo. «Grazie per avermi aiutato a entrare nel vestito», disse con una piccola piroetta nel suo abito verde chiaro al ginocchio, come a dimostrargli che la chiusura lampo era salita fino in cima.

«Stai benissimo», le disse con un sorrisetto sghembo. «Ed è tutto merito del tuo duro lavoro, non mio».

«Credimi, Juan, se non fossi stata terrorizzata dai tuoi urli tre volte a settimana negli ultimi mesi, non sarei minimamente diversa da come ero a Natale».

«Non faccio così paura, però, vero?».

Eve ci pensò su un attimo. «Hai presente Bruce Banner che si trasforma in Hulk? Be'...».

Risero entrambi. «Penso di essere stato un po' scorbutico negli ultimi tempi», ammise. «Grazie per avermi sopportato».

Eve scosse il capo. «Scherzavo, è tutto a posto. So che non hai avuto un periodo facile. Sei a tuo agio, anche se siamo a un matrimonio?»

«Non mi mette a disagio il matrimonio in sé, mi piace, sono tutti così felici. Ma è un po' strano perché conosco solo te e un po' tuo fratello».

«Okay, vieni che ti presento a tutti».

Eve presentò Juan al gruppetto Bruno, Adam e George, al quale si era aggiunta anche Faye.

«Per tutti: lui è Juan. Adam già lo conosci, lui è George, l'ormai quasi marito, mia madre Faye e lui è il mio ehm... e lui è Bruno».

Adam e George salutarono il nuovo arrivato con una scarica di abbracci e pacche sulle spalle, Faye arrossì quando Juan le fece il baciamano e Bruno rimase freddo. Nel suo sguardo c'era disinteresse puro misto a odio vero. Eve avrebbe dovuto avvicinarsi, marcare il territorio, fugare le sue preoccupazioni con un bacio passionale o una coccola civettuola, ma non se la sentiva proprio. Le vennero in mente i consigli dell'istruttore canino dove da ragazzina aveva portato il golden retriever di famiglia: fai capire da subito cosa è accettabile e cosa no, così conoscerà le regole dall'inizio. Non ricompensare un comportamento che non ti piace dandogli attenzione, conservala per quando farà qualcosa fatto bene.

Eve sapeva che Bruno non era un meticcio preso al canile, eppure sentiva che quelle linee guida gli si potessero applicare ugualmente.

Capitolo 31

Ben fece finalmente la sua comparsa, ma rimase distante e meditabondo per tutto il picnic. Fino a quel momento il pensiero fisso di Eve era stato che avesse potuto scegliere proprio quell'occasione per presentarsi in dolce compagnia, dopotutto aveva fatto capire chiaro e tondo che nessuno dei due aveva diritto di avanzare pretese sui sentimenti dell'altro. Grazie al cielo, però, era solo anche quel giorno. Chissà perché Eve si sarebbe sentita a disagio a vederlo con un'altra – come aveva detto a Bruno in macchina, era assurdo pensare di esserne ancora innamorata. L'unico sentimento che provava nei suoi confronti era di tristezza per un'amicizia decennale finita così.

Ben le aveva rivolto un sommario cenno del capo mentre, con espressione ombrosa, prendeva posto sulla coperta a pochi metri da lei. Difficile dire se avesse capito che l'uomo affascinante che le stava accanto era il suo accompagnatore per tutto il fine settimana, ma per qualche strano motivo, Eve lo sperò.

Tanya di certo lo aveva capito e fu una soddisfazione immensa. Bruno poteva anche essere un omofobo non dichiarato, un fanatico antisociale e geloso, ma era incredibilmente gradevole d'aspetto, e con Tanya era l'unica cosa che contasse. Infatti continuava a guardarli, anzi, a guardare Bruno, con la tipica faccia da fumetto in cui la mascella arriva a terra e le pupille hanno la forma di due cuoricini rosso vivo. Sposata da neanche due mesi, sembrava essere già immune allo stordimento passionale della luna di miele – be', per lo meno nei confronti del neo marito.

«Tua madre è una donna molto attraente», stava dicendo Bruno a Eve mentre apriva una ciotolina di olive del cestino e ne infilava una in bocca. «È una cosa buona per me vedere come sarai tra una ventina d'anni».

Eve non era sicura che la loro relazione sarebbe durata venti giorni, figuriamoci vent'anni, ma sorrise educatamente, scuotendo il capo quando le porse la ciotolina di olive.

«Non ti piacciono?», le chiese.

«Mai piaciute».

«È una follia, sono deliziose. Prendine una», la invitò agitandogliele davanti.

Eve scosse il capo di nuovo. «No, grazie, davvero, non mi piacciono».

«Non ho mai conosciuto nessuno a cui non piacessero le olive».

«Be', adesso lo conosci».

Qualcuno fece loro ombra, e quando Eve si girò, si trovò davanti Tanya. «Ho pensato di venire a salutare. Per dimostrarti che non serbo rancore». Tanya tese la mano a Bruno. «Non penso che ci conosciamo».

Bruno, sempre gentiluomo, si alzò in piedi per stringerle la mano, Eve rimase seduta a ribollire in silenzio per quel magnanimo saluto. Doveva forse essere riconoscente a Tanya per averla perdonata quando chiaramente era lei dalla parte del torto? La vita era troppo breve per farsi succhiare la positività da un tipo così.

Bruno e Tanya cominciarono a parlare in piedi, ed Eve, seduta accanto alle loro gambe, vide con la coda dell'occhio che Faye aveva incontrato Ben e lo stava abbracciando. Non c'era niente di insolito in quel gesto; non era solo l'ex di sua figlia, ma anche l'amico impertinente che aveva fatto sua una delle sedie della cucina di Faye, stendendo le lunghe gambe sotto il tavolo e ingurgitando qualsiasi piatto lei gli mettesse davanti. Quando, anni dopo, Eve e Ben si erano messi insieme, a tutti era sembrata la progressione più naturale del mondo. Sua madre, suo padre, Adam, Becca, Ayesha, avevano tutti detto che era solo questione di tempo prima che Eve e Ben si rendessero conto di quello di cui chiunque intorno a loro si era accorto da anni.

«Eve?».

Bruno si chinò. «Ti ho chiesto se vuoi della Pimm's, ne sto portando una a Tanya».

«Sarebbe magnifico, grazie». Sperò che Tanya andasse con Bruno al bar, invece fece gran mostra di ripiegare il vestito tra le cosce cercando di sederle accanto il più elegantemente possibile, con le gambe abbronzate distese avanti, mentre Eve teneva le sue pallidissime sotto di sé.

«È ridicolo farci sedere a terra a un matrimonio».

«Ci sono le balle di fieno se preferisci».

Tanya si limitò a guardarla con un sopracciglio inarcato e le labbra corrucciate. «Una balla di fieno?»

«Siamo in campagna, Tanya, non in un albergo a cinque stelle».

«I matrimoni non si fanno in campagna, Eve».

«Neanche in capannoni fatiscenti, ma tu ci sei riuscita». Era una cattiveria e lo sapeva bene, ma non riuscì a trattenersi.

«Vorrei farti presente che ci ho messo tantissimo impegno per il mio matrimonio».

«Non direi proprio, Tanya. Io ne ho messo. E Becca. E Ayesha. Tutti gli amici di Luke. E Ben».

«Forse volevi dire Santo Ben».

Eve alzò gli occhi al cielo. «Non l'ho detto e non capisco perché lo dici tu».

«È che lui non può sbagliare mai, no?», disse Tanya con durezza. «Ti ha mollato, è scappato dall'altra parte del mondo a convivere con la sua ex morente, ha fatto il monaco virtuale per quattro anni portando il lutto per lei poi, come se niente fosse, ricompare e ti fai totalmente abbindolare da lui. Sei un vero zerbino, Eve».

Adam e George si erano uniti al ricongiungimento tra Faye e Ben, tutti a ridere e scherzare come i vecchi amici che si supponeva che fossero. Tanya seguì il suo sguardo.

«Che sofferenza dev'essere guardarlo con la tua famiglia, probabilmente starai pensando a ciò che sarebbe potuto essere».

Quando era troppo era troppo. «No, per niente. Ho voltato pagina ed è Bruno il mio futuro adesso. E come sono certa che avrai notato, è proprio un buon partito». Eve si alzò, si spazzolò via l'erba dal vestito e se ne andò senza voltarsi indietro neanche una volta.

A Bruno avevano appena servito le tre Pimm's che aveva ordinato. Eve ne ingurgitò alcune lunghe sorsate riducendo quasi a metà la consumazione di Tanya e versò ciò che restava nel suo bicchiere.

«Tanya ha cambiato idea», gli spiegò.

«Spero che non ti voglia ubriacare troppo», disse Bruno. «Vorrei che ti rimanesse un bel ricordo di stanotte». Battuta dolciastra adatta a un film di pessima categoria, e se un uomo l'avesse pronunciata in uno dei reality show che Eve e Becca tanto amavano, si sarebbero entrambe infilate le dita in gola facendo finta di vomitare. Ma quella non era televisione o fiction, era la vita, e all'improvviso a Eve non piaceva più così tanto.

La band che aveva ingaggiato dal loro pub si stava arrampicando sul palco imbracciando gli strumenti. Fu una benaccetta distrazione e permise a Eve di spostare l'attenzione da Bruno e guardare altrove. Becca e Jack si stavano avviando sulla pista, termine fin troppo pomposo per un quadrato di erba falciata davanti al palco delimitato da una U di balle di fieno. Becca indossava un abito di pizzo bianco, lungo fino al ginocchio e sfrangiato, con una decorazione di perline a disegnarne l'esile figura. I capelli erano acconciati in onde spettinate tenute ferme dietro le orecchie da due fermagli con splendide peonie bianche. Jack sfoggiava un look tipo bracciante degli anni Trenta, con pantaloni di lino tenuti su da bretelle su una camicia bianca, farfallino e berretto. Il loro primo ballo non furono i passi contati e pesantemente coreografati di Tanya e Luke, né la stramba "tana libera tutti" di Ayesha e Amit, ma più che altro un improvvisato mix di giravolte, abbracci, giri e risate. Tante risate.

A metà del brano, Becca si girò per far cenno a tutti gli altri di raggiungerli in pista. Ayesha corse trascinandosi dietro un riluttante Amit: dopo la *débâcle* di break dance al suo stesso matrimonio gli era stato severamente proibito di tentare qualsiasi cosa che non fosse un contegnoso ondeggiare intorno alla pista. I genitori di Becca furono i successivi. Il padre, che si trovava a disagio in qualsiasi paio di scarpe che non fossero stivali di gomma, aveva bevuto abbastanza sidro da non preoccuparsene e sua madre, con un completo rosa pesca che era andata a comprare fino a Bristol, sembrava naturalmente al settimo cielo.

Ben presto l'area fu piena. Eve sorrise nel vedere Adam e George ballare in un battibecco continuo su chi dovesse guidare, culminato in risatine e schiaffetti sulle mani. Perfino Faye e Juan si stavano scatenando, i muscoli dell'uomo si tendevano sotto la camicia attillata e Faye appariva più felice e giovane di quanto Eve l'avesse mai vista. Non aveva ricordi dei suoi genitori che ballavano, non erano tipi da feste. Una grandiosa serata fuori avrebbe compreso parole come Harvester o Fondue e di certo suo padre non avrebbe mai avuto il ritmo o la resistenza di far roteare tanto entusiasticamente Faye come stava facendo Juan in quel momento. Eve prese nota nella sua mente di ringraziarlo più tardi per aver fatto compagnia a sua madre. Sapeva che era abituato a trattare con clienti che non erano esattamente il suo tipo, ma era molto carino da parte sua assicurarsi che si divertisse. Era stato carino anche presentarsi, dato che, dopo una brutta rottura, l'ultima cosa che avrebbe voluto era ritrovarsi ingolfato in un mare di coppie. Ogni angolo del campo sembrava una pubblicità sull'amore e stava cominciando seriamente a infastidirla.

«Balliamo». Bruno le tese la mano come in una festa pomeridiana degli anni Quaranta.

«Non sono molto dell'umore in effetti».

«Dai», frignò Bruno. «Sono un bravo ballerino. Te lo voglio dimostrare».

«Non ne ho alcun dubbio, ma preferisco continuare a bere».

«È questo il problema di voi inglesi», affermò scuotendo il capo. «Pensate che il divertimento cominci e finisca in una bottiglia di alcol».

Quella disinvolta osservazione xenofoba le fece saltare i nervi. «Non è assolutamente vero, ma in questo momento voglio un altro drink e non voglio ballare».

«Ballo io con te, Bruno», cinguettò all'improvviso una voce entusiasta. «Sempre che a te non dispiaccia, Eve».

Se le ciglia di Tanya avessero sventolato un po' più in fretta avrebbe preso il volo, pensò Eve.

«A me no, ma a tuo marito?». Era una battuta maligna, ma qualcuno doveva pur ricordare a Tanya il suo stato civile.

«Oh, occhio non vede, cuore non duole. Allora andiamo, Bruno, fammi vedere cosa sai fare».

Eve guardò le loro schiene sparire tra la folla che era cresciuta così tanto da richiedere di spostare le balle di fieno indietro di qualche metro. Le insegnanti si divertivano con i commilitoni di Jack, i garzoni della cascina del latte ballavano con le compagne di scuola di Becca. Quel matrimonio aveva tutti gli ingredienti giusti per essere divertente, eppure l'entusiasmo di Eve era pari a zero. Perché non si stava divertendo? Avrebbe dovuto scoppiare di orgoglio che tutto fosse andato così bene, nel vedere la sua migliore amica così felice, nell'osservare tre o quattrocento persone di tutti gli strati sociali ballare e ridere insieme, invece quella gioia non faceva che ricordarle che era sola. Non sola fisicamente. Quello non lo era mai. Sola sentimentalmente. Assolutamente e maledettamente sola.

Capitolo 32

La band aveva smontato e gli amici di Jack videro nel palco lasciato vuoto un invito all'invasione. Portandosi dietro le chitarre, uno di loro perfino l'armonica, procedettero immediatamente a massacrare *Hey Jude*.

«Parleremo mai del perché sei ancora così arrabbiata con me?».

Dalla balla di fieno su cui era seduta che le graffiava le gambe nude, Eve alzò lo sguardo. Ben prese la mancata risposta come un invito a sedersi lì accanto. Era quasi un replay di quando si erano seduti fianco a fianco al matrimonio di Ayesha e Amit, alquanto defilati, protagonisti del loro silenzioso film personale mentre rumore e confusione a pochi metri da loro sfocavano sullo sfondo.

«Non penso che dovremmo», rispose Eve.

«Io invece sì».

Le Pimm's le avevano dato coraggio. «Non voglio che pensi che ho sprecato la mia vita a struggermi per te, Ben, perché non è così».

«Uhm… buono a sapersi».

«Dico davvero. Vuoi sapere se il cuore mi è andato in mille pezzi quando sei sparito? Certo. Mi ha totalmente devastato che non ti sei mai fatto sentire? Sì. Mi infastidisce minimamente tutto questo adesso? No, nemmeno un po'».

«Eccellente. È una grande notizia. Eppure ancora voglio spiegarti tutto, ma non adesso... ferma, hai un'ape tra i capelli».

La fredda, calma e contenuta Eve che stava riuscendo così bene a mostrare disinvoltura e nonchalance evaporò in un istante e saltò su, gridando, tirandosi i capelli, smontando l'acconciatura e agitando la testa come un cane pastore, il tutto mentre saltava da un piede all'altro.

«Merda! Mi ha punto, Ben, aiutami, mi ha punto in testa!».

«È il momento sbagliato per dirti che saresti dovuta rimanere ferma?»

«Ben! Ho la testa che va a fuoco, fa malissimo, cazzo, aiutami!».

«È buio qui, vieni alla luce».

«E se il veleno mi arriva al cervello?»

«Sai che sembri pazza, vero?»

«Non hai idea di quanto faccia male, Ben, come se mi avessero pugnalato il cranio!».

Si fermarono accanto a una lanterna fissata nel terreno.

«Okay, abbassati e fammi vedere».

Eve fece come le aveva detto e lui le separò delicatamente i capelli per vedere meglio. «Vedo il pungiglione, stai ferma, cerco di estrarlo».

«Fa malissimo», piagnucolò Eve.

«Lo so, lo so, stai ferma. Maledizione, non riesco a prenderlo bene, vieni con me, ho delle pinzette nel beauty-case».

Eve non provò neanche a discutere. La testa pulsava e cominciava a sentire la nausea. Accettò di buon grado il braccio che le porse Ben che la guidò via dalla festa verso il campo in cui erano le tende. Ben si avviò deciso nel mare di teli colorati, poi si fermò di botto.

«Che succede?», gli chiese Eve.

«Non riesco a trovare la tenda. Ero sicuro che fosse qui».

«Di che colore è?»

«In realtà non me lo ricordo bene, è nuova. Ehm, verde penso».

«Non ci hai legato una bandierina così da poterla individuare più facilmente? Pensavo che ti ricordassi i consigli di mio padre».

Vagarono per il campo ancora qualche minuto, con Ben che l'aiutava a non inciampare nei tiranti, finché non sospirò sollevato. «Ecco, sono quasi sicuro che sia questa». Aprì la cerniera e spostò di lato il telo in modo che Eve potesse entrare per prima.

«Aspetta un secondo», disse lei infilandosi la mano nel reggiseno.

«Contieniti, Red».

«Sto solo cercando di aiutarti e ripagare la tua gentilezza».

«Ne sono lusingato, ma dovremmo prima parlare», scherzò Ben.

Eve gli fece una linguaccia e recuperò il fazzoletto pulito che aveva infilato nel reggiseno in caso di emergenza emotiva, lo sventolò per spiegarlo e lo legò al paletto della tenda che sbucava da sopra l'entrata. «Ecco, così va meglio».

«Grazie. Adesso fatti "de-pungiglionare"». La guidò all'interno e arrotolò il sacco a pelo che aveva già steso per crearle una seduta più comoda. «Mettiti qui e rilassati un secondo».

Dopodiché cominciò a frugare nel suo borsello utilizzando come luce la torcia del cellulare. «Ah-ah! Eccole. Okay, togliamo questo ragazzaccio».

Eve piegò di nuovo la testa verso di lui. Le pinzette erano fredde sul cuoio capelluto e trasalì quando tirò fuori il pungiglione.

«È un po' gonfio intorno, penso che dovremmo metterci un po' di dentifricio».

«Dentifricio?», gli chiese Eve scettica.

«Sì, dovrebbe alleviare il bruciore».

«È un'altra delle tue battute? Perché non sono proprio dell'umore giusto».

«Anche se non mi stancherò mai di prenderti in giro, Red, giuro che non me lo sono inventato. Il dentifricio aiuta davvero».

«Fonte?»

Ben sorrise. «Sempre giornalista. Ehm, non ne sono sicuro. Internet?»

«Ti ricordi quando a circa ventun anni eravamo in spiaggia e mi ha punto una medusa e tu hai suggerito di farmi la pipì sopra per calmare il bruciore?»

«Era una teoria scientifica, voglio che tu lo sappia».

«Invece no! O quando mi hai convinto che la marmellata alleviava le scottature solari e mi sono ritrovata circondata da mosche e vespe per il resto della giornata? O quando avevo il singhiozzo e mi hai fatto bere il whisky liscio del mobile bar di mio padre?»

«Senti, stando così le cose, dovresti essermi grata che ti sto suggerendo solo del dentifricio. Ce l'ho nel borsello, basta tentennamenti, spremilo mentre io tengo separati i capelli».

Erano anni che non si scambiavano simili battute ed Eve si rese conto di quanto le fossero mancate. Di quanto le fosse mancato lui.

Mentre Eve tirava fuori dal borsello il tubetto vide arrotolata intorno al tappo una catenina d'oro con un ciondolo. Sapeva cosa fosse, cosa rappresentasse ancora prima di chiederlo. «Cos'è?».

Ben rispose a bassa voce. «Era di Kate».

«Ah».

«Lo aveva al collo quando è morta».

«Ah. Carino». Poi, turbata, aggiunse: «Non che sia morta, quello non è carino. Che tu l'abbia conservato». La sofferenza che provava al centro del petto fu come un pugnale e le ricordò che era innamorata di Ben, da sempre, ma la tragica realtà voleva che lui amasse, e probabilmente avrebbe sempre amato, un'altra.

Aprì velocemente il tubetto, desiderando di finire prima che le spuntassero le lacrime, ne spremette un po' e lo strofinò nel punto in cui Ben teneva le dita.

«Fai fare a me», disse lui. «Riesco a vedere dove serve».

«No, faccio io. Va bene così. Grazie, sto bene ora».

«Sembra ancora un po' irritato, forse ti servirà del paracetamolo».

«Sto bene, adesso sarà meglio che torni».

«Sei scocciata. È per il ciondolo?»

Eve fece per rimettersi in piedi con poca grazia. «No, certo che no. Bene, ora vado. Bruno, il mio, ehm, ragazzo, si starà chiedendo dove sono».

«Il re del cachemire?»

«È francese». Eve si rese conto di utilizzare la nazionalità per giustificare ogni azione di Bruno.

«Non sapevo ci fosse un regolamento nazionale per la scelta del guardaroba».

«Sei maleducato».

«Osservatore».

«Offensivo».

«Attento».

Attraversarono il campo a grandi passi, mentre quasi tutti gli altri procedevano in senso opposto. I capelli di Eve erano arruffati e al profumo di menta, il viso rosso per un misto di imbarazzo e rabbia. Ben le correva dietro gridandole di rallentare, quando si parò loro davanti Bruno come Heathcliff nella brughiera, sempre ammesso che Heathcliff abbia mai avuto abiti di lino stirati e una valigia firmata.

«Eccoti qua», affermò in tono secco e abbastanza immotivato. «Ti cerco da secoli. Vedo che hai goduto del ricongiungimento con il tuo ex».

«Goduto è proprio la parola sbagliata», replicò Eve.

«Forse "consumato" è meglio?», ribatté maligno Bruno.

«Ehi, aspetta un secondo», intervenne Ben. «Eve è stata punta da un'ape e...».

Bruno gettò la testa all'indietro con una risata sarcastica. «Punta da un'ape? Ma davvero? Non riesci a inventartene una migliore?»

«Guarda!». Eve abbassò la testa spostandosi i lunghi capelli sul viso, ma fu un gesto del tutto inutile perché il campo era buio e a Bruno non interessava minimamente.

«Ho attraversato mezzo mondo per...».

«Sei venuto dalla Francia», lo interruppe Ben. «Chi arriva dalle Midlands ha fatto un viaggio più lungo del tuo».

«Non sei d'aiuto, Ben. Perché non te ne torni alla festa?», disse Eve cercando di ricorrere alla telepatia per allontanarlo.

«No, penso che resterò invece. Perché non torniamo alla festa tutti insieme?»

«La festa è finita, ecco perché sono venuto a cercarti».

Il silenzio dal campo al di là della siepe confermò che Bruno diceva la verità. Eve guardò l'orologio. Era l'una e mezza di notte, molto più tardi di quanto pensasse.

«Ho preso la valigia dalla fattoria», disse Bruno. «Dov'è la nostra tenda? Sono stanco».

«Hai preso anche la mia?», chiese Eve confusa, dal momento che in una mano aveva solo la sua e nell'altra una bottiglia di champagne.

«No, me ne sono dimenticato».

«Un signore...», borbottò Ben a mezza bocca.

«Sta' zitto, Ben», sibilò Eve. «Bene, okay, Bruno, andiamo nella nostra tenda. Buonanotte, Ben».

Dopo che Bruno le ebbe assicurato che suo fratello e il suo "amico" si erano presi cura di Faye e l'avevano lasciata al sicuro nella tenda, Eve entrò nella sua dimora di ostilità e si preparò a una notte insonne.

Bruno era adirato con lei, si rifiutò di parlarle e restò sdraiato sul sacco a pelo totalmente vestito a giocare con il cellulare. Dato che Eve non aveva un cambio, fu costretta a stendersi ancora con l'abito da damigella, ribollendo in silenzio mentre la testa ancora le doleva per la puntura dell'ape.

Valutò che fosse passata circa mezz'ora quando Bruno sussurrò nel buio. «Eve? Dormi?». Giusto nel caso in cui si fosse calmato e volesse bere lo champagne con lei tutto amorevole, Eve rimase immobile senza dire una parola. L'ultima cosa che voleva era un brioso francese alticcio per le mani, a prescindere da qualunque fosse la sua iniziale. Prendendo il suo mutismo per un sì, Bruno uscì dalla tenda e la richiuse dietro di sé. Eve spalancò gli occhi.

Aveva lasciato la valigia, quindi non si sarebbe dato alla fuga nel cuore della notte. *Come aveva fatto Ben.* Probabilmente stava solo andando verso la fila di bagni chimici all'ingresso del campo. E come quel pensiero le attraversò la mente, si rese conto che anche la sua vescica era gonfia come un gavettone.

Si aggirò furtiva tra le tende silenziose, investita dai ricordi dei tanti campeggi con Ben. Una risatina perforò il cielo notturno. Eve si fermò in ascolto. La udì di nuovo.

Si accucciò in fretta tra i triangoli di stoffa, ben cosciente della ragnatela di tiranti. Il ronzio improvviso di una cerniera che si apriva la fece abbassare rapidamente dietro una tenda rossa, da dove scrutò con cautela. Annaspando, si portò istintivamente una mano alla bocca per evitare altri versi.

Ne era appena uscito Juan che ora baciava voracemente sua madre, accovacciata all'interno, con il viso e le spalle nude illuminate dalla fioca luce lunare. Altra risatina infantile, la cerniera si richiuse e Juan tornò verso la sua tenda.

Eve sedette sui talloni un po' destabilizzata. Tra tutte le scene che si sarebbe aspettata di vedere, quella non era proprio contemplata.

Eve aveva totalmente perso l'orientamento e si ritrovò un po' brilla, spaesata e con il bisogno ormai irrefrenabile di fare pipì. Non aveva scelta. Non appena fu sicura di essere l'unica sveglia del campo, si avviò verso il bosco. Vi si inoltrò per meno di un metro e si accucciò dietro un albero. Il sollievo fu quasi irreale finché non perse leggermente l'equilibrio e uno schizzo le andò sul piede, cogliendola impreparata e facendola cadere all'indietro su un cespuglio di ortica. Si tirò su, di nuovo in fiamme per un nuovo bruciore, saltellò in giro tendendo le braccia nell'inutile tentativo di grattarsi zone irraggiungibili. Non riuscì a fermare le grosse lacrime che le scendevano sul viso e i singulti con cui cercava di calmarsi. Inutile mettersi a cercare foglie di lapazio che potessero lenire l'infiammazione, era troppo buio, e con la legge di Murphy tanto spietata con lei quella sera rischiava di infilare la mano in una tagliola.

Ben le avrebbe detto di immergersi in sangue di pipistrello o qualcosa di ugualmente disgustoso. Pensare a lui aumentò la quantità di lacrime. Sapere che ancora si portava dietro la catenina di Kate cementava la sua convinzione che sarebbe sempre stata al secondo posto. Aveva ragione Tanya, era un vero zerbino. Un tappetino privo di volontà, la cui autostima dipendeva ormai solo dal trovare un uomo e tenerselo.

Sapeva di non poter rimanere nel bosco per tutta la notte, per quanto volesse nascondersi agli occhi del mondo finché non fosse ora di tornare a casa, nella sua camera da letto, dalla quale aveva già deciso che non sarebbe uscita mai più.

Un rumore alla sua destra la colse di sorpresa. Non era la risatina giocosa che aveva udito tra Faye e Juan, qualcuno faceva l'amore in modo animalesco, frenetico, con ansimi e fiatone a fare da coro notturno. Eve provò un immediato sollievo che non provenisse di nuovo dalla tenda di sua madre, che sarebbe stato il colpo di grazia. Ma con suo grande orrore, sembrava provenire proprio da quella piccola tenda verde con un fazzoletto bianco che sventolava nella brezza.

Capitolo 33

Quegli sbuffi e ansimi, però, non sembravano di Ben. Era anche vero che l'ultima volta in cui Eve l'aveva sentito in quelle circostanze era stato quattro anni e mezzo prima e avrebbe potuto aver cambiato tecnica nel frattempo. Costeggiò la tenda, intimamente combattuta. Da una parte, non aveva il minimo desiderio di sapere con chi fosse e cosa le stesse facendo per provocare quei gridolini acuti e continui. Dall'altra, se non lo avesse saputo, non sarebbe mai riuscita a tornare nella propria tenda e infilarsi nel sacco a pelo accanto a un Bruno addormentato.

«In nome di Dio, che cos'è questo casino? Qualcuno si sente male?».

Eve girò su sé stessa. Ben le camminava dietro, con il suo borsone per la notte in mano.

«Ben!», sussurrò Eve sopraffatta dal sollievo.

«Oh, Gesù, ma è quello che penso? Da dove viene?». Ben le passò il borsone malandato. «Ecco la tua roba. Sono andato a prenderla dentro casa. Ho pensato che ti servisse».

La gentilezza del gesto la stupì e lo ringraziò. «I versi sembravano venire dalla tua tenda».

«Dalla mia?»

«Pensavo fossi tu a fare tutto quel chiasso».

«Magari. Deve essere Tanya», disse avanzando veloce verso la tenda.

«Tanya?». Eve gli corse dietro.

«È venuta nella mia tenda quando mi ha sentito discutere con il tuo bel francese», rispose da sopra la spalla.

«Bruno? Perché stavi discutendo con Bruno?», replicò Eve affrettando il passo per stargli dietro.

«È venuto qui, mi ha accusato di essere andato a letto con te e mi ha intimato di tenere a posto le mani. Gliene ho detto quattro e poi si è intromessa Tanya e a quel punto ne ho avuto abbastanza. Ho detto a tutti e due di tornarsene alle proprie tende e io sono entrato in casa».

Quando raggiunsero il luogo incriminato, Ben aprì di scatto la cerniera prima che Eve potesse impedirglielo. Il sedere nudo di Bruno stantuffava nella semioscurità e la riconoscibilissima vocetta da ragazza perbene di Tanya strillò sprezzante sotto di lui. «Chiunque tu sia, fuori dalle palle».

«In realtà, penso che siate voi due a dovervi levare dalle palle», disse Ben, spalancando la tenda ancora di più. «Fuori. E portatevi via anche il sacco a pelo, me ne dovete uno nuovo».

I due sgattaiolarono all'esterno, Tanya stringendosi i vestiti al petto e Bruno con il sacco a pelo intorno alla vita, poi scomparvero nel buio.

«Mi dispiace per il tuo ragazzo», sussurrò Ben alla fine, una volta che sul campo fu calato di nuovo il silenzio.

«Non fa niente. Si è scoperto che è un vero coglione. E che tu ci creda o no, non è la cosa peggiore che mi sia capitata oggi». Lo sfinimento le fece di nuovo bruciare gli occhi con un intenso bisogno di restare da sola. «Ora devo tornare alla mia tenda. Grazie per… lo sai».

Ben alzò le spalle. «Non dire sciocchezze, non è niente. Ci vediamo domani».

No, pensò Eve. La sua intenzione era di alzarsi prima di

tutti gli altri e rientrare subito a Londra evitando di ascoltare i pettegolezzi e di dover fingere ottimismo e positività. Alzò la mano come gesto di addio, le era difficile perfino pronunciare le parole.

Individuò senza problemi la bandierina arancione che aveva legato in cima alla sua tenda ed era ormai a pochi passi dall'ingresso quando sentì una poltiglia sotto il piede e annaspò schifata nel trovarlo immerso in una melma brunastra e molliccia. Rise. Grasse risate di pancia che si trasformarono in profondi singhiozzi silenziosi.

Raggiunse la tenda e svuotò l'intera bottiglietta d'acqua sui piedi, lavandosi via al meglio il letame e la sua stessa urina, poi lanciò fuori la valigia di Bruno e si tenne la bottiglia di champagne. La stappò e, guardandosi intorno, si rese conto che non c'erano bicchieri, così si portò la bottiglia alle labbra e ingollò una lunga, appagante sorsata.

Che giornata orribile.

C'era un'unica cosa che l'avrebbe fatta stare meglio. Tirò fuori il laptop dalla borsa e cominciò a scrivere.

Non sono una che si lamenta ma... l'odore di sterco di vacca è soffocante; la schiena brucia dove la pelle è gonfia e irritata dall'ortica e ho una piaga infetta sulla testa per colpa della puntura di un insetto. Ho le gambe ricoperte da una ragnatela di graffi lasciati dal fieno delle balle su cui stiamo stati costretti a stare seduti tutto il giorno, e a giudicare dall'incessante prurito che mi tormenta, è probabile che mi sia beccata le pulci. Puzzo dei miei stessi fluidi corporei e di escrementi animali. Sono scarmigliata, inzaccherata, desolata. Se mi state immaginando in un reality show in mezzo alla giungla, o magari unica sopravvissuta di un tragico incidente aereo, a vagare in solitudine per giorni in una foresta tropicale, vi perdono. La verità è molto più deprimente. Sono stata invitata a un matrimonio in campagna.

Non è colpa della sposa aver pensato che una gioiosa fiera campagnola potesse essere una buona ambientazione. Lo era. In teoria. Adoro i bastoncini con la mela caramellata come chiunque altro, per non parlare della bandierina di percalle. Splendida. Sapete anche chi le adora veramente? Le vespe. Centinaia di vespe, maledizione. E la deliziosa bandierina che sventola nella leggera brezza? Non appena lo zucchero delle mele caramellate sarà entrato in circolo, i bambini tenteranno di strangolarcisi a vicenda. E che dire di una gioiosa e posata partita di cricket? Passatempo sempre godibilissimo, no? Be', si è scoperto che non è così. Non quando un genio brillante suggerisce di mettere i parenti della sposa contro quelli dello sposo e innaffiare tutto di sidro forte. E in campagna non servono le sedie, giusto? Balle di fieno: ecco la risposta al dilemma di dove sedersi su un prato. E poi le balle di fieno vanno molto di moda, soprattutto tra i tarli del legno, o Pyemotes Ventricosus *se preferite, un piccolo predatore che niente ama di più che mordere carne umana.*

È la disinvoltura dei matrimoni in campagna a renderli così unici, non pensate? Non c'è niente di meglio di un ritrovo di vecchi amici, con tanto di chitarre e armoniche, e la passione comune per brani che hanno poca, se non nulla, somiglianza con l'originale. Una cosa è dare la propria impronta e un'altra calpestare l'intera canzone. L'esecuzione di stasera di Mustang Sally *ha fatto saltare su dalle balle di fieno perfino i* Pyemotes Ventricosus, *fuggiti in cerca del silenzio dei cespugli di ortica.*

Sapete cos'è che va bene per i matrimoni? Un albergo. E sapete perché? Perché di solito la camera ha una serratura.

E un letto. E un bagno. E pareti. Oh, quanto mi mancano le pareti mentre me ne sto seduta in questa minuscola specie di tenda che ho comprato da Tesco per due spiccioli. Ho capito quanto finora abbia dato per scontate le pareti e non abbia mai guardato al di là della loro capacità strutturale di sorreggere i soffitti. C'è molto di più, invece, e sento di dover loro delle scuse. Non so cos'abbia il campeggio, forse tira fuori il mammifero che è in noi, riducendoci a seguire gli istinti primordiali. Forse siamo più simili alle nostre controparti animali di quanto ci piaccia pensare. Quando ci ritroviamo in un campo disseminato di tende, dove c'è solo stoffa a separare i nostri corpi nudi, il bisogno primario di riprodursi prende il sopravvento. Le mura ti impediscono di annusare un potenziale partner, la tela no. Una passeggiata in questo campo quando scende il buio, il bar è stato svuotato totalmente e tutte le famiglie sono partite verso le loro costose pensioni, e ci si ritrova dentro un documentario. L'unica cosa che manca nei versi di questi giochi e intrattenimenti pre-, durante e post-coitali è il tono soave di Sir David Attenborough che ci racconta le abitudini di accoppiamento del poco conosciuto homo sapiens.

Quindi eccolo qua. Un matrimonio senza precedenti. Un matrimonio memorabile. Un matrimonio che richiederà un bel po' di tempo, lozione di calamina e gin per essere dimenticato. Oddio. Comincia a piovere.

La bottiglia di champagne era finita, segno evidente per Eve che era ora di ritirarsi per la notte. Erano ormai le quattro, e sotto quel telone praticamente inesistente della sua tenda di scarsa qualità, Eve si sarebbe svegliata al sorgere del sole, anche se confidava di essere abbastanza ubriaca da dormire un po' di più.

Nel prendere il telefono per impostare la sveglia, si accorse di alcune e-mail urgenti. Quando, con un sospiro, aprì la posta, le mancò la terra sotto i piedi nel leggere il rabbioso messaggio con cui Belinda le comunicava che il termine per la consegna del nuovo trafiletto era scaduto e che se non avesse presentato il pezzo entro le nove della mattina seguente, le avrebbero annullato il contratto. "E risparmiati le smancerie smidollate per il tuo lavoro quotidiano".

Non poteva perderla, non se lo poteva proprio permettere. Quella collaborazione non era un semplice arrotondamento, aveva triplicato le sue entrate; se l'avesse persa, non avrebbe avuto alcuna speranza di evitare gli scoperti della carta di credito. Né poteva tornare a scrivere di cuori e fiori e lieto fine, sarebbe impazzita. Ma tirare fuori dal nulla un articoletto cinico e conciso era pressoché impossibile. Era ubriaca, esausta e completamente prosciugata. Dubitava perfino di essere in grado di scrivere un messaggio a quel punto, figuriamoci un pezzo di opinione di settecento parole.

La soluzione ce l'aveva davanti agli occhi. Letteralmente, la guardava dallo schermo del computer. Senza pensarci due volte, copiò e incollò le ultime pagine del suo diario nel corpo della e-mail aggiungendo due righe di accompagnamento. "Ciao, Belinda, scusa il ritardo. Ecco il mio ultimo pezzo, spero che ti piaccia. Eve" e premette invio.

Aprì poi una nuovo messaggio che indirizzò a Fiona.

Ciao, Fiona,

sono Eve. Be', lo sai perché ti scrivo dalla mia e-mail. Scusa, sono un po' brilla, ma questo non incide su quello che sto per dirti perché penso in modo molto lucido. Be', non sono proprio lucida, ma su questo particolare argomento sì. Cristallina direi. Il fatto è che odio i matrimoni. Cioè, li odio VERAMENTE, odio tutto ciò che li riguarda, il giro d'affari di quasi due miliardi di sterline, me lo sono appena inventato ma è qualcosa di simile, due miliardi di sterline che potrebbero essere spesi in scuole e ospedali o qualcosa di meglio che non matrimoni che con ogni probabilità finiranno con un divorzio, poi le unghie finte, le ciglia finte, gli amici finti. Orchidee che vengono spedite in volo dal lontano Oriente aumentando l'inquinamento da carbone, cosa che mi rattrista molto. Se qui potessi aggiungere l'emoticon che piange lo farei, ma non posso perché è una e-mail. Abiti da sposa che non sono altro che pezzi di stoffa cuciti insieme ma che, essendo bianchi, costano dieci volte di più che se fossero viola. Nessuno che indossi mai abiti da sposa viola. Odio le liste di nozze, i *kitten heels*, le tiare (non le dovrebbe portare nessuno se non le principesse e le reginette del ballo che però odio, quindi solo le principesse. Per loro va bene). Comunque, ti sei fatta il quadro della situazione. Ecco perché do le dimissioni. Mi sento un'ipocrita a scrivere del vero amore quando io per prima non credo minimamente che esista.

Tua, Eve

La spedì. E si addormentò.

«Ti ho portato il tè». Becca infilò un thermos nell'apertura della tenda.

Eve borbottò una risposta non compromettente. Perfino l'idea di allungare la mano a prenderlo sarebbe stato uno sforzo immane.

«Sono già tutti in piedi ed è arrivato il camioncino del bacon». Quello fu un altro lampo di ispirazione per Eve: cosa gradirebbero più di tutto i campeggiatori la mattina dopo una sbronza? Un soffice e grasso panino al bacon servito all'ingresso della tenda. Peccato che il solo pensiero le scombussolasse lo stomaco.

Becca entrò e sedette a gambe incrociate ai piedi del sacco a pelo. «Ho appena incontrato Ben. Mi ha raccontato del tuo francese di merda».

«Non è mio», bofonchiò Eve con la testa che ancora si rifiutava categoricamente di far capolino dal sacco a pelo.

«Mi dispiace che non ti sia goduta il matrimonio», commentò Becca tristemente.

Eve tirò fuori la testa. «Sì, invece, Becs. Certo, avrei fatto volentieri a meno di vedere per la prima volta il culo nudo del mio nuovo ragazzo in certe circostanze, ma non è colpa tua».

«Sai, con il senno del poi, non so se organizzare il ricevimento in campagna sia stata davvero una buona idea», ammise l'amica in tono mesto. «Non sai quanta gente ha rimediato punture dagli insetti nelle balle di fieno... a quanto pare c'è una specie di parassita che ci vive dentro».

Eve scosse il capo. «Wow. E chi lo sapeva?». Subito, però, le tornò in mente la tirata nel messaggio della sera prima e sbiancò.

«Ti senti bene?», le chiese Becca. «Sei pallidissima. Devi vomitare?»

«No, sto bene. Che ora è?». Eve sperò che non fossero ancora passate le nove e che potesse rimediare a quel casino prima che diventasse una spaventosa mina vagante in grado di far esplodere in mille pezzi tutto quanto aveva di più caro.

«Le undici».

Cazzo.

«Senti, vai pure avanti. Mi metto addosso qualcosa e ti seguo». Non appena Becca fu uscita, Eve prese il telefono e chiamò Belinda. Dopo il primo squillo, scattò la segreteria telefonica. «Belinda, sono Eve, senti, ti ho mandato il pezzo sbagliato ieri sera, non era stato scritto per "Venus", scusami, ti prego, ignoralo, te ne mando un altro entro un'ora, ti prego di cancellare quello precedente, tanto è comunque un mucchio di stupidaggini. Mi puoi chiamare quando senti il messaggio? È molto importante. Grazie, ciao».

Poi sporse la testa fuori dalla cerniera aperta e vomitò sulla valigia di Bruno che era ancora lì fuori.

Eve lasciò innumerevoli messaggi vocali, ne spedì di scritti e via e-mail chiedendo in lacrime a Belinda di cancellare il pezzo, ma non ricevette alcuna risposta. Doveva tornare a Londra il prima possibile, implorare Belinda facendo leva sul suo buon cuore. Tutto si poteva ancora salvare se il post non fosse stato pubblicato online. E Becca non avrebbe mai saputo quanto Eve fosse stata a un passo dal rovinare tutto. Ficcò ogni cosa nel borsone e dalla tenda corse verso il parcheggio. Dovette attraversare il campo con il carretto del bacon ancora assediato dai campeggiatori affamati, ma proseguì a testa bassa tenendosi all'esterno per passare inosservata.

Non ci fu un semaforo o una rotatoria che Eve ricordasse del viaggio di ritorno verso Clapham, solo una foschia sfocata delle ultime due ore. Come fosse riuscita a non avere incidenti fu un miracolo dato che le lacrime le offuscarono la vista per l'intero tragitto dal Devon a Londra e le mani tremavano sul volante. Le veniva da vomitare per il senso di colpa. Era fisicamente nauseata. Quando rientrò in casa i resti dell'ultima notte con Becca ricoprivano ogni superficie. L'ultima bottiglia di vino che avevano bevuto insieme era sul bidone nel vetro; le scarpe da ginnastica allineate accanto alla porta; i vestiti sparsi in soggiorno come coriandoli dato che Becca aveva preparato la valigia per il viaggio di nozze selezionando il meglio dal guardaroba di entrambe. Quando entrò in cucina il collage di foto di loro due insieme la colpì come un pugno. Loro da giovani abbracciate in uno scatto dell'inizio dell'università, le vacanze all'estero, loro due appoggiate su un taxi giallo a New York quando Becca era andata a trovarla, un'altro in cui mostravano felici le chiavi gemelle dell'appartamento in cui erano andate a vivere insieme. Un catalogo di momenti felici che ora non meritava più una bella cornice. Il vetro si sarebbe infranto, proprio come stava per fare la loro amicizia.

Capitolo 34

Eve svolse tutti i gesti necessari a riempire d'acqua il bollitore, accenderne l'interruttore laterale, prendere una tazza dalla credenza – la stessa routine di migliaia di altre volte, ma mai con quella sensazione di terrore e inquietudine. Come aveva fatto a trasformarsi nel mostro che aveva messo in mezzo la sua migliore amica per una risata di bassa lega e un grasso compenso? Era davvero quella persona? Si abbassò a terra, la schiena contro i mobili, le gambe raccolte al petto. Era sempre stata corretta, sempre consapevole delle sue azioni... come aveva fatto a diventare così ottusa e narcisista? La catastrofica caccia a B, il sarcasmo che aveva riversato nei trafiletti di «Venus»... non era lei, e se anche fosse, non era chi voleva essere.

All'improvviso sentì il cellulare vibrare nel borsone che aveva buttato all'ingresso entrando. Pregando che fosse Belinda, si alzò in piedi e andò a rispondere.

Era Faye. Eve guardò il telefono che le vibrava in mano senza decidersi se rispondere o no. Il dramma che si era consumato la sera prima, dopo aver visto Juan uscire dalla sua tenda, non le aveva permesso di elaborare adeguatamente ciò che provava al pensiero di sua madre e del suo personal trainer che ci davano dentro. La reazione istintiva era stata di disgusto, subito soppiantato dalla considerazione che bisognava godersi la gioia ovunque la si trovava.

Potendo evitarlo, non voleva pensare troppo ai pro e ai contro di quella relazione ancora in boccio, ma certo non l'avrebbe ostacolata.

Lasciò partire la segreteria.

"Tesoro, sono mamma. Sono preoccupata per te, mi chiami? Stamattina sei sparita e vorrei essere sicura che sia tutto okay. Ti voglio bene, ciao".

Aveva anche una marea di messaggi non letti, ma scoprì affranta che nessuno era di Belinda. Adam gliene aveva mandato uno dello stesso tono di sua madre, ma con termini diversi. "Yo. Dove 6?".

Tre erano di Bruno che spiegava che l'emozione e la gelosia di averla vista insieme a Ben lo avevano accecato evidentemente a tal punto da fargli togliere i pantaloni e finire su Tanya. Uno era della stessa Tanya: "Senza rancore. Tutto questo rimane tra noi". Becca e Ayesha le chiedevano dove fosse e poi ce n'era uno di Ben.

"Red, ti devo parlare. È molto urgente".

Era carino da parte sua preoccuparsi così per lei, ma non si sentiva ancora pronta a parlargli. Non dopo aver visto quella catenina. Kate doveva essere stata incredibilmente speciale se il loro ricongiungimento aveva scalzato i dieci anni in cui Ben aveva frequentato Eve. E non poteva competere con quello. Ammesso che le fossero rimaste le forze per provarci.

Dato che aveva il telefono in mano riprovò a chiamare il cellulare di Belinda, ma scattò subito la segreteria telefonica. Di nuovo. Le lasciò un ulteriore, accorato e sentito appello a ignorare l'e-mail e chiamarla subito. Poi trascorse le due ore successive a vagare di stanza in stanza, ripiegando con cura i vestiti di Becca e riponendoli nella cassettiera, portare fuori la spazzatura, lucidare il piano cottura, fondamentalmente tutto ciò che le teneva occupati corpo e testa impedendole di rimuginare su quella pericolosa palla da demolizione che ondeggiava pronta a fare a pezzi tutto quanto.

Il suono del citofono la fece sobbalzare. Tutti quelli che conosceva si stavano godendo un barbecue sui prati del Devon, quindi lo ignorò, presumendo che fossero venditori porta a porta o qualcuno che aveva sbagliato indirizzo. Citofonarono di nuovo. Con un sospiro, rimise a posto lo scopettino del bagno e si avviò alla cornetta in corridoio.

«Sì?»

«Sono io».

«Ben?»

«Piove. Mi apri o no?».

Se quella visita a sorpresa fosse capitata ventiquattr'ore prima, Eve avrebbe sciolto la coda di cavallo, ravviato i capelli e pizzicato le guance per darsi un po' di colore. Quel giorno, però, non le venne neanche in mente di sfilarsi i guanti gialli di gomma che stava usando per pulire il gabinetto.

Ben salì l'ultimo gradino ed Eve si preparò a un commento tipo "bella mise" o a qualche sua tipica battuta, ma non fu così.

«Puoi toglierti i guanti e venire in soggiorno? Devo parlarti».

Non era mai stato così serio con lei prima di quel momento e la cosa la preoccupò. «Mamma sta bene? È successo qualcosa?».

La precedette nel soggiorno e prese posto su uno dei due divani. Eve sedette su quello di fronte.

«Senti, sono molto preoccupato per te, Eve», cominciò.

«Per me?», rispose. Anche lei era preoccupata per sé stessa, ma non capiva perché lo fosse Ben.

«Temo che tu abbia perso la bussola e che sia tutta colpa mia».

Eve lo fissò. Eccome se l'aveva persa, Ben non poteva immaginare quanto.

«Guardami, Eve. Guardami. Hai sempre avuto un cuore d'oro, hai sempre fatto tutto per tutti ed è sempre stato questo il tuo problema. Non riesci a dire di no alle persone, e qualsiasi cosa li renda felici, tu la fai. Si dice, però, che anche la persona migliore del mondo abbia un punto di rottura e penso che tu abbia raggiunto il tuo».

Ben sembrava avere l'incredibile capacità di farle lo scalpo, aprirle il cranio e guardare cosa stesse accadendo direttamente nel suo cervello. Fu quello che disse dopo, però, a lasciarla senza fiato.

«Ti prego, dimmi che non hai mandato il trafiletto a quella certa Belinda».

«Cosa?», balbettò Eve.

«Il pezzo su che stupidaggine sia stato il matrimonio di Becca, l'hai mandato anche a lei?».

Eve lo guardò con orrore senza capire. «Anche?»

«Oltre che a me», precisò Ben.

«A te?»

«Stamattina alle quattro ho ricevuto una tua e-mail in cui dicevi qualcosa tipo "ciao, Belinda, ecco il trafiletto" e poi proseguiva sul matrimonio di merda. Ti prego, dimmi che non verrà pubblicato da nessuna parte».

Eve chiuse gli occhi e sprofondò tra i cuscini. Doveva aver inserito solo Be nella stringa dell'indirizzo e il computer l'aveva completato con Ben invece che Belinda.

«Eve?».

Rovesciò la testa indietro con il più puro senso di sollievo che le scorreva nelle vene e in tutto il corpo.

«Grazie», sussurrò infine. «Grazie».

Ben non capì cosa volesse dire, ma conosceva Eve. Le si avvicinò e, mettendole un braccio intorno alle spalle, la tirò a sé. Grossi e pesanti singhiozzi le sfuggivano dal corpo sfinito. Non riusciva a spiegare cosa fosse successo, si limitò a piangere fino a che non le rimasero più lacrime. Dopo un po' Ben la sentì rilassarsi i un po'. Quel mix di emozioni, sofferenza, nostalgia, senso di colpa era stato un peso eccessivo da sopportare e adesso era di nuovo nel suo luogo sicuro dove niente più importava.

Ben le baciò delicatamente la testa e la tranquillizzò: tutto si sarebbe risolto. Tutto ciò che era successo a lei, a loro, si sarebbe risolto.

«Sono stata una vera idiota, Ben», annaspò. «Ho perso il senso della prospettiva e ho rischiato di rovinare ogni cosa».

«Ma non è successo e io ho cancellato l'e-mail subito dopo averla letta, quindi non lo saprà nessun altro a parte te e me».

Eve non avrebbe voluto abbandonare il calore del suo petto, né che lui smettesse di accarezzarla. Non poteva immaginarlo, ma neanche Ben avrebbe mai rotto quell'incantesimo, se non avesse saputo di doverlo fare.

«Sono anni che non abbracciavo una donna».

Eve alzò gli occhi nei suoi, asciugandosi le lacrime con la manica. «Allora questo è il momento in cui mi racconterai perché mi hai lasciato per Kate?»

«Sei sicura di volerne parlare ora?».

Non avrebbe voluto parlarne mai in effetti, per questo l'aveva rimandato, aggirato, trovando ogni scusa possibile e immaginabile perché non avesse mai luogo, ma sapevano entrambi che era una conversazione d'obbligo.

«Ricordi la prima volta che ci siamo incontrati?», le chiese Ben.

«Certo».

«Quando è stato?»

«Lo chiedi prima a me perché tu non te lo ricordi?», ribatté Eve.

«No! Mi domandavo solo se te lo ricordassi altrettanto chiaramente come me».

«Sì, me lo ricordo».

Ben sorrise. «Cosa indossavo?»

«E *io* cosa indossavo?»

«I pantaloni blu con il cordoncino, una maglietta nera, le infradito ricamate che insistevi a mettere con qualsiasi abbigliamento, e portavi i capelli sciolti, più lunghi di quanto li hai ora. Erano asciugati all'aria, quindi mossi, e avevi una collanina di perline di giada».

«Wow. Quella non me la ricordavo nemmeno io». Se Ben avesse insistito, sarebbe stata in grado anche lei di dire cosa indossava, fino al braccialetto di cuoio nero intrecciato, ma non aveva mai pensato di averlo colpito così tanto anche lei quella prima volta.

«E sai perché so tutte queste cose?».

Eve fece no con la testa.

«Perché è stato il momento in cui mi sono innamorato di te».

La stanza era immobile. Ben rimase in silenzio per qualche secondo, per dar tempo alle sue ultime parole di sedimentarsi. Eve si spostò leggermente sul divano, flettendo un ginocchio per mettersi una gamba al di sotto e si girò appena verso di lui. Ben fece altrettanto.

«Non avevo mai conosciuto nessuno come te prima di allora. Tutte le altre sembravano così timide, scontate, ma tu eri consapevole, sicura di te».

«Dispotica?»

«No, dispotica no. Eri tu e basta. Mi hai fatto ridere già la prima volta che ci siamo parlati, lo sai cosa hai detto?»

«Ti ho preso in giro per l'accento?»

«Quasi. Mi hai chiesto di dove fossi, io ho risposto che ero un "kiwi" e tu hai detto che il mio travestimento era una schifezza e che mi sarei dovuto impegnare di più».

Eve rise. «Sì, è una cosa che potrei aver detto».

«Non l'avevi capito che ero stato totalmente cotto di te per tutta l'università e gli anni successivi fino a quella notte a Clapham?»

«Hai fatto un gran bel lavoro a nascondere i tuoi sentimenti dietro le innumerevoli bionde della gambe lunghe che dalla porta di casa sfilavano su per le scale in camera tua».

«Te n'eri accorta?»

«Come avrei potuto non accorgermene?». Eve esitò prima di dire altro. Ben le stava parlando in totale sincerità; se doveva aprirsi anche lei, quello era il momento. Era troppo dura però.

«Se adesso ti racconto la mia vita dal giorno in cui saremmo dovuto partire per New York in poi, potresti non andartene via di colpo, né interrompermi né dire niente finché non ho finito? Ti prego, Red. Ho bisogno che tu mi ascolti».

Eve non disse nulla, annuì e basta, pallida. Le loro ginocchia si toccavano, ma nessuno dei due si mosse.

«Quando siamo diventati amici ti ho raccontato di Kate. Ti avevo detto che avevo avuto una storia fin da ragazzino con qualcuno in Nuova Zelanda, ma che non significava più nulla per me».

Eve annuì.

«Be', in parte era una bugia». Ben trasse un profondo respiro. «È stata la mia prima vera amica. Le nostre mamme erano vicine di letto all'ospedale. Se non erro, io sono nato la mattina e Kate il pomeriggio dello stesso giorno. I nostri genitori scherzavano sul fatto che un giorno ci saremmo sposati e poi, quando siamo cresciuti, non è più stato uno scherzo, ma un'aspettativa. Non solo loro, anche nostra. Eravamo inseparabili, andavamo insieme a scuola a piedi tutti i giorni, sedevamo allo stesso banco, festeggiavamo insieme tutti i compleanni, tutti i traguardi. Ma lei è sempre stata irremovibile nel non voler lasciare la Nuova Zelanda. La sua famiglia era lì, la sua vita era lì; invece io, essendo di madre inglese, ho sempre desiderato frequentare l'università in Inghilterra. Separarci è stato orribile, ma ci eravamo promessi che sarebbero stati solo tre anni, che mi sarebbe venuta a trovare e che sarei tornato a casa per le vacanze. Poi però ci si è messa di mezzo la vita e ho trovato un lavoretto estivo…».

«Al chiosco delle bibite allo zoo…».

«Già, il salubre chiosco dello zoo. E ho conosciuto te. Frizzante, esilarante, bellissima, divertente, matta, ma è stato solo quando Kate è venuta a trovarmi qualche mese dopo il primo trimestre e si è fermata qualche giorno che… Te lo ricordi?».

Eve annuì. Certo che se lo ricordava.

«Non sapevo che sarebbe venuta ed è stato meraviglioso rivederla, ma non provavo più lo stesso sentimento. Mi resi conto che le volevo molto bene, ma non ero più innamorato di lei. Era adorabile, gentile e dolce, ma non era te. Non riusciva a capire cosa stessi per dire, non rideva alle mie battute, non mi faceva sbellicare fino a farmi male la pancia come facevi tu. Le dissi che non avrebbe funzionato, ci rimase malissimo e ripartì con il primo volo utile».

Ben sbatté le palpebre un paio di volte, gli occhi sembravano annacquati. «E non l'ho più sentita fino al giorno in cui ho ricevuto quella lettera dai suoi genitori poco prima che andassimo a New York. Devi credermi se ti dico che ero eccitatissimo per il nostro futuro, Red; tu e io e il nostro progetto di conquista dell'America, insieme. Il nostro futuro era così ovvio per me. Hai presente quando qualche settimana fa ti sei arrabbiata e mi hai gridato addosso della casa, i bambini e i viaggi in camper... anch'io avevo pensato tutte quelle cose, per tutto il tempo. Poi mi è arrivata quella lettera dalla Nuova Zelanda, che diceva che a Kate era stata diagnosticata la leucemia e che le restavano solo pochi mesi. Che non voleva morire senza prima aver fatto pace con me. Era una lettera così triste, Eve, alcune parole di sua madre erano stinte perché evidentemente piangeva mentre scriveva. Era da spezzare il cuore. Non riesco a immaginare cosa si possa provare a sapere che tua figlia sta morendo e che non c'è niente che tu possa fare per regalarle un altro giorno insieme, che non la vedrai più ridere, ballare, o farsi una famiglia».

Le lacrime scorrevano su entrambi i loro volti. Ora fu il turno di Eve di tirarlo a sé per abbracciarlo, accarezzargli la testa, dirgli che sarebbe andato tutto bene, di lasciarsi andare. «Non potevo dirtelo, Eve», disse Ben tirando su il capo per lanciarle lo sguardo più intenso che le avesse mai rivolto. «Non allora. Dovevo andare lì, fare quello che c'era da fare, e semmai dopo parlartene. Ero certo che avresti voluto aiutarmi, condividere la sofferenza, ma non potevo farti questo. Dovevo a Kate di stare al suo fianco fino alla fine, farla morire nella consapevolezza che ci tenevo a lei, e nello stesso tempo avevo bisogno che tu inseguissi i tuoi sogni, andassi in America e costruissi la tua magnifica carriera, cosa che non avresti potuto fare se mi avessi aiutato a condividere la sofferenza per un'altra donna. E allora ho pensato anche che, se esiste un destino, la vita ci avrebbe riuniti, che ci saremmo ritrovati. Ma quando sono tornato in Nuova Zelanda, quei vecchi sentimenti che provavo per Kate sono tornati a galla e ho capito che non potevo solo andare a salutarla e ripartire. Dovevo restare con lei, farle capire quanto significasse per me. Quando poi è morta, non mi aspettavo il carico di sofferenza che ne è conseguito. È stata così coraggiosa, Red, così coraggiosa. La mattina in cui è morta lo sapeva che sarebbe successo quel giorno, ci crederesti? Ha dichiarato "oggi è il giorno in cui morirò". Poi ha detto a sua madre cosa voleva indossare – un vestito blu al ginocchio con piccoli pois – e ha chiesto di fare un picnic in giardino tutti insieme».

Eve ripensò a quanto era apparso serio Ben al picnic di Becca e si rese conto che non era un capriccio, ma che stava rivivendo quel momento, quel tragico ricordo.

«Non usciva di casa da settimane, ma lo abbiamo fatto. Abbiamo steso una coperta e l'ho portata in braccio per poi adagiarla su una poltrona a sacco. Poi abbiamo cominciato a mangiare e ridere, ma lei ci guardava e basta. Era tranquilla, i capelli a ventaglio intorno alla testa e la bocca sembrava quasi sorridere, poi abbiamo capito tutti che non c'era più. Scusa, non so perché sto piangendo. Non ho mai amato nessuno nel modo in cui amo te, ma l'amavo, Eve, davvero. E in quel momento, nel vedere i suoi genitori con il cuore a pezzi piangere sul suo corpo, ho capito che la mia vita era cambiata. Non potevo fare le valigie e raggiungerti a New York, né potevo pensare di tornare a Londra se non c'eri tu. Mi sento così in colpa per averla resa tanto infelice, per aver fatto soffrire la sua famiglia e la mia lasciandola così, dopo aver passato la vita a prepararci per viverla insieme».

Eve non avrebbe mai pensato di provare compassione

per Ben, di condividere emotivamente la decisione che aveva preso, ma era così. Lasciando Kate, aveva reso felice Eve, e lasciando Eve, aveva fatto pace con Kate.

«Pensavo a te tutto il tempo, ho letto tutto ciò che hai scritto online. Ero così orgoglioso che fossi andata a New York da sola, per il tuo successo. Ma non riuscivo a mettermi in contatto con te, mi sentivo troppo in colpa».

«Perché non me l'hai mai detto, Ben? Tu sapevi esattamente dov'ero mentre io non avevo idea di dove fossi tu, neanche la minima idea. Non eri sui social media, non rispondevi alle mie e-mail, sei semplicemente scomparso dalla faccia della Terra. Sai che non ti avrei mai lasciato solo in tutto questo. Non dovevi affrontarlo senza nessuno accanto».

«Invece l'ho fatto, Eve. Ma lo capisci? Lo capisci che avresti lasciato perdere tutto, i tuoi sogni di vita, la tua famiglia, per venire dall'altra parte del mondo ad aiutarmi a separarmi da un'altra donna. Anche se fossi ritornato subito da te, Red, ero un relitto. Non avrei mai voluto che mi vedessi così».

«Non siamo negli anni Cinquanta, Ben, cedere di fronte al dolore non ti sminuisce, essere in lutto per qualcuno che si è amato non è niente di cui vergognarsi».

«Non si tratta di quello. I genitori di Kate erano ridotti male, era la loro unica figlia. Anni e anni per averla, per poi vedersela portare via così a ventisei anni? Sentivo di dovergli appianare il percorso il più possibile. Mi hanno accolto nella loro famiglia senza fare domande e sono stato loro molto vicino dopo la morte di Kate. Non me la sentivo di inserire anche la mia ragazza nell'equazione. Mi sembrava una mancanza di rispetto nei loro confronti e di Kate. La cosa buffa, però, è che nelle ultime settimane Kate ha parlato di te un paio di volte. Mi ha detto che le eri piaciuta molto quando era venuta a trovarmi e che saremmo stati molto bene insieme».

«Non pensi che sia stato il suo modo di dirti che voleva che fossi felice con me?»

«Forse, a ripensarci ora, sì, forse sì. Allora, però, era tutto troppo fresco, era difficile sapere quale fosse la cosa migliore da fare, così ho chiuso fuori tutti i miei bisogni e desideri e mi sono concentrato esclusivamente sull'onorare la sua memoria».

«Allora perché sei tornato adesso?». Era una domanda che Eve si poneva da mesi. «Perché aspettare quattro anni prima di ricomparire?»

«Non sapevo cos'altro fare, ero diventato parte integrante della comunità a Wellington, ma non mi sono mai sentito a casa, non ho mai avuto il sentore che lì sarei stato felice per sempre, e anche se c'erano alcuni dei miei vecchi amici, era tutto strano senza Kate. Così ho deciso di andare via e di stabilirmi qui. All'inizio è stato orribile, in qualunque posto andassi avevo un ricordo con te».

«Secondo te perché sono rimasta a New York per due anni?», replicò Eve.

«Avrei tanto voluto contattarti, ma non è una storia che si può raccontare al telefono o via e-mail, volevo parlarti di persona e poi, come sai, non era mai il momento giusto. Comunque Tanya mi aveva detto che avevi voltato pagina, che eri contenta che non fossi venuto con te a New York, che in realtà non mi ci volevi fin dall'inizio, ma non sapevi come sganciarti».

«Cosa ti ha detto? Quando?»

«Dopo essere stato a Wellington per quasi un anno, sentivo troppo la tua mancanza, così mi sono messo in contatto con Luke per vedere se avesse il tuo indirizzo e mi ha risposto Tanya dicendo che non avevi interesse ad avere mie notizie. Che a New York avevi una vita meravigliosa e avevi conosciuto qualcuno di speciale. Non volevo rovinarti la piazza e così non ci ho più provato».

«Quella donna è il diavolo in persona».

«Quindi non è vero?»

«Tutto il contrario, Ben. È stato un periodo veramente infelice quello di New York. A malapena vedevo la luce del sole e da mangiare potevo permettermi poco altro che precotti o surgelati, il grado di pulizia dei miei coinquilini mi metteva a rischio quotidiano di legionella, salmonella, listeria o peste bubbonica. E mi mancavi. Ogni singolo giorno mi chiedevo cosa stessi facendo, con chi fossi, dove fossi. Se mi stessi pensando. La mia vita è stata in pausa da quando te ne sei andato».

«Quindi adesso...?», chiese Ben tenendole ancora la mano e accarezzandole il pollice con il suo.

«Be', prima voglio soffiarmi il naso e poi...», *poi ti voglio baciare*, «...penso che sia ora di ordinare da mangiare».

Capitolo 35

«Allora, ecco una domanda per te», disse Ben forzando il coperchio del pollo *chow mein* e poggiandolo sopra agli altri sul tavolo. Le passò un piatto e un paio di bacchette. «Dacci dentro».

Eve si preparò a una domanda personale sulla sua vita sentimentale. «Sì?»

«Quando ti sei fatta i buchi alle orecchie?».

Istintivamente si portò la mano al lobo, ai lunghi orecchini a piuma, regalo di Adam, che aveva indossato al matrimonio e che ancora non si era tolta.

«È una domanda un po' strana. Perché me lo chiedi?»

«Perché ricordavo che non li avevi e adesso ce l'hai. E mi voglio aggiornare su tutto quello che ti è successo in questi anni».

«A cominciare da quando ho fatto i buchi alle orecchie?»

«Un punto di partenza come un altro».

Eve sorrise. «La risposta è che non li ho fatti, per quanto Tanya avrebbe voluto. Questi sono con la clip. Ora ho io una domanda. Ti sei fatto poi rimuovere quel tatuaggio cinese dalla schiena che avrebbe dovuto significare "libertà" e invece dice "gratis"?».

Ben scoppiò a ridere e quasi sputò il riso sul tavolo. «Mi ero completamente dimenticato che lo sapevi, non l'ho mai detto a nessuno!».

«Non credo che lo avresti detto neanche a me se quella ragazza cinese quel giorno sulla spiaggia a Worthing non ti avesse preso in giro».

«E comunque non ho mai consultato un'altra fonte, quindi potrebbe anche darsi che stesse solo scherzando».

«Ben... rideva fino alle lacrime, non credo che stesse scherzando».

«Magari rideva del suo stesso scherzo, io l'ho fatto un sacco di volte. Prendi il matrimonio di Tanya, per esempio. Vederti lì seduta tra la sinusite di Peter, quel tipo scuro che adorava le lenticchie e la donna che allevava le pecore mi ha fatto sghignazzare per ore».

«Buffo che lo abbia ricordato, perché anche l'idea di te che balli il tip tap a Covent Garden all'addio al celibato di Amit mi ha fatto sbellicare abbastanza».

Non fu difficile rientrare negli ironici battibecchi che avevano perfezionato nei dieci anni precedenti. Rapide battute volarono da una e dall'altra parte e il naturale calore e affetto che era da sempre stato il marchio di fabbrica della loro amicizia fece sì che due ore sembrarono mezza. Quando le risate si spensero, udirono rumori metallici e tonfi della band del pub sottostante che smontava per la notte, con i musicisti ansiosi di tornare dalle rispettive famiglie. Sportelli sbattuti, arrivederci a gran voce e, infine, il rumore della pesante saracinesca che scorreva sulla porta del locale a indicare che la serata, almeno per la gente in strada, era finita.

«Ora dovrei andare», disse Ben senza muoversi da dove stava.

Era il momento in cui Eve avrebbe dovuto chiedergli di restare per bere qualcosa. Di restare per finire gli avanzi della cena. Di restare per il dolce. Di restare e basta. Avevano letto il copione, sapevano cosa sarebbe dovuto succedere dopo. Ma non ce la faceva.

«Hai ragione», disse a bassa voce. «È tardi e domani dobbiamo andare al lavoro». Raccolse le vaschette di alluminio e cominciò a gettarle nel sacchetto del take away macchiato dalla salsa di soia che era fuoriuscita. Ben lesse il messaggio tra le righe e si alzò stirandosi, raccolse i due bicchieri con una mano e la bottiglia con l'altra.

Si danzarono intorno nel minuscolo angolo cottura. Ben tirò fuori il sacchetto della spazzatura dal bidone e lo annodò.

«Non c'è bisogno», disse Eve facendo il gesto di toglierglielo di mano. «Non sempre l'uomo deve portare fuori la spazzatura mentre la donna lava i piatti».

«No, per fortuna, perché non riconosceresti una spugnetta abrasiva neanche se si presentasse da sola», la prese in giro Ben. «Non dimenticarti che ho vissuto con te».

«Vorrei farti sapere che ho pulito questo posto da cima a fondo prima che arrivassi tu, ho perfino versato la candeggina negli scarichi».

«Candeggina negli scarichi? In tutta la tua vita hai mai usato queste tre parole nella stessa frase prima d'ora?»

«Non sono sicura che l'abbia mai fatto qualcuno, in tutta sincerità».

«Oh, non lo so», disse Ben con un sorriso. «Scommetterei una bella cifra che è sulla lista di Tanya delle cose da far fare nel fine settimana a Luke».

A sentirla nominare, Eve fece una smorfia. «Potremmo non pronunciare più quel nome a meno che non sia fingendo di sputare?»

«Può anche essere odiosa, ma ci ha rimesso insieme». Il disagio si disegnò immediatamente sul viso di Ben a quella scelta di parole ed Eve si tenne impegnata a mettere via le tazze asciutte dallo scolapiatti. «Non intendevo in quel senso, volevo solo dire che...».

«Tranquillo, lo so cosa volevi dire».

«Sai, il matrimonio, le tende da appendere, poi i regali e il sesso sul mio sacco a pelo, ci siamo ritrovati insieme un sacco di volte. Non volevo dire...».

«Ben, è tutto a posto. Senti, lascia qui la spazzatura. La porto giù io domani mattina andando al lavoro».

«Non c'è problema, la butto io uscendo».

Eve lo accompagnò all'ingresso e gliela aprì. «Ehm... ecco, grazie per essere passato».

Rimasero entrambi sulla porta aperta. Ben aveva il sacchetto in una mano e sollevò l'altra per portarle un ricciolo dietro l'orecchio. «Non sei cambiata, sai, Eve? Lo so che pensi il contrario, che hai perso la prospettiva e sei diventata cinica e dura, ma non è così. Sei sempre tu».

«Non lo so più».

«Io lo vedo, anche se tu non ci riesci».

Poi abbassò il capo lentamente fino a sfiorarle le labbra con le sue e gli occhi di Eve si chiusero.

E poi se ne andò. Di nuovo.

«Mi sorprende vederti stamattina».

Il gelido saluto di Fiona la bloccò sui suoi passi. Era lunedì, perché trovarla alla scrivania sarebbe dovuto essere strano? Eppure così aveva detto.

«Dopo l'e-mail che mi hai mandato domenica mattina alle quattro pensavo di dovermi mettere alla ricerca di una nuova redattrice».

Le si contorse lo stomaco. La tragedia del trafiletto le aveva cancellato dalla memoria il messaggio da sbronza inviato alla sua responsabile di redazione.

«Oddio, Fiona, scusa, non intendevo farlo, io...».

«Possiamo parlare nel mio ufficio?». Non era una domanda che richiedeva una risposta, tant'è vero che già marciava decisa aspettandosi che Eve la seguisse a ruota. Fiona accettò le sue dimissioni senza darle la possibilità di spiegarsi o di ritirarle. Quando le lesse ad alta voce alcuni stralci della sua e-mail alquanto sconclusionata, Eve si fece piccola piccola. Era molto peggio di quanto pensasse.

«Allora vado e libero la scrivania, vero?», disse Eve con un più che cosciente tono di supplica che implorava il suo capo di ripensarci, di dimenticare e basta.

«Penso proprio che sia meglio».

Si ritrovò in strada con una busta in mano. Era piena di fotografie con i buchi delle puntine con cui le aveva attaccate alla bacheca, un Tupperware con il pranzo, i blocchi di appunti con alcune idee per argomenti che non sarebbero mai stati usati e l'agenda con gli appuntamenti cui non sarebbe mai andata. Il sole splendente era in netto contrasto con il suo umore. Sarebbe stato più adatto un addensamento di nubi, rombi di tuono, un po' di pioggia almeno, invece il marciapiede era caldo, la gente che passava si beava del sole estivo arrotolandosi le maniche e sorridendo spensierata. Non doveva andare così.

Se fosse stato un film, si sarebbe piazzata tutto il giorno in un pub a bere per dimenticare i suoi problemi. O seduta su una panchina in un parco a guardare chi aveva impegni, cose da fare, posti in cui andare, gente da incontrare. Ma non era un film. Era la sua vita, e al momento ne aveva fatto un gran pasticcio.

Capitolo 36

Faye si rifiutò di prendere l'aereo per andare al matrimonio di Adam e George. Non c'era agopuntura, ipnosi o alcol che la convincesse a salire su quello shuttle rapido che le avrebbe portate da Londra a Marsiglia in meno di due ore. Eve aveva così acconsentito ad affittare un'auto e imbarcarsi con lei nel viaggio di tredici ore verso la Provenza.

Dal matrimonio di Becca sembrava passata molto più di una settimana. Sei giorni dalla serata con Ben, cinque da quando aveva lasciato la rivista. Quando non hai niente per cui alzarti la mattina, nessun motivo per farti la doccia, stirare le pieghe dagli abiti da ufficio, o proprio vestirti, la lentezza con cui passano le ore è un'agonia. Becca e Jack erano partiti per il viaggio di nozze subito dopo il matrimonio, così Eve non doveva combattere neanche contro i versi di disapprovazione dell'amica alla sua maratona diurna di televisione, o al fatto che non si fosse nemmeno tolta il pigiama per quattro giorni di fila. Se ci avesse riflettuto, avrebbe facilmente messo in relazione l'improvvisa paura dell'aereo di Faye con la sua agorafobia, ma era troppo avviluppata nella matassa di autocommiserazione e insicurezza per fare quel collegamento.

«Carino, no? Un viaggio in macchina tra noi ragazze».

Eve decise di lasciare Faye al suo momento "Thelma e

Louise", sorvolando perfino sul termine "ragazze" riferito a entrambe.

«Non capita spesso, vero?», continuò sua madre.

«Cosa? Guidare sotto il Canale della Manica?»

«No, sciocchina, passare del tempo insieme».

Eve gettò un'occhiata al navigatore. Era abbastanza facile arrivare in Provenza, attraversando la campagna francese e costeggiando le Alpi. Avrebbero fatto una sosta a Dijon, circa a metà percorso, e da lì sarebbero arrivate in cinque ore senza traffico. Rifletté. Se fosse dipeso da lei avrebbe tirato dritto, senza fermarsi in una città a caso in cui Faye avrebbe sicuramente insistito per pranzare insieme, fingendo di voler trascorrere un paio d'ore a chiacchierare, quando invece voleva solo chiedere a sua figlia cosa diavolo stesse succedendo.

Eve stava facendo di tutto affinché il volume della stazione rock della radio francese annullasse ogni possibilità di conversazione, e per le prime tre ore del viaggio la tattica funzionò. Finché, dopo una sosta gabinetto non programmata, Faye spense improvvisamente la radio mentre Eve avviava il motore.

«Mi piaceva quella musica, mamma».

«La riaccendiamo dopo. Vorrei parlare un po'».

Non c'è figlia al mondo che non capisca quale brutta intenzione si nasconda dietro le parole "parlare un po'" pronunciate dalla propria madre ed Eve non era da meno.

«E di cosa vuoi parlare?», chiese disinvolta.

«Perché non cominciamo dal perché te ne sei andata in fretta e furia dal matrimonio di Becca rifiutandoti di rispondere al telefono, perché Ben ti è corso dietro e perché non vai al lavoro da una settimana?»

«Oddio. Per un attimo ho pensato che saresti andata per il sottile». Eve mise la freccia e si spostò nella corsia di sorpasso per superare una piccola, vecchia Fiat, poi tornò alla corsia di marcia. «Perché non cominci tu raccontandomi la tua serata con il mio personal trainer?».

Anche se non poteva vederla in faccia, Eve sapeva che sua madre era arrossita. Era un po' crudele ritorcerle contro la domanda. Faye le avrebbe raccontato di Juan quando fosse stata pronta, ma fu chiaro a entrambe che Eve stava cercando di guadagnare tempo.

«Juan è adorabile. Gentile, premuroso...». A Faye mancò leggermente la voce, e aggiunse in tono complice: «...e molto attraente».

«Hai intenzione di rivederlo?»

Faye sorrise. «Lo spero. Ho considerato anche l'idea di chiedergli di essere il mio "più uno" a questo matrimonio, ma alla fine non ne ho avuto il coraggio».

«Oh, mamma, avresti dovuto. Meriti un po' di divertimento e felicità. Non è troppo tardi. Il matrimonio è tra due giorni, può prendere un volo sabato mattina».

«Non saprei cosa dirgli. E comunque, probabilmente si sarà già pentito di quanto è successo. Ho vent'anni più di lui, per l'amor del cielo!».

«Be', secondo me siete proprio una bella coppia. E comunque, non deve essere per forza una cosa seria, solo divertirti un po', te lo meriti».

«Lo meriti anche tu, sai?».

Eve tenne gli occhi sulla strada. «Io mi diverto».

«No, invece. Fai sempre in modo di essere troppo impegnata per divertirti. Quando arriverà il tuo turno, Eve?»

«Il mio turno per cosa? Se dici per sposarmi ti lascio a piedi subito».

«Il tuo turno di avere chi faccia qualcosa per te. Sei sempre la prima ad alzare la mano per aiutare, la prima a incastrarsi nell'organizzazione, a risolvere i problemi degli altri, e non permetti a nessuno di fare altrettanto per te. È come se considerassi un segno di debolezza accettare aiuto o supporto».

«Non ho bisogno di nessun aiuto».

«Tutti abbiamo bisogno di aiuto di tanto in tanto».

«Be', io no».

«Il lavoro come va?».

Eve esitò. Avrebbe potuto mentire, dire qualcosa come "al solito" con il cinquanta percento di possibilità di essere creduta, oppure approfittare del fatto che sua madre la vedeva solo di profilo e dirle la verità.

«A essere sincera, mamma, ho fatto un gran casino». Con un battito di ciglia cacciò via le lacrime che si stavano formando e le nocche sbiancarono per quanto stringeva forte il volante. «Sta andando tutto terribilmente a rotoli».

Lasciarono l'autostrada e accostarono in un bar di servizio. Dopo che la stagionata proprietaria ebbe posato loro davanti due tazze di caffè forte, Faye allungò una mano a prendere quella della figlia. «"'Comincia dall'inizio', disse solennemente il re, 'e continua fino a che non arrivi alla fine, poi fermati'"».

Quella citazione da *Alice nel Paese delle Meraviglie*, una delle storie preferite di Eve quando era piccola, le risvegliò nuove lacrime.

«Mi manca papà, mamma».

«Oh, cara, manca a tutti».

«Quanto ci impiega il dolore a guarire?»

«Oddio, Eve, non lo so, non ci sono regole sul dolore. Non è che ci si sveglia la mattina e si scopre che la nebbia si è improvvisamente diradata. A volte ci sono settimane intere di cielo azzurro e poi, *bum*, riecco la nebbia, così fitta che non riesci neanche a camminare. Ma perché me lo chiedi? Ti riferisci solo a papà?».

Eve scosse il capo. «Hai presente quando Ben non si

è presentato all'aeroporto? Mi ha lasciato per tornare in Nuova Zelanda dalla sua ex che stava morendo». Eve lo disse con più indifferenza di quanto in realtà non provasse, ma o faceva così, o non avrebbe mai concluso il racconto. «E mentre era lì, con Kate, nei suoi ultimi mesi di vita, si è di nuovo innamorato di lei. Quando è morta si è sentito così in colpa per aver scelto me al posto suo ed essere venuto in Inghilterra che è rimasto lì, con la famiglia di lei e la sua, a soffrire tutti insieme».

«Ma adesso è tornato».

«E adesso è tornato».

«E vi sentite ancora vicini?».

Eve strinse nella mano le bustine nella piccola zuccheriera di ceramica cinese. «Può darsi. Ma mi spaventa, mamma. Mi ci sono voluti quattro anni per dimenticarlo e non so se me la sento di riprovarci».

«L'alternativa qual è? Trovi qualcuno che non ti piace altrettanto o ti rassegni a essere il "più uno" della tua mamma attempata ai ricevimenti?».

Eve sorrise appena. «Mi piace essere il tuo "più uno"».

«Be', se la fortuna non mi gira le spalle, in futuro potresti litigarti tale onore con un muscoloso argentino», rise Faye. «Seriamente, Eve, non puoi erigere un muro intorno al cuore solo per evitare che si spezzi di nuovo».

«Perché no?»

«Perché mi renderebbe immensamente triste. Se prima di sposare tuo padre avessi saputo che sarei rimasta vedova prima dei sessant'anni lo avrei fatto lo stesso? Certo. Se avessi saputo di restare vedova a cinquanta o a quaranta, lo avrei fatto comunque. Quando è morto mi sono sentita come se il mio universo si fosse frantumato in minuscole schegge di vetro, te lo giuro, ma tutto l'amore vissuto è valso quel dolore e lo rifarei di nuovo, in un batter d'occhio».

«È questo il punto, mamma. Tu parli dell'amore come se fosse una cosa meravigliosa, ma la mia esperienza è che è solo temporaneo. E prima che mi salti addosso per dire che non è vero, non sto parlando solo di me e Ben, ma il mio lavoro è...», l'uso del presente la fermò, ma non si corresse, doveva concentrarsi su un argomento alla volta. «Il mio lavoro tratta di amore, del giorno che dovrebbe essere il più felice nella vita di una coppia, ma molto più che spesso non funziona. Nel caso di alcune spose, durano più i fiori del matrimonio stesso».

«Penso che quegli anni in quell'orribile rivista ti abbiano distorto la cognizione di normalità. Quando incontri e scrivi solo delle persone più strane, è ovvio che cominci a pensare che il mondo sia pieno di gente che va a letto con il pappagallo del fratello».

Eve scoppiò a ridere. «Quello penso sia impossibile, mamma».

«Sai cosa intendo. Hai passato anni a scrivere dei peggiori soggetti e poi anni a occuparti di spose che, siamo sincere, non sono le persone più equilibrate del mondo. Poi questa estate hai avuto tutti quei matrimoni di amici e non mi meraviglia che tu veda l'amore come una seccatura. Provi ancora qualcosa per Ben?»

«Non è quello che provo io a preoccuparmi, ma i sentimenti di Ben. Ancora porta la catenina di Kate agganciata al suo beauty-case, sai?»

«Ne avete parlato?».

Eve parve intimidita. «No».

«Non c'è niente di male a portarsi dietro un oggetto di lei. Io ho ancora un mucchio di cose di tuo padre, ma non significa che non possa mai più piacermi nessun altro o che non mi possa innamorare più».

«Lo so, lo so. Ma come posso competere con lei? È questa specie di donna perfetta con cui non potrò mai misurarmi».

«Questa Kate è stata chiaramente importantissima, e se vuoi essere di nuovo importante per lui, non puoi ignorarla».

Faye le stava dicendo tutto ciò che Eve aveva già pensato. In effetti, dalla domenica sera in cui Ben era uscito da casa sua, non aveva pensato ad altro. Era rimasta distesa a letto a fissare il soffitto e ripensare a tutto quello che aveva detto. Comprendeva alla perfezione il suo pensiero, perché capiva lui. E anche tenerla fuori dalla sua vita era proprio un gesto da Ben. Aveva ragione, se le avesse detto il vero motivo, non si sarebbe mai imbarcata per New York. Mentre passavano le ore e i giorni di quell'ultima settimana aveva rimbalzato tra la rabbia per una decisione presa da Ben al posto suo, all'orgoglio assoluto che fosse intervenuto e fosse stato l'amico di cui Kate e la sua famiglia avevano bisogno.

«Okay, allora, visto che sei in vena di psicologia gratis, mamma, lunedì sono stata licenziata».

«Oh, Eve».

Non c'era bisogno di dirle che era stata licenziata due volte nella stessa giornata. Una volta, due, chi le contava? Dopo essere rimasta sola per la strada, con la sua triste busta in mano, aveva risposto a una chiamata di Belinda che era stata via per un fine settimana di trekking a Snowdonia. Quando era tornata alla civiltà e con la connessione mobile, aveva ricevuto una valanga interminabile di messaggi ingarbugliati in cui Eve la pregava di non pubblicare un pezzo che non aveva mai neanche ricevuto.

«Non so cosa ti stia succedendo, Eve», aveva detto Belinda. «Ma ti do quest'ultima possibilità di riscatto con un trafiletto sul matrimonio gay a cui devi partecipare e voglio una cosa esagerata. Grandiosa».

Eve le aveva risposto che non avrebbe più scritto su quell'argomento, che voleva occuparsi di un tema diverso dai matrimoni. Le aveva spiegato che non avrebbe mai potuto scrivere niente sul matrimonio gay di suo fratello, ma Belinda era stata irremovibile: o così o niente. Aveva scelto il niente.

«E quindi cosa farai per mantenerti?». La domanda di Faye era del tutto ragionevole. I princìpi erano una grande cosa, ma non pagavano l'affitto.

«Non lo so bene», rispose. «Ma al momento ho abbastanza soldi da parte per pagare un altro giro di caffè prima di rimetterci in strada, se ti va».

Capitolo 37

Il matrimonio "sposiamoci all'estero così tutti i nostri cari dovranno bruciare le ferie di un anno e chiedere un prestito in banca per partecipare"

«State scherzando?», strillò Adam non appena Faye ed Eve entrarono nel grande ingresso dello chateau dove, di lì a due giorni, si sarebbe tenuto il matrimonio.

Eve lasciò cadere la valigia sul pavimento a scacchi. «Penso che volessi dire "ciao, mamma e sorella, come è andato il viaggio di tredici ore? Sarete distrutte, ecco qui un bicchiere di vino"».

«Dove sono i vostri accompagnatori?»

«I nostri cosa?»

«Mi avevate detto, anzi no, mi avevate promesso che sareste venute entrambe con qualcuno al matrimonio. Vi prego, ditemi che arrivano per conto loro».

«Arrivano per conto loro».

«Davvero?»

«No, sei tu che mi hai detto di dire così».

«Eve, guardami, ti sembro dell'umore giusto per il tuo sarcasmo?».

Eve osservò suo fratello per un minuto. Aveva le guance in fiamme, i capelli leggermente spettinati dalla mano che continuava a passarci in mezzo, la camicia insolitamente spiegazzata. «No. Sembri uno sposo che ha perso la prospettiva della vita. Andiamo, Adam, rilassati, stai per sposarti!».

«Lo schema dei tavoli è rovinato».

«Guarda, se è così importante, mamma e io stasera andiamo a rimorchiare ad Avignon e ci troviamo due bei tipi del posto da portare».

«Lo fareste davvero per me?», chiese Adam con una mano sul cuore.

Un'orripilata Faye si girò verso la figlia che scoppiò a ridere scuotendo il capo. «Certo che no! Riprenditi, Adam, stappa una bottiglia di vino, dammi la lista delle cose da fare e andiamo tutti avanti con la nostra vita».

«Mi sembrava di aver sentito delle voci. Ciao, ciao», George scese le scale verso l'ingresso e strinse le ormai prossime suocera e cognata in un abbraccio affettuoso. «Sarete distrutte. Tè o vino?».

Eve ghignò e indicò George. «Vedi, Adam, ecco il benvenuto che volevamo».

«Va' a quel paese».

«È scocciato perché Eve e io siamo entrambe single», spiegò Faye.

George le strizzò l'occhio. «Non è quello che ho sentito. Com'è il meraviglioso latino-americano?».

Faye arrossì. «Meraviglioso. Ma non credo di essere alla sua portata».

«Ma smettila. Sembrava proprio cotto lo scorso fine settimana», la stuzzicò George. «E Ben? Ti è corso dietro quando sei andata via prima, no, Eve? Ci devi dire qualcosa?»

«Tutto e niente». Eve alzò le spalle. «Come sempre».

Non stava dicendo proprio la verità. C'erano state innumerevoli telefonate di Ben nel corso della settimana e ogni volta che compariva il suo nome sul display, Eve aveva silenziato la chiamata. Si trovava in un territorio conosciuto e, se possibile, assolutamente ignoto allo stesso tempo. Forse aveva solo immaginato lo sguardo che si erano scambiati quando per Ben si era fatta l'ora di andare. Uno sguardo che significava che sarebbe rimasto, se lei glielo avesse chiesto. Ma se anche l'avesse fatto, sarebbe rimasto perché lo voleva davvero o per via della sua stessa solitudine? Non c'era più modo di saperlo ormai.

Sistemati tutti i vestiti nella cassettiera della sua camera nella torretta circolare e riposta la valigia sotto al letto, Eve si sciacquò il viso guardandosi nel piccolo specchio quadrato sopra al lavandino. Era sfinita. Dopo un pranzo volante a base di pane, formaggio e prosciutto con sua madre, Adam e George, era crollata in camera e non vedeva l'ora di abbandonarsi a un sonno senza sogni. Per l'intera giornata era stata impegnata a trasformare l'antico castello nella leggiadra visione che spiccava dalle pagine del blocco che Adam le aveva presentato con reverenza quella mattina stessa.

«Questa è l'impronta che vorremmo dare».

«Niente pressioni», aveva replicato Eve. Le pagine straripavano di eccentriche decorazioni di fiori bianchi e c'era perfino la foto di una torre di *macarons* in colori pastello. Eve non sapeva dire se fossero solo immagini di ispirazione o suo fratello si aspettasse davvero che rimediasse e pagasse la costruzione della suddetta torre di zuccheroso splendore. Dopo la crisi della sera prima per i mancati "più uno", non era più sicura di niente. Senza contare che l'essersi presentata da sola avrebbe anche potuto dipendere dalle dimensioni pantagrueliche della sua lista di cose da fare, che non le avrebbe permesso di stare insieme al suo ipotetico accompagnatore. Tra aiutare a sistemare gli addobbi floreali intorno alle balaustre, infilare migliaia di candeline da tè nelle rispettive bugie, portare in terrazza le piante di alloro, annodare i fiocchi alle sedie e distribuire in ogni camera la guida che aveva predisposto, quando l'antica pendola del salone aveva suonato le cinque del pomeriggio, Eve era completamente a pezzi e la parte del weekend relativa al matrimonio doveva ancora cominciare.

La mattina seguente fu svegliata dal martellare incessante alla porta e da un giubilante «oggi mi sposo!», gridato attraverso il buco della serratura. Eve restò appoggiata al cuscino sorridendo alla sveglia di suo fratello. Lame di luce filtravano dalle vecchie persiane di legno deformato, conferendo alla camera una calda luce dorata. Aspettandosi che si presentasse con un uomo, Adam le aveva assegnato una camera doppia e così, ridendo tra sé e sé, si stirò agitando braccia e gambe nel letto enorme come a disegnare l'angelo sulla neve. Era un nuovo giorno. Un buon giorno.

Alcuni amici di Adam e George cominciavano ad arrivare e secondo l'itinerario che Eve aveva tracciato ed esposto sul cavalletto avevano tutti un'ora libera fino al drink precerimonia sulla terrazza. Eve si infilò l'abito verde giada attillato e lungo fino alle caviglie che le aveva scelto Adam. Indossò gli orecchini a forma di piuma e si ravviò un po' i capelli mentre correva in camera del fratello per gli ultimi doveri di testimone dello sposo.

La terrazza era piena di gente elegante che indossava ciò che la rubrica di moda della sua ex rivista avrebbe definito "Riviera chic". Le donne sfoggiavano fluttuanti caffetani o mini abiti aderenti, gli uomini pantaloni corti di lino, camicie con il colletto aperto e occhiali da sole firmati. Una *steel drum* band suonava a bordo piscina e già qualche donna vi si agitava davanti. Eve si fece strada tra risate, chiacchiere e tintinnio di bicchieri verso la figura familiare di Faye. Era splendida nel suo abito da sera di seta semitrasparente in un turbinio di blu e verde, i corti capelli biondi pettinati all'indietro e un braccio scuro e muscoloso sulle spalle. Era confortante quando un piano riusciva.

Eve sorrise avvicinandosi. «Ciao, Juan, che bello vederti qui».

«Juan mi ha detto che ieri lo hai chiamato e gli hai detto di venire, bambina dispettosa», rise Faye.

Vedere sua mamma così felice le confermò di aver fatto la cosa giusta. Per quanto potessero essere una coppia insolita, i loro ampi sorrisi e l'evidente chimica erano indiscutibili.

«Mi dispiace dovervi separare», disse Eve, «ma Adam è pronto per noi adesso, mamma».

Avevano tutti preso posto sulla terrazza, le candele erano state accese, i fiori sotto il sole emanavano un profumo inebriante e la band attaccò *One Love* di Bob Marley mentre Eve e Faye accompagnavano un raggiante Adam lungo l'ampia corsia, di fianco a George e ai suoi genitori. La gioia che li circondava era talmente contagiosa che tutti iniziarono a battere le mani al giubilante ritmo delle percussioni metalliche, e quando finalmente gli sposi si trovarono davanti al celebrante, tutti i loro amici si erano alzati e stavano ballando e festeggiando.

Era il sesto matrimonio di Eve quell'estate. Il sesto scambio di promesse e anelli, la sesta coppia che si guardava negli occhi e si prometteva amore eterno, fedeltà e sincerità. Nel guardare Adam e George declamare tra le lacrime le loro promesse, vedere il pollice di George che continuava ad accarezzare rassicurante quello di Adam, essere testimone della loro intensa felicità quando il matrimonio fu ufficializzato, Eve non poté non condividere la loro gioia. Sarebbe stato un mondo molto triste senza un amore così.

«Grazie di nuovo», sussurrò Faye a Eve a cerimonia finita. «Per aver chiamato Juan e averlo fatto venire».

«Prego. So che non è papà, ma ho pensato a quello che hai detto e la vita è troppo breve per continuare a rimpiangere il passato. E poi, non potevamo mica rischiare che Adam avesse un attacco di panico per due posti vuoti a tavola, no?»

«No, infatti», concordò Faye. «Ecco perché anch'io ti ho trovato un "più uno"», concluse, spostando lo sguardo alle spalle di Eve.

«Ciao, Red».

Eve si girò di scatto, gli occhi sgranati. «Oh, mio Dio, Ben, che ci fai qui?»

«A quanto pare faccio tornare i conti».

Fu il momento in cui all'improvviso, e stranamente a proposito, Faye volle presentare Juan a qualcuno di molto importante e scivolò via lasciandoli soli.

«Di' qualcosa».

Eve aprì la bocca, ma non uscì alcun suono. Lavorava con le parole, ma in quel momento non ne trovò neanche una.

«Okay, comincio io allora, posso?», disse Ben, inspirando profondamente prima che le parole sgorgassero fuori tutte in una volta. «Tu e io, Eve, siamo fatti per stare insieme. Lo so io e lo sai tu. Abbiamo già perso troppo tempo a fingere il contrario, quindi ecco il piano. Molli il lavoro, io lascio il mio, ci prendiamo tre mesi, affittiamo un camper, viaggiamo per il Canada in lungo e in largo e ci innamoriamo di nuovo da capo l'uno dell'altra».

Eve era ancora a bocca aperta. La musica della band, le

risate di tutti gli altri intorno, il profumo di fiori... era tutto estremamente reale, tranne quel discorso.

«Ben, io...».

«Non stare a rimuginare, Eve. Tu pianifichi tutto fino all'ultimo dettaglio, ma stavolta rilassati. Dimentica il bagaglio, il passato. Di' solo sì e ricominciamo. Facciamolo, andiamocene da qui e da tutto, passiamo del vero tempo insieme e vediamo che succede».

Era tutto ciò che Eve voleva sentirsi dire, ma non era realistico, erano successe troppe cose. «Sarebbe bellissimo, Ben, ma io sono cambiata, siamo cambiati entrambi, non siamo più quelli che eravamo».

«Questo lo so. Allora perché non facciamo finta di incontrarci per la prima volta?»

«Cosa?»

«Così. Immagina di non avermi mai visto prima e in una festa piena di gente ci adocchiamo e ci piacciamo. Vengo da te, tu sei un po' irritata dall'intrusione, ma anche incuriosita, allora ti dico: "Ciao, piacere di conoscerti"».

Eve scosse il capo. «Che stupidaggine».

«Assecondami, Red. Cos'hai da perdere?».

Aveva ragione. Aveva molto meno da perdere di quanto lui potesse sapere. Ben prese il suo silenzio come segnale di voler continuare il gioco, quindi proseguì. «Ciao, non mi sembra di averti mai visto, vieni qui spesso?».

Eve sospirò, ma non riuscì a trattenere un sorrisetto. «No, non così spesso. Tu?»

«È la prima volta».

«Piacere, Eve». E gli tese mano. Ben gliela strinse senza lasciarla andare.

«Ben», le rispose, poi si aprì in un sorriso radioso. «Con la B».

Ringraziamenti

Questo romanzo è stato concepito nel corso di una telefonata con la mia favolosa editor Charlotte Ledger. Mi ha chiesto di cosa amassi scrivere, e alla mia risposta «di donne divertenti e matrimoni» ha concluso che era un buon punto di partenza. L'ho già detto in altre occasioni, ma penso che vada ribadito: tutto il team della Harper Impulse è straordinario. Grazie soprattutto a Charlotte Ledger, Kim Young, Kate Bradley, Dushi Horti e Sahina Bibi. Alle mie colleghe autrici della HI: è fantastico far parte di una *community* di simili sostenitrici. Il mio particolare affetto va a Eve Devon e Christie Barlow per i loro discorsi di incoraggiamento e le offerte di metaforico gin.

Sono molto grata al mio meraviglio agente Luigi Bonomi e alla sua splendida squadra della LBA – Allison e Dani – grazie per tutta la vostra saggezza e ispirazione.

Ho scritto questo romanzo durante il nostro primo anno a Roma, in un'estate in cui abbiamo avuto tantissimi ospiti, ognuno dei quali ha contribuito in qualche modo a questo racconto – Alex e Jasmin Collin, grazie per i vostri suggerimenti di trama e per aver intrattenuto i bambini per 47 ore di fila, Lisa e Joe Stratford per il Chianti che mi avete versato ogni sera, Rachel e Jodie Hamilton per aver letto alcune parti della prima bozza e per esserne ormai avvezze, Anya White, Dan e Matt Lomax, grazie per il vostro humour australiano che si è un po' infiltrato anche in questo libro. Tutto il mio affetto e una montagna di sentiti ringraziamenti ad Anna, Claire, Kate, Kerry e Rachel, la mia nuova gang in Italia, per avermi raccontato le loro storie e per aver reso più divertente la mia transizione da espatriata romana.

Alla mia famiglia, i Butterfield, i Cooper, gli Harper, i Poulain, i Denford, gli H-Ms. gli Harvey, i Poultney: siete tutte persone meravigliose. E alla mia piccola tribù, Ed, Amélie, Rafe e Theo: *Je t'aime*, ti amo, *I love you.*

Indice

ANNA ZARLENGA

SPIACENTE, NON SEI IL MIO TIPO

Volume rilegato, pagine 288, euro 10,00

Sara e Teo non potrebbero essere più diversi. Lei lavora come ricercatrice all'università, lui è un figlio di papà che presto o tardi erediterà una casa di produzione televisiva. Lei è bassina, ha forme morbide ed è poco appariscente, lui è il classico playboy sbruffone. In sostanza non hanno nulla in comune se non, a quanto pare, un'indiscussa antipatia per i matrimoni. Ed è proprio a una cerimonia di nozze che si conoscono e hanno modo di trovarsi insopportabili a vicenda. La reciproca e dichiarata incompatibilità non impedisce loro di dare inizio a un battibecco che li porta, un po' per sfida, un po' per gioco, a oltrepassare il limite… Ma nessuno dei due dà peso alla cosa: sono perfettamente consapevoli di non piacersi e che non si incontreranno mai più. I piani del destino sono però ben altri. Dopo una vita passata a dissipare soldi senza realizzare granché, Teo è costretto dal padre a riprendere a frequentare l'università: in caso contrario potrà dire addio al suo lavoro nell'azienda di famiglia. E il caso vuole che una delle sue docenti sia proprio l'insopportabile ragazza conosciuta mesi prima a un matrimonio…

NEWTON COMPTON EDITORI

CAROLE MATTHEWS

LA PICCOLA PASTICCERIA NEL GIARDINO DEI FIORI

Volume rilegato, pagine 448, euro 12,00

Fay Merryweather gestisce un caffè con annessa pasticceria in uno splendido giardino a Whittan, sulle rive del Grand Union Canal, che soprattutto in estate si anima di un allegro traffico di barche colorate. A Fay piace curare il giardino e coccolare i suoi clienti mentre si godono i fiori e la quiete del canale. Del resto, Fay è abituata a occuparsi degli altri: da anni infatti, oltre a stare dietro all'attività, deve badare a tempo pieno alla madre invalida e scontrosa, nonché sovvenzionare una sorella minore un po' scapestrata. Per una persona è davvero molto, e a volte si sente così esausta da desiderare una tregua. Per questo, quando Danny Wilde entra all'improvviso nella sua vita, si domanda se le sue scelte fino a quel momento siano state tutte giuste. Perché il destino ha scelto di presentarsi nei panni di un affascinante giovane che arriva proprio a bordo di una delle barche che Fay ama tanto. Potrebbe essere l'occasione giusta per trovare finalmente la felicità?

NEWTON COMPTON EDITORI